海外中国
研究丛书

刘 东 主编

[美] 贾志扬 著

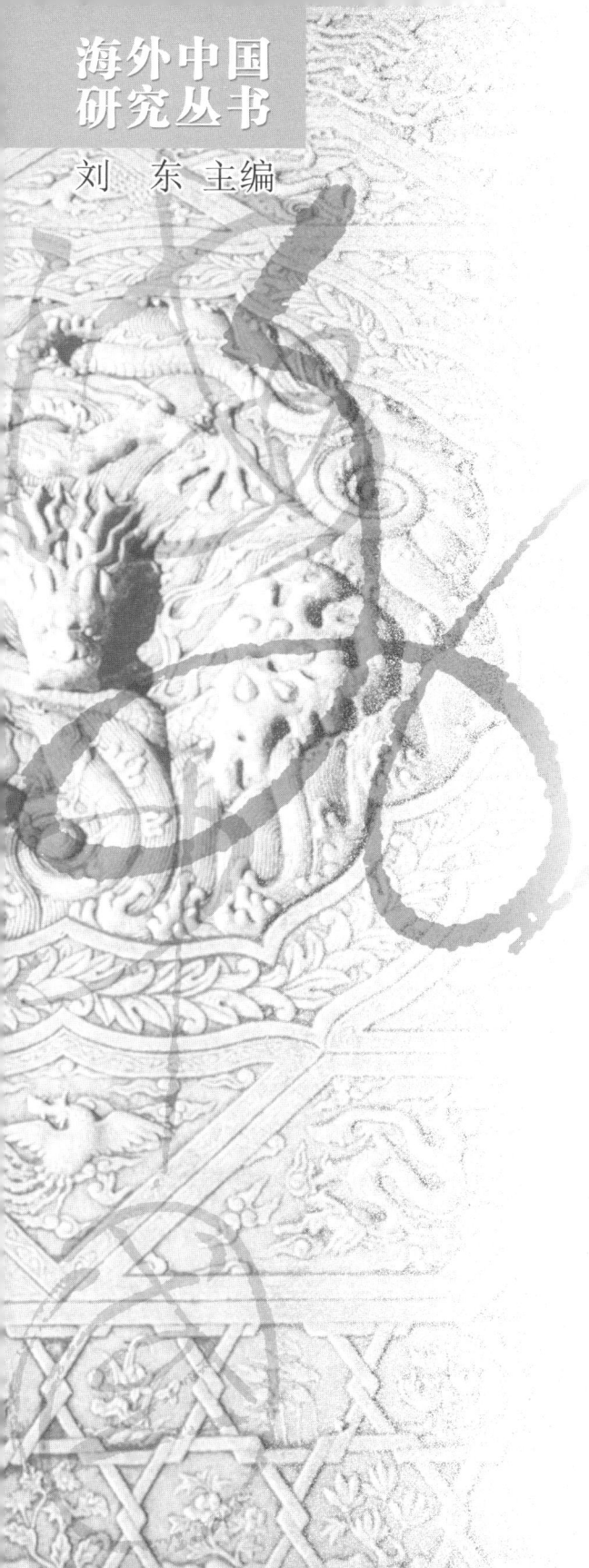

棘闱

宋代科举与社会

THE THORNY GATES OF LEARNING IN SUNG CHINA

A Social History of Examinations

江苏人民出版社

图书在版编目(CIP)数据

棘闱:宋代科举与社会 / (美) 贾志扬著. —南京:
江苏人民出版社,2022.4(2022.8 重印)
(海外中国研究丛书 / 刘东主编)
书名原文:The Thorny Gates of Learning in Sung China: A Social History of Examinations
ISBN 978-7-214-27021-4

Ⅰ. ①棘… Ⅱ. ①贾… Ⅲ. ①科举制度—研究—中国—宋代 Ⅳ. ①D691.3

中国版本图书馆 CIP 数据核字(2022)第 035706 号

The Thorny Gates of Learning in Sung China: A Social History of Examinations by John W. Chaffe
Copyright © 1995 by San Min Book Co., Ltd
Simplified Chinese copyright © 2022 by Jiangsu People's Publishing House
All rights reserved
简体中文版通过成都天鸢文化传播有限公司代理,经三民书局股份有限公司授予江苏人民出版社有限公司独家发行,非经书面同意,不得以任何形式,任意重制转载。本著作限于中国大陆地区发行。
江苏省版权局著作权合同登记号:图字 10 - 2020 - 241 号

书　　　名	棘闱:宋代科举与社会
著　　　者	[美]贾志扬
责 任 编 辑	李　旭
装 帧 设 计	陈　婕
责 任 监 制	王　娟
出 版 发 行	江苏人民出版社
地　　　址	南京市湖南路 1 号 A 楼,邮编:210009
照　　　排	江苏凤凰制版有限公司
印　　　刷	南京新洲印刷有限公司
开　　　本	652 毫米×960 毫米　1/16
印　　　张	21.75　插页 4
字　　　数	245 千字
版　　　次	2022 年 4 月第 1 版
印　　　次	2022 年 8 月第 2 次印刷
标 准 书 号	ISBN 978-7-214-27021-4
定　　　价	72.00 元

(江苏人民出版社图书凡印装错误可向承印厂调换)

序"海外中国研究丛书"

中国曾经遗忘过世界,但世界却并未因此而遗忘中国。令人嗟讶的是,20世纪60年代以后,就在中国越来越闭锁的同时,世界各国的中国研究却得到了越来越富于成果的发展。而到了中国门户重开的今天,这种发展就把国内学界逼到了如此的窘境:我们不仅必须放眼海外去认识世界,还必须放眼海外来重新认识中国;不仅必须向国内读者迻译海外的西学,还必须向他们系统地介绍海外的中学。

这个系列不可避免地会加深我们150年以来一直怀有的危机感和失落感,因为单是它的学术水准也足以提醒我们,中国文明在现时代所面对的绝不再是某个粗蛮不文的、很快就将被自己同化的、马背上的战胜者,而是一个高度发展了的、必将对自己的根本价值取向大大触动的文明。可正因为这样,借别人的眼光去获得自知之明,又正是摆在我们面前的紧迫历史使命,因为只要不跳出自家的文化圈子去透过强烈的反差反观自身,中华文明就找不到进入其现代形态的入口。

当然,既是本着这样的目的,我们就不能只从各家学说中筛选那些我们可以或者乐于接受的东西,否则我们的"筛子"本身就可能使读者失去选择、挑剔和批判的广阔天地。我们的译介毕竟还只是初步的尝试,而我们所努力去做的,毕竟也只是和读者一起去反复思索这些奉献给大家的东西。

刘　东

谨以此书献给
我的父亲克利福德·查菲
母亲玛丽·查菲

并纪念
我的已故导师柯睿格

目　录

中文本序　1

地理说明　1

致谢　1

第一篇　1

第一章　导言——科举生活　3

　　两次抗议　3

　　科举生活　5

　　科举文献　12

　　历史环境　20

第二章　录用人员的结构　28

　　宋代的官僚政治　28

　　吏员和军人的录用　31

　　政务人员的录用　35

录用人员的方式　39
　　　太学生与举人　47
　　　读书人的成长　54
　　　人员录用与社会秩序　63

第二篇　67

第三章　为求致治之具——宋代初期的科举　69
　　　宋代科举与儒学传统　69
　　　宋初诸帝统治时期的科举　71
　　　制度的改革　75
　　　考生资格的鉴定　79
　　　职业上的禁令　82
　　　居住地条件　84
　　　品行鉴定　87
　　　开封的作用　91

第四章　植根于学校——北宋晚期的科举　99
　　　庆历改革　99
　　　课程的变革　103
　　　学校与改革家　110
　　　三舍法　115
　　　改革遗留的影响　120
　　　南宋的官学　125
　　　书院的广布　131

第五章　公正性的破坏——南宋的科举　139
　　　中途的考试　139

特殊的初级考试　145
　　高级考试　155
　　特权的范围　159
　　衰落中的科举　166

第三篇　171

第六章　登科者的地域分布　173
　　南方的兴起　173
　　地域上的偏向　180
　　区域单位问题　185
　　进士的分布　188
　　不成功的地区　195
　　科举成绩的分布图式　202

第七章　通过棘闱——科举文化　219
　　考试术语　219
　　礼仪的普及　220
　　对举人的资助　225
　　考选的标志　229
　　科举文化的早期阶段　232
　　科举故事　236
　　青年的问题　239
　　老年的问题　246
　　神鬼的帮助　249

第八章　结　论　258
　　能人统治的企图　258

知识与权能　261

　　科举与社会　265

附录一　进入行政机构的途径　268

附录二　历年省试及格者和授予的学衔　271

附录三　根据方志名录编列的宋代各州进士总数　277

附录四　地方史志作为宋代进士数资料来源的估价　289

参考文献　301

插图目录

图1 1040—1260年各州州试相对于每个举人的考生数 58

图2 1020—1260年在全国及各州参加州试的成年男丁的百分比 59

图3 宋代的科举制度 147

图4 中国南方的进士在北宋科举中的代表 190

图5 赣江盆地的科举成绩：全部进士的百分比 206

图6 长江下游、东南沿海和它们的主要分区的科举成绩 209

图7 长江下游和东南沿海各州每次考试的进士平均数对州举人解额的比率 217

图8 建康府州试试院（贡院） 232

表格目录

表1 官僚政治的组织 31

表2 1213年军事人员按其进途的分类 34

表3 1213年政务人员按其进途的分类 38

表4 宋代官员数的估计 41

表5 政务人员内具有正式学衔者所占的百分比估计数(假定平均任职年数为36年) 42

表6 太学生定额 49

表7 参加礼部考试的举人 53

表8 州试的法定配额比率 56

表9 1059、1061和1063年曾通过开封和国子监考试的进士的百分比 92

表10 宋代官学——按最早的参考数及每十年参考数编列 112

表11 64个州学和108个县学的建设活动和破坏活动 127

表12 64个州学和108个县学每十年的建设活动发生率 129

表 13　宋代各时期书院参考数　132

表 14　对住在临安的外地考生的附试　144

表 15　列入州试举人名录中的进士所占百分比　161

表 16　列入吉州和苏州州试举人名录的南宋进士所占百分比　162

表 17　吉州和苏州，1148 年和 1256 年按父系背景分类的进士中的州试举人　163

表 18　宋代进士总数与省试及格者总数的比较　165

表 19　1059、1061 和 1063 年各路举人对进士的比率　177

表 20　四川的进士数及其在华南和全国进士总数中所占的百分比　184

表 21　根据地方史志中的名录编列的宋代各路进士数　191

表 22　官学的地理分布　193

表 23　私学的地理分布　196

表 24　长江下游和东南沿海各州按每百万户每三年所出进士数的分布情况　208

表 25　历年省试及格者和授予的学衔　271

表 26　根据方志名录编列的宋代各州进士总数　277

表 27　《宋元科举三录》与方志中所列 1148 年及 1256 年考试录取进士数的比较　293

表 28　表 27F 栏的细分　296

表 29　方志中所列进士数的重复情况　297

表 30　司马光和各方志所提供的 11 世纪进士数的比较　298

表 31　1059—1063 年进士数：司马光提出的开封与国子监进士数加方志所列总数和《文献通考》列数对比　299

中文本序

1994年5月2日英文《中国日报》登载了一篇题为《考试是学校生活的祸根》的文章,描述了当代中国的教育问题。文章首先指出,控制高校(大学)入学的重点中学和普通中学之间的差距制造了普通中学师生的冷漠感。其次,高校入学考试的巨大分量导致学生专注于考试准备,而忽略了包括正常功课在内的其他活动。再次,学校教学质量因此降低,使年轻人"智力、体质和精神均得不到充分发展"。文章引用一位教育权威人士的话作结论:"考试取向的学校制度应找出灌输这些价值的途径。"

我们生活在一个考试无处不在的世界上——不仅用于教育,而且用作挑选工作人员和鉴定人们的工作技能。这些问题本不足为奇,因为公平和价值观的问题与竞争选择的制度是形影相随的。值得注意的是它们同宋代的教育问题如出一辙。

众所周知,中国首创用文学考试选拔官吏和政治精英,其起源可上溯至孔子的教义及汉代的政治。鲜为人知的是科举考试的制度化及其(至少在上层的)广泛运用主要出现在宋朝(960—

1279年)。因此中国宋朝可谓历史上第一个考试取向的社会,并已遇到《中国日报》文章论述的问题。

本书的英文初版出版于1985年,我在书中试图阐明这个考试取向的社会的历史和社会结构。以前的宋代考试和学校的研究几乎都采用制度史的形式,极少论及这些制度的社会影响。一个特别的例外是先师柯睿格(Edward A. Kracke),他指出考试推动了社会向上流动。随着深入研究宋代考试,我进一步认识到考试具有连接社会和政治的重要意义。其作用涉及皇室的目标、官僚人事安排、社会地位、地方士绅社会的形成、地区的发展以及家庭结构和作用的变化。本书因而企图在不失为制度史的同时,勾勒此等多重作用之互动。

是书开端论述宋朝初期皇帝,对始于大约4个世纪前隋朝的科举制度所作的一系列卓有成效的改革。这些改革包括大量增加录取名额;创设州试和殿试——因此连礼部举行的考试,共有三级;采取具体步骤保证书面考试的匿名和阅卷之最大限度的公正性;以及设置一套州试的定额制度以稳定各州贡生到首都的数量。此等改革成功地将考试变成政治文化的一个中心特点。考生数目急剧增加,考试竞争性随之益趋激烈。政府学校的体系在11世纪出现,改进学校和考试成了此后主张改革的大臣的主要目标。再加上11世纪的另两项改革——建立考试的三年周期及决定"进士"为考试及第者唯一的学衔(以前有不同科目的多种学衔)——为未来近千年的考试定型的这样一种制度遂告形成。

即使考试繁盛、制度发展,宋代初期皇帝的"精英政治"的目标却在很大程度上未能实现。人们学会了钻制度的漏洞来增加考试及第并取得官位的机会。除了全然的作弊和行贿,有些迁移到定额较宽的州府。官员的亲属涌入,有可能会因主考官对他们的"偏爱"而造成考试的不公。然而为减少这种不公平而设置的特别考试，却事实上给了官员的亲属竞争的优势。随着皇朝的延续，他们更多地运用世袭的保护特权，所谓"荫"——高级官员可有一个或几个亲属仅通过简易的考试即取得官阶。事实上，11和12世纪的荫补如此广泛，以致经由考试招募的官员的比例降低，虽然考生数目和考试竞争程度急剧增加。

然而，此等不公平并未阻碍一些因考试而引发的社会文化发展。这些包括：第一，文人作为一种固有利益的地位集团的出现（至南宋时，即使部分通过考试过程者可在地方社会取得地位）；第二，虽涉足考试和国家事务但积极参与地方事务，发展于十二三世纪发达的书院的地方士绅阶层的出现；第三，有其独特的规范、象征和经验的考试文化的形成。本书的最后一部分讨论这些现象及其在地方上的表现。

宋朝结束于700多年前，读者很可能会问为何其考试制度值得在今天讨论。我想其理由至少有三。首先，宋朝的考试是延续至1905年才废止的中国封建考试制度的一个重要阶段。殿试、在京城外举行初试、唯有殿试后才授予唯一的学衔——进士，授予州试及第者以举人学衔，三年考试周期以及贡院的发展——这些明清考试的特征无不滥觞于宋代。以学院而言，州学、县学和书院唐代都有，但是要论组织、课程、财政、校园布局以及政府学校的正式纳入考试制度，明清学校和书院大致可看作宋代的创造。可能最重要的是，封建社会后期突出的士大夫阶层致力追求教育和考试竞争的现象主要是宋代的发展。因此宋代考试和学校史对于整个中国历史意义重大。

其次，宋代考试的重要性超出中国之外，因为中国考试本身具有相当的世界史的意义。很少有人认识到现代社会的一个普遍特征——学校和考试不但用于教育青年人,并且在选择员工和区分地位中起关键作用——发源于中国,并非西方。"精英政治"的中国模式由耶稣会员以及其他晚明和清朝的观察家传入西方社会,这为启蒙哲学家们提供了有力的模式,并帮助铸造了现代西方社会。

再次,考虑到宋代和《中国日报》文章中描写的教育问题的共同点,宋代经验的分析具有现实意义。比如,宋朝初期皇帝用考试创造一种"精英政治"的卓著尝试,甚为12世纪的革命家和改革者所效尤,所以颠覆这些尝试的方式对我们都有启示。这并非说过去的教训可以简单地移植到现在,但认识到有些问题并非今日独有,当有助于观察和理解。

最后,谨向使本书得以出版的很多人表示谢意,特别是慨允出版一本"洋鬼子"研究中国科举的著作的图书公司以及为这篇序言费心的宾汉姆顿大学的陈祖言教授。我尤其要感谢杭州大学的杨渭生教授,他不辞劳苦地为此书付出心力,实在十分感激。最后也感谢纽约市立大学亚洲研究系的李弘祺教授,他在过去数年中耐心地、仔细地帮忙使这本书得以问世。李教授与我是问学的知交,切磋多年,一定很高兴看到这本书的出版。

贾志扬(John Chaffee)
Binghamton University

地理说明

为了使这项研究中所用的许多地名尽可能为人们所理解,凡在宋代发生过变迁的地名和行政单位已予以标准化。特别是:

1. 凡在宋代经过再加划分的路以划分后的形式表示。例如两浙按两个路两浙东路和两浙西路处理。

2. 凡名称经过改变的路和州都只用其一个名称。就州这一级来说,所发生的变化通常是由一般的州变为高级的州(府)。在大多数情况下是用州的名称。改变的名称在附录三表 26 中表明。

3. 在路与县之间实际上有四种行政实体:高级的州(府)、一般的州、工业州(监)和军。然而,对科举来说,它们在职能上是难以区别的,所以用"州"这个名称来泛指府、州、监、军这四者。

致　谢

不论历史研究事业怎样被人们赞扬（或讥嘲）为一种寂寞的冒险，至少对我来说，它的社会性方面是非常显著的。如果没有近几十年来出现在中国、日本、欧洲和美国的中国社会史和宋史研究的繁荣，写成这本书是不可想象的，这是从我常常引用这些学术成就中应能明显地看出的事实。如果没有师长、同事和学生们的鼓励和批评，本书也许不会出现，至少肯定地不会以它现在这样的形式出现。

我受到的恩惠是很多的。已故的柯睿格（Edward A. Kracke）教授对在美国开创宋史研究所做的贡献比任何人都多，他曾花了不计其数的时间和我一同阅读文献，和我共同利用他的宋代教育研究资料，并且在临终前还在热情地指导我完成我的学位论文。迈克尔·多尔比（Michael Dalby）接着临时代替了柯睿格的工作，他不仅是学位论文的优秀导师，而且从那时以来一直给我以很多建议和鼓励。对于何炳棣，我不仅应感谢他给我以许多中国社会史方面的知识，而且应感谢他为我出了编制宋代全国进士表的主意,该表已成为第六章的基础。我曾大量利用了郝若贝(Robert Hartwell)的著作。在进行这个科研项目的初期阶段,他曾慷慨地让我占用他的时间,并且对我的某些最初的研究成果提出了宝贵的批评。李弘祺关于宋代教育的许多出版物曾大大地推进了那一领域,他是一位富有同情心的学者,长年耐心地予我以鼓励。

我感谢保尔·格里诺(Paul Greenough)、戴维·拜勒(David Biale)、杰拉尔德·卡迪舒(Gerald Kadish),尤其要感谢这套丛书的编者杜希德(Denis Twitchett),他们都阅读过我的学位论文,并对修改本书提出了非常宝贵的意见。在对本书的部分章节提供帮助和建议的许多人中,我应该提到毕德森(Charles Peterson)、刘子健、托马斯·阿费里卡(Thomas Africa)、理查德·特雷克斯勒(Richard Trexler)、袁清(Tsing Yuan)、白威廉(William Parish)、白诗朗(John Berthrong)、迈克尔·法恩根(Michael Finegan)、保罗·何(Paul Ho)、李中清(James Lee)、戴维·科恩布卢斯(David Kornbluth)、包弼德(Peter Bol)、韩明士(Robert Hymes)、戴仁柱(Richard L. Davis),以及已故的罗伯特·萨默斯(Robert Somers)。纽约州立大学基金会对我提供了资助,使我有可能进行第七章的研究和写作。罗杰·科斯(Roger Kose)为我的学位论文提供了出色的地图,这些地图已在作了较小的修改后用在本书中。德博拉·扬(Deborah Young)熟练而迅速地为本书的大部分手稿打字。剑桥大学出版社的编辑罗宾·德里科特(Robin Derricourt)和伊恩·怀特(Iain White)在与我交往中始终是亲切而对我有帮助的。

最后,我还受到家庭的恩惠。我经常得到我的姻亲海伦·亨特和霍兰·亨特(Helen and Holland Hunter)以及我的双亲克利福德·查菲和玛丽·查菲(Clifford and Mary Chaffee)的鼓励。我的父母在中国的传教服务无疑地是我对那个伟大国家心驰神往的根源。如果在研究、写作和修改这本书的几年中没有我妻巴巴拉(Barbara)的爱和支持,本书是不可能完成的。最后但并非最不重要的是,我得感谢我的儿子康拉德(Conrad)和菲利浦(Philip),这既由于他们对我常常埋头于文字处理表示宽容,也由于他们对我的许多可喜的"打扰"。

第一篇

第一章　导言——科举生活

两次抗议

宋代的陈恕在1002年暮春时节是个不受欢迎的人物。陈恕是南方人，因而对位于华北平原的北宋帝都开封来说是个外地人。他曾因高风亮节、操守廉洁而颇有声望。刚在几个月前，真宗（997—1022年在位）已授予他非凡的荣誉——命他担任文官考试的主考。① 开封街道上充塞着14 500名举人，他们都是全国各州选送来京都参加考试的。考生们的期望都很高，因为上次举行的那次考试（1000年），有1 500多人获得了所渴望的进士和诸科学衔，因而有资格进入政界。② 但是，在使人精疲力竭的礼部考试（省试）以后，陈恕和他的同僚们只录取了218人，落选考生的震惊和失望很快转化为愤怒，矛头是直指陈恕的。他成了引起纷纷吵嚷的原因。人们把他的画像涂上血污，写有他的名字的牌

---

① 《宋史》四九五卷，台北：艺文印书馆1962年版，267/6b。
② 《宋会要辑稿·选举》，台北：世界书局1964年版，7/8a；马端临：《文献通考》三四八卷，台北：新兴书局1964年版，32：305。〔按：《宋会要辑稿·选举》七之六载，咸平三年（1000）共取1 800余人，而咸平五年（1002）诸科共取218人（约66人取1人，系据《文献通考》卷三十《选举三》）〕。

子被挂在路旁,让路人鞭挞。①

对陈恕的肆意谩骂是口头的和象征性的。200年以后的杨宏中就没有那么幸运了。杨宏中早先在南宋首都临安府的太学中曾作为学生领袖而获得声誉。他在1205年考取进士,最初担任的官职是漳州(福建南部的一个沿海的州)州学教授。② 他的职责之一是帮助监督管理每三年一次的州试。漳州州试配额21名举人将被选送京师。③ 1210年秋当州试正在进行或正在评阅试卷时(资料中并未说明在哪一阶段),一群破落户(落第者)掀起了一场暴乱。他们用竹棒和木棍武装起来,冲破试场门户,痛打了杨宏中并打伤其他试官。破落户们离去以后,市民们由于十分害怕他们,竟拒绝泄露他们的身份。朝廷无法惩办罪犯,只得以惩罚漳州来代替:知州被降级,漳州举人不准参加即将在临安举行的礼部考试(按:罚停一年)。④

正如这两件相隔很远的轶事所证明的那样,文官考试在宋代(960—1279年)是关系重大而潜在着爆炸性的事件。个人、家庭

---

① 李焘:《续资治通鉴长编》五二〇卷,台北:世界书局1967年版,51/13a。〔按:此处为《长编》卷五十一,咸平五年(1002)三月己未条。原文为:"先是,贡举人集阙下者万四千五百六十二人,命吏部侍郎陈恕知贡举,恕所取士甚少,以王曾为首。及是,糊名考校,曾复得甲科,时议称之。旧制,试经科复旧场第,始议进退。恕初试一场,即按通、不去留之。以是诸州举送官吏,皆被黜责,谴累者甚众。江南,恕乡里,所斥尤多。人用怨讟,竟为谣咏讥刺;或刻木像其首,涂血掷于庭;又缚苇为人,题恕姓名,列置衢路,过辄鞭之。"〕
② 《宋史》455/14b;《宋史新编》,商务印书馆影印本1974年版,148:47。(按:《宋史》卷四五五《杨宏中传》载,"登进士第,教授南剑州"。据《宋史·地理志》,南剑州与漳州为不同的两个地方。)
③ 该配额数系根据一份州试配额表而来,此表出现于在日本一寺院内发现的一幅不署名亦未注明日期的南宋地图上。(按:此图为日本栗棘庵所藏。)该图的摹真本附在青山定雄所著《唐宋时代の交通と地志の研究》(东京:吉川弘文馆1963年版)。
④ 《宋会要辑稿·选举》16/31a—b。〔按:中国台湾影印本4513/2;中国大陆影印本为《辑稿》(五)4527/2。〕

以及往往是整个社会的命运都随考试的结果而定。在欧洲的中世纪社会中,贵族和牧师跟缓慢地出现的官僚有显著的区别。而在帝制时期的中国社会,地位、权力和财富都与官职有着密切联系。成为官员有各种途径:推荐,买官,荫补(依靠有地位的亲戚进入官场),从小吏的职位提升。但考试及格者享有最大的特权并有最好的晋升机会。而且,科举制度自隋朝建立以来一直是录用人数较少的取士方法,宋朝的皇帝已把它改变为一种主要的,有时是占统治地位的选拔官吏的方法。① 结果使学习的前途有广泛的吸引力,对中国社会具有深远影响。

科举生活

宋朝的读书人往往把他们的职业称为考"进士",那就是为进士考试做准备。而努力进行这种准备的既有成人,也有青少年。在1148—1256年所举行的历次考试中,只有两次留有进士登科录。其中除列有考取者的姓名外,还列有家世、婚姻关系和居住地等传记性资料。两次考试录取者的平均年龄分别为36岁和35岁(虚龄),年龄幅度为19岁至66岁。② 这些人当然是少数幸运者。绝大多数读书人花了一生中的许多时间或大部分时间而未能成功。

那些学习的年份都花在掌握令人望而生畏的课程上,其中包括历代历史、诗赋和儒家经典。在宋朝的大部分时间内,儒家经典包括《论语》《孟子》《书经》《诗经》《易经》和三礼(《礼记》《仪礼》

---

① 早在西汉时期,皇帝有时就利用考试来测验被推荐来做官的人。但隋唐时代的科举制度要复杂和正式得多。
② 徐乃昌编:《宋元科举三录》,1923年版。

《周礼》)、三传(《公羊传》《穀梁传》《左传》)、《春秋》。① 所有这些被认为是政治知识、社会知识以及特别是伦理知识的基本来源。后来曾任参知政事的范仲淹在1030年曾经这样论述以上这些书籍的重要性:

> 夫善国者莫先育材,育材之方莫先劝学,劝学之要莫尚宗经。宗经则道大,道大则才大,才大则功大。盖圣人法度之言存乎《书》,安危之几存乎《易》,得失之鉴存乎《诗》,是非之辨存乎《春秋》,天下之制存乎《礼》,万物之情存乎《乐》。故俊哲之人入乎六经,则能服法度之言,察安危之几,陈得失之鉴,析是非之辨,明天下之制,尽万物之情。使斯人之徒,辅成王道,复何求哉?②

然而,准备考试所涉及的不只是经书。在1127—1279年的南宋时期(当时中国北部处在女真族建立的金朝统治之下),不论是考经义或考诗赋的进士考生都须通过分成3个部分的考试。所有考生都必须写一篇关于政治或哲学原理的理论文章(论),并回答3个政策性问题(策),这些问题往往是复杂的、高度技术性的政治问题。这都需要有广泛的历史知识和经书知识。此外,诗赋考生必须按指定的题目运用复杂而严格的写作规则写一首诗和一篇赋。每一经义考生都必须回答关于其专业经书的3个问题和《论语》及《孟子》中的问题各一个。这些都需要对原文及其意义的论述有准确的理解。③

---

① 即孔子和孟子的著作加上称为"九经"的书籍。有时把《孝经》和早期的词典《尔雅》也包括在内。
② 范仲淹:《范文正公集》二十卷,加附录,台北:商务印书馆1965年版,10:121。(按:此处为卷九《上时相议制举书》。)
③ 《宋会要辑稿·选举》4/12b—22a。

为准备应试而进行的漫长教育开始于早年时期。这种教育或者在家庭中进行，或者在非正式的小型的家庭学校和社会学校中进行。① 学生起初学习简单的识字课本。《三字经》《百家姓》《千字文》，使学生认识语言中最常用的字。《孝经》使他们对伦理学和政治学原理具有初步的了解和兴趣。还有像吕本中所著的《童蒙训》之类的轶事著作。《童蒙训》的内容有宋代著名教师的故事、关于正确的学习方法的指导、家庭中的正确行为等。②

　　学生一旦完成了这个最初的教育阶段，就开始进入一个包括作文、书法、背诵和记忆经书、史籍和诗赋的学程。这个学程中没有教科书，学生只是在教师的指导下直接攻读原文。11世纪时一所官办小学（之所以这样称呼，是由于学生的知识程度已超越识字课本阶段）的学校规则的碑刻为这一学程的内容提供了例证：

　　　　一、教授每日讲说经书三两纸，授诸生所诵经书文句、音义，题所学书字样，出所课诗赋题目，撰所对属诗句，择所记故事。

　　　　二、诸生学课分为三等：

　　　　第一等

　　　　　每日抽签问所听经义三道，念书一二百字，学书十行，吟

---

① 正规教育开始的年龄一般规定为8岁或10岁（虚龄），但儿童在那时也许已在家里受过相当多的教育。12世纪的哲学家朱熹在他的被广泛阅读的《小学》中写道，儿童应在6岁学数字和地名，男孩和女孩应在7岁分开，8岁应研习举止礼仪，9岁应教以历法，10岁应送往学校。（《小学集注》六卷，《四部备要》本）（按：此处为《小学集注》卷一《内篇》"立教第一"。）

② 大部分资料根据陈东原：《中国教育史》，上海：商务印书馆1936年版，第311—317页。并参见 Sidney O. Fosdick（福斯迪克），"Chinese Book Publishing During the Sung Dynasty"（《中国宋代的书籍出版》），系康斯坦丁诺维奇·弗拉格著《中国宋代的书籍印刷史》（俄文）一书的部分翻译并加注释及导言（芝加哥大学文学硕士论文，1968）；Lee, Thomas H. C.（李弘祺），"The Schools of Sung China"（《宋代的学校》），*The Journal of Asian Studies* 37(1977), pp. 48-49.

五、七言古、律诗一首,三日试赋一首(或四韵),看赋一道,看史传三五纸(内记故事三条)。

第二等

每日念书约一百字,学书十行,吟诗一绝,对属一联,念赋二韵,记故事一件。

第三等

每日念书五、七十字,学书十行,念诗一首。①

随着学生学业的上进,他们就进入各种各样的许多教育机构。有很多教育机构是私人办的,从上述低级的社会学校起直到12—13世纪最高的新儒学院(书院或精舍)为止。书院或精舍有时既是学校,也是哲学讨论的中心。其他许多教育机构则由官办。官学在12世纪之初的发展鼎盛时期,组成为全国范围的学校系统,从县学到州学直到拥有学生3 800人的庄严的太学为止,全部入学人数约为20万人。②

对于比较高级的学生来说,学习应该更多的是应用所学的东西去解决具体的问题,而不是记忆和理解课文(虽然这些作业决不会停止)。用13世纪时一位作家的话来说:"大学者因理以明天下之事,小学者即以事观天下之理。"③我们可以指出,以理来"明天下之事",正是对政策问题进行考试的目的所在。

教育对考试的这种关系并不是偶然的,因为大部分教育都以科举为目标,而且包括频繁的考试和测定。从11世纪末叶以来,

---

① 王昶:《金石萃编》一六〇卷(1805年版),134/22b—23b。〔按:此碑文为至和元年(1054)《京兆府小学规》,收录在《金石萃编》卷一三四。〕
② 参见第四章对学校系统的叙述和讨论。
③ 周应合:《景定建康志》五十卷(1261年版)30/17a。〔按:此处为卷三十《儒学三·建小学记》,嘉熙庚子(1240)。〕

官学学生的入学是竞争性的,官学中的升级主要决定于考试:月考、季考(在太学中)和年考。① 这是对文官考试的极好准备;的确,年考是显然模仿科举考试的。但是在许多批评家看来,这是对真正的教育的歪曲。我们仅举两个例子。新儒学院在 12 世纪末叶的兴起是与指责以科举为目标的教育同时发生的;而在早先的《童蒙训》中我们看到这样的质问:"……为之学生者,皆利于岁月而应举也。上下以利相聚,其能长育人才乎? 此于本亦已错了,更不须言也。"②这是说如以准备应试教育人才,则人才将不知行为之根本,如何能为政府所用。

然而,学生生活并不只是缺乏独创性的学习和准备考试。学校使一批优秀的儿童和青年离开家庭而聚集在一起(学生通常是由学校收费供膳的),起着一种强有力的社会化力量的作用。在太学里尤其是这样。太学生受教于著名的思想家(太学教授是在官场中颇受尊敬的职位),有机会遇到有权势的官员,而且有时对朝政起着重要作用。③ 我们未必需要提到大城市开封和临安所提供的人间乐趣。④ 但是学生间建立的友谊并非无足轻重,这种友谊在许多情况下是终生的友谊。著名诗人杨万里(1127—1206)在回忆当年的学友刘承弼时,对临安的太学生生活提供了非常有趣的一瞥:

---

① 《宋史》165/12a—b;赵升:《朝野类要》五卷(《丛书集成》本),2:22—30。
② 吕本中:《童蒙训》三卷(《万有文库》本)3/30。
③ 关于宋朝太学生的政治活动的文献相当多。特别应参看黄现璠:《宋代太学生救国运动》,上海:商务印书馆 1936 年版。
④ 这些情况在当时两本描述开封与临安两城的著作中有生动的描写。见孟元老:《东京梦华录》十卷;吴自牧:《梦粱录》二十卷(《百部丛刊》本)。英文见 Jacques Gernet(谢和耐),*Daily Life in China on the Eve of the Mongol Invasion*(《蒙元入侵前夜的中国日常生活》), trans. H. M. Wright, Stanford: Stanford University Press, 1962.

> 当予与彦纯(即刘承弼——作者注)共学时,每清夜读书倦甚,市无人迹,则相与登亭;掬池水,弄霜月,自以为吾二人之乐,举天下之乐何以易此乐也!①

学习和准备考试绝不是仅限于学校内。且不说那些完全在家里受教育的人,即使对于大多数进士来说,在正式学校毕业与考中进士之间,也有着相当大的一段时间距离。② 在这段时间内,青年人通常另有事情,特别是结婚。他们只是在每三年一次的考期迫近时才回到学习上来。许多人在官学中担任教职,或在有钱人家充当门客,或者更卑微地当村塾教师。还会遇到另一些人在做商人,照料家产,或者积极从事社会事务。长长的三年等待着考试,通常伴随着考试发榜而来的是痛苦失望,这种生活使人蒙受的精神上的极度紧张和所花的代价,我们只能凭猜测得之。但偶尔也能听到失望的呼声。刘南甫(1202—约1238年)是一个由江西吉州府三次赴京应试的举人,他曾对他的友人著名教师欧阳守道(生于1209年)说过:"科举累我久,人生得婆娑林谷,贮满腹书足矣,何用他求!"刘南甫终于在1238年成进士,但赴官未几就去世。欧阳守道写道:"此可谓淹场屋矣。"③

到现在为止,我们所谈的都是些取得成功的人,是漫长的考试过程中的少数幸存者。大多数人开始学习时都怀着一朝得中进士的理想而飞出家园,却在中途退学。有些人很快就退学了,例如曾经一度为匪后来成为宋朝将军的马仁瑀(933—982年)就

---

① 杨万里:《诚斋集》一三二卷(《四部丛刊》本)71/9a—10a。(按:此处为卷七十一《水月亭记》)。

② 关于婚姻和考试是年轻士人在二十几岁时所关心的两件事的论述,见 Lee, Thomas H. C., "The Schools of Sung China", p. 52.

③ 欧阳守道:《巽斋文集》二十七卷(文渊阁《四库全书》本)7/14b。(按:此处为卷七《刘山立论稿序》,山立即南甫。)

是这样：

> （仁瑀）十余岁时，其父令就学，辄逃归。又遣于乡校习《孝经》，旬余不识一字。博士（按：即当时的教师）鞭笞之，仁瑀夜中独往焚学堂，博士仅以身免。①

我们所希望看到的比较典型的例子是王庭珍（1088—1142年）的情况。他也是吉州人，出身于历史悠久的书香门第；他的一个兄弟已成进士，另外两个兄弟则是当地的著名学者。庭珍"不喜龌龊为章句书生"，甚至也不太喜欢升入府学。因此，他把学校和学者生活一并抛弃，后来竟非常善于赚钱。②

最后，还有一些参加考试的人有时反复应试，结果却失望地或厌恶地放弃了。虽然我们只拥有很小一部分成名者的记载，但是失败者的人数大大超过其同时代比较成功的人，特别是在南宋。有些人曾被奉为楷模，如临安吴师仁在落第后回家成为教师而得人望。他"甘贫守道，专治诚明义理之学，而不为异端之说"③。对另一些人来说，退隐是思想上的解放，这恰恰是因为它能使他们摆脱儒学课程的束缚。因此，吉州的刘纪明（1059—1131年）从参加考试转变为具有广泛的爱好。他的兴趣所在，除了经书、哲学和历史以外，还包括志怪故事、天文、地

---

① 《宋史》273/21b—22a。（按：此处为卷二七三《马仁瑀传》。）
② 王庭珪：《卢溪文集》五十卷（《四库全书》本）46/7a—8b。（按：此处为卷四十六《故弟汉臣墓志》。汉臣字庭珍。）
③ 施谔：《淳祐临安志》，现存五至十卷。（按：此处为卷六，引陈襄《荐郡士吴师仁为教授札子》。）

理、占卜、医学秘方、佛教和道教。① 而潭州（在荆湖南路）的王乐仙在礼部考试落第以后，愤怒地撕碎儒冠而成了道士。② 还有一些情况是，退隐导致了酗酒，偶尔还导致死亡。的确，在宋代上流社会流行的轶事文学作品中，可以遇到这样一些暗淡的形象，例如一个太学生在妓院中遭杀害，一个穷困潦倒的举人的鬼魂经常出没在佛寺中等。③

科举文献

涉及宋代的以及更一般地涉及中国传统社会晚期的科举与教育的大部头文献主要可分两类：制度史和有关占统治地位的官僚贵族的构成和流动性的著作。前者历史比较悠久，其来源是关于朝代史的专题著述，这是一种到宋朝时已充分确立的文体。当档案管理人、历史学家、百科全书编纂者及地方志家处理这些课题时，往往写出其制度沿革，从而为我们提供了这方面的大量资料。这种传统在20世纪内被一些历史学家如陈东原④、寺田

---

① 刘才邵：《㭬溪居士集》十二卷（《四库全书》本）12/14a—16b。（按：此处系据《亡叔墓志》，亡叔即刘纪明，字景晖。墓志中谓刘纪明"经子史氏，古今奇文，星经地志，卜算时日，玉函秘方，稗官怪录，皆渔猎不遗。喜佛老，经教既已窥探幽赜，至于持斋诵咒，一切有为之法，亦复不废"。）
② 何薳：《春渚纪闻》十卷。（按：此处为卷三《王乐仙得道》。）
③ 洪迈：《夷坚志》四志八十卷（《丛书集成》本，上海：商务印书馆1937年版）4.11；85；4.18；140。（按：此处为丁志卷十一《蔡河秀才》；丁志卷十八《卖诗秀才》。）我所用的是《丛书集成》八十卷本，而不是四二〇卷全本。
④ 陈东原：《中国教育史》，上海：商务印书馆1936年版；《中国科举时代之教育》，上海：商务印书馆1933年版。

刚①、荒木敏一②及李弘祺③等非常富有成效地加以继承。以上所举诸人只是少数例子而已。这些史家由于具有鉴别能力并可靠地掌握了主要史料,已提出了关于政府取士与科举以及关于学校的详细的发展史。但是这些内科医师式的方法尽管提供了丰富的资料,却有某种狭隘性的缺陷,因为它们通常没有把制度与其社会环境联系起来。

后一种研究的情况就不是这样,它已引起了对中国社会性质的热烈讨论。几十年前,柯睿格和何炳棣由于论证中国传统社会的流动性远远大于许多学者的估计,认为这对近代以前的社会来说是可能的,因而在学术界引起了轰动。④ 他们在根据宋代进士登科录和明清两代进士及举人登科录所作的研究中⑤,发现绝大多数人的曾祖、祖父和父亲都无官职,因而是上升流动的。他们认为中国传统社会晚期的官僚贵族是依靠官职和考试而获得地位的,考虑到考试及格的困难,官僚贵族的构成是有很大流动性的。

---

① 寺田刚:《宋代教育史概说》,东京:博文社1965年版。
② 荒木敏一:《宋代科举制度研究》,京都:同朋舍1969年版。
③ Lee, Thomas H. C., "Education in Sung China"(《宋代的教育》),耶鲁大学哲学博士论文,1974年;"The Schools of Sung China"(《宋代的学校》);《宋代教育散论》,台北:东升出版事业有限公司1980年版。虽然李氏的优秀著作主要是论述制度方面的,但对教育的社会环境表现了敏锐的感觉。
④ Kracke(柯睿格), "Family versus Merit in Chinese Civil Service Examinations under the Empire"(《门第与帝权下的中国文官考试中取得的荣誉》), *Harvard Journal of Asiatic Studies* 10 (1947), pp. 103 – 123. "Region, Family and Individual in the Chinese Examination System"(《中国科举制度中的地区、门第与个人》), in John K. Fairbank(费正清), ed., *Chinese Thought and Institutions* (《中国的思想与制度》), Chicago: University of Chicago Press, 1967, pp. 251 – 268. Ping-ti Ho(何炳棣), *The Ladder of Success in Imperial China: Aspects of Social Mobility, 1368 –1911*(《明清社会史论》), New York: Columbia University Press, 1962.
⑤ 明清时期的举人有资格担任官职,和宋代的举人不一样。

这种流动性研究的历久不衰的成绩,在于它论证了教育和学术成就已成为官僚贵族社会甚至非官僚贵族社会关注的中心,因为学习的前途的确有广泛的吸引力。① 然而,流动性的论点及其附随的中国社会的模型近年来受到了挑战,因为至少在两个问题上它是易受责难的。

　　首先,它把官僚贵族的身份看作是与考试及格和(或)官职密切相关的事,这是把社会地位集团与阶级混为一谈了。② 尽管科举制度显然在中国社会中造成了社会地位优越的集团,并且高的社会地位往往会(虽然并不总是会)带来权力和财富,但不能由此得出结论说有学衔者(及其家庭)构成了统治阶级或社会中的官僚贵族。具有更多说服力的是上层阶级的成员以土地所有权为基础,然后可以获得教育和官职。

　　其次,流动性论点把注意力狭隘地集中在父方直系上,而忽略了世族、婚姻关系甚至兄弟姊妹和叔伯等重要因素。这部分地是由于登科录所提供的资料所起的作用,同时也是由于运用以核心家庭作为重要社会单位的西方模式的结果。考虑到亲戚关系和世族在中国社会中具有众所周知的重要意义,这样的研究方法肯定是会引入歧途的。

---

① Evelyn Sakakida Rawski(罗友枝), *Education and Popular Literary in Ch'ing China*(《中国清代的教育与通俗文学》), Ann Arbor: University of Michigan Press, 1979.
② 这个论点首先由 D. C. Twitchett(杜希德)在"A Critique of Some Recent Studies of Modern Chinese Social-Economic History"(《对近来若干关于中国近代社会经济史的研究的评论》)[《在日本举行的东方学专家国际会议会报》10(1965): 28—41]一文中提出,以后又由 Hilary Jane Beattie(白蒂)在 *Land and Lineage in China: A Study of T'ung-Ch'eng County, Anhwei, in the Ming and Ch'ing Dynasties*(《中国的土地与世族:对安徽桐城县在明清两代的研究》)(Cambridge and New York: Cambridge University Press, 1979, p. 19)一书中提出。

甚至在柯睿格和何炳棣发表他们的研究成果以前,就有一些人对中国社会持有完全不同的看法。魏特夫在其《荫补制度在辽、宋时代的运用》一文中认为中国的统治阶级在其构成上是相当稳定的。① 费孝通在写到20世纪初期的乡村绅士阶级时,既强调了它的稳定性,又强调了它的经济基础在于土地所有权。② 之后,白蒂③、郝若贝④和他的学生韩明士⑤与万安玲⑥均已论证中国传统社会晚期被拥有土地的名门世族的上层阶级所统治,这些世族有非凡的能力使自己永久存在,绝大部分官吏都是从它们之中吸收的。郝若贝关于为宋代财政官僚机构提供官员的世族的研究结果,由于它对当前的研究具有重要意义,需要特别加以考虑。

---

① Karl Wittfogel(魏特夫),"Public Office in the Liao and the Chinese Examination System"(《辽代的官职和中国考试制度》),*Harvard Journal of Asiatic Studies* 10 (1947), pp. 13 - 40.
② Hsiao-tung Fei(费孝通),"Peasantry and Gentry: An Interpretation of Chinese Social Structure and its Changes"(《农民与绅士:中国社会结构及其变迁的阐述》),*American Journal of Sociology* 52 (1946), pp. 1 - 17; *China's Gentry*(《中国绅士》),Chicago: University of Chicago Press, 1953.
③ Beattie, *Land and Lineage in China*.
④ Hartwell(郝若贝),"Demographic, Political, and Social Transformation of China, 750 - 1550"(《中国的人口统计、政治和社会的改革,750—1550 年》),*Harvard Journal of Asiatic Studies* 42 (1982), pp. 365 - 442; "Community Elites, Economic Policy-making and Material Progress in Sung China(960 - 1279)"(《宋代的社会名流、经济政策制定和物质进步(960—1279 年)》,提交国际社会科学理事会亚洲史资料来源和计量历史指数专题讨论会的论文,多伦多,1976 年 2 月;"Kinship, Status and Region in the Formal and Informal Organization of the Chinese Fiscal Bureaucracy, 960 - 1165 A. D."(《中国财政官僚的正式机构和非正式机构中的亲属关系及其身份和地区分布,960—1165 年》),提交社会科学史学会年会的论文,安娜堡,1977 年 10 月。
⑤ Robert Hymes(韩明士),"Prominence and Power in Sung China"(《中国宋代的名望与权力》),宾夕法尼亚大学哲学博士论文,1979 年。
⑥ Linda Walton-Vargo(万安玲),"Education, Social Change, and Neo-Confucianism in Sung Yuan"(《中国宋元时代的教育、社会变革和新儒家学说》),宾夕法尼亚大学哲学博士论文,1978 年。

按郝若贝的论证,在北宋的大部分时期内,财政官僚机构以至整个政府都被一小群他称之为职业的贵胄世族所统治。这些自称为唐代大族后裔的世族①,凭借婚姻关系,凭借最适当地利用科举和荫补,以及凭借使他们得以控制官吏升迁的党派关系,维持着他们的地位。然而,当11世纪末叶由于党争日趋激烈导致这些世族的一大部分从高级职位上被排斥出来以后,他们的统治地位开始削弱。结果,从12世纪初叶以后,财政官僚以一大批不很占优势的世族为其特征,这些世族的婚姻关系主要是地方性的,他们利用荫补的能力也比较有限。②

这个论点对我们了解宋代社会起着重要的作用。由于系统地引入世系、婚姻关系以及党派活动等变动的因素,要比只强调财富和考试成功这两个因素来解释取得地位和权力之原因的流动性模型,能说明更多的东西。事实上,郝若贝把科举看作是一个对社会流动性实际上不起重要作用的因素:

> 不论是在苏州或是在所收集的关于制订政策的官员和财政官员的传记材料中,都没有一个用文件证明的家庭例子可以说明向上流动完全是由于在文官考试就中取得了成功。的确,在每一个以文件证明的关于向上流动的实例中,登科都在跟一个已经形成的权贵缙绅世族通婚之后。③

换句话说,进入社会地位确定的官僚贵族的关键性标准应是婚姻

---

① 郝若贝没有说他是否接受这些说法。然而姜士彬曾颇有说服力地论证其中大多数也许是虚构的。David Johnson(姜士彬),"The Last Years of a Great Clan: the Li Family of Chao-chün in the Late T'ang and Eealy Sung"(《一个大家族的最后几年:唐末宋初的赵郡李家》),*Harvard Journal of Asiatic Studies* 37(1977),pp.51 - 59。
② Hartwell,"Transformations of China",pp. 420 - 425.
③ Hartwell,"Transformations of China",p. 419.

而不是科举。然而,这样的看法在3个问题上还有斟酌的余地。

第一,即使郝若贝关于通婚在一时更为重要的意见能为未来的研究所证实,也不能证明科举不重要,而只是证明与官僚贵族通婚对于登科和做官是一个必要的(即使是非正式的)先决条件。一个富有而没有文化的商人一般会给他的儿子们聘请教师,并力图为他们娶名门世家的女子。① 特别是在南宋时期,这种学术策略是为社会上所期望的,它为取得官位提供了最可靠的途径。虽然有些新兴家庭的成员可能通过其姻亲荫补的特权而进入官场,但是对大多数人来说,最初进入官场是必须通过科举的。的确,许多(也许是大多数)这种家庭是没有取得科举上的成功的。但他们仍然会有社会地位和地方上的声望,不过对他们潜在的地位和权力有着明显的限制。②

而且,郝若贝把科举上的成功说成是完全的应变量的这种意见还有疑问。对于某些出身寒微的年轻读书人来说,登科的前途是缔结良缘的决定性因素。③ 在另一些情况下,登科本身就是结婚的必要条件。吉州的真颖出身于一个地方行政官家庭的门客之家,在他登科之前,该地方行政官就不同意他的婚事。④ 更值

---

① 这一概括是根据我关于吉州(江南西路)的著名世族的研究作出的。关于上升流动家族实行官僚贵族内部通婚及投资于教育的联合策略的例子,参见王庭珪:《卢溪文集》44/5b—6b(《故县尉刘公墓志铭》——注),4b/3b—5a(《故左奉议郎刘君墓志铭》——注);刘才邵:《檆溪居士集》12/23a—26a(《刘端甫墓志铭》——注)。
② 关于可以追溯到三代以上其成员努力参加考试而从未成功的吉州家族或世族的例子,参见周必大:《周文忠公集》二〇〇卷(《四库全书》本)31/1a—3a;文天祥:《文山先生全集》二十一卷,台北:商务印书馆1965年版,11:389—391;杨万里:《诚斋集》130/2b—4b。
③ 例如可参看张世南:《游宦纪闻》十卷(《丛书集成》本)4/6a—7a,其中记述一个"极穷的"青年考生由于品行端方,使一个州试官有非常良好的印象而把女儿许给了他。
④ 余之桢:《吉安府志》三十六卷(1585年版)29/2b—3a。在考中以前,他离开家门并接受了一个富有妇女的资助。

得注意的是洪迈所说的关于一个县吏的故事。这个县吏在梦中得知邻家医生(一种卑微的职业)的儿子将登科。这县吏就和那医生去打交道,原来那位医生已为他的儿子参加科举考试报了名。县吏答应把自己的女儿嫁给医生的儿子,如果他能考中的话。医生的儿子果然考中了,于是结成了婚姻。① 所以,正如婚姻能有助于参加科举考试一样,科举考试取得成功也能有利于通过婚姻关系提高社会地位。

第二,"贵胄世族"(按:这里指新兴官僚显贵之大族,与唐以前的"世族"不同。)这种说法有着固有的不明确性,因为中国的世族可以是成分极其复杂的实体,正如它们对贫穷成员的一般施舍措施所证明的那样。② 某一个人属于贵胄世族,并不意味着这个人就是贵胄,不过这种联系对于贫穷的成员无疑地能给予许多好处,这些好处是不能为他的没有这种联系的邻居们所得到的。因此,在世族这顶保护伞下,或者说在它的掩蔽下,个人和家庭的流动有着充分的机会,这种流动既有向上的,也有向下的。

第三,郝若贝关于科举的观点没有考虑到学校和科举在宋代已越来越成为人们关注的中心。成为前述二次抗议事件情况截

---

① 《夷坚志》3.11:83—84(按:此处为丙志卷十一《赵哲得解》)。并参见同书 4.3:25(按:此处为丁志卷三《孙五哥》),其中描述一个人因没有考中而未能结婚。又朱彧:《萍洲可谈》三卷(《丛书集成》本)1:16,例子被引入李弘祺的"The Schools of Sung China"(《宋代的学校》)一文。
② 关于典型的世族组织——11 世纪的范氏世族的这种施舍措施,参见 Denis C. Twitchett(杜希德), "The Fan Clan's Charitable Estate, 1050-1760", in David Nivison(倪德卫) and Arthur Wright(芮沃寿), ed., *Confucianism in Action*(《行动中的儒家学说》), Stanford: Stanford University Press, 1959, pp.97-133. 中国的世族以其庞大而共同的组织为特征,如所举范氏世族的例子。由于在大多数宋代的事例中不能确定是否存在这样的组织,这里的"世族"(lineage)一词不很严格地用来指同一地方(通常是县)的一大群家族,而"门第"(family)则主要是指核心的和主干的亲族。

然不同的基础的一些变化,已为许多宋代作家所反映。可以看一看《宋史》中的下列记载。在叙述中央政府开始对地方教育进行有效干预(约在1022年)时,它说:

> 仁宗时士之服儒术者不可胜数。即位初,赐兖州(在京东西路)学田,已而命藩辅皆得立学。①

两百年后,在1231年,我们就看到这样的记载:"时场屋士子日盛,卷轴如山。(有司不能偏见。)"②我们还可以注意到明州(在两浙东路)一个名叫李闶的人在1090年为纪念建造某藏书楼而写的文章:

> (……是时,更五代干戈之乱,幸钱氏保完而归圣宋。)抚育涵养,生齿滋伙,而学者尚少。岁磨月砺,为士者日众,善人以不教子为愧,后生以无闻为耻。(故负笈而从师友,执经而游学校者,踵相接焉。)③

总之,变化在于对教育的评价大为提高,在于士人生活方式的日益占有优势。士人生活方式来源于教育而以达到登科为其目标。

科举制度对宋代社会关系重大。这是一种复杂的制度,它能提供许多好处,起着许多作用。它不仅用于选拔官吏,而且还有其他的作用,这里略举数端:使士子有发迹和表现才能的机会;可以控制社会和知识界;可作为皇权的象征。然而上述各项研究中没有一项是集中注意力于科举制度与社会之间的关系的。而这

---

① 《宋史》157/2a。(按:此处为《选举志》三。)
② 《宋史》156/15a—b。(按:此处为《选举志》二绍定四年条。)
③ 张津:《乾道四明图经》十二卷(《宋元四明六志》本)9/16a—18a。(按:此处为卷九《修九经堂记》,第12—13页。页码与英文原注稍有出入。)

种关系正是本书研究的目标。① 虽然制度史、社会流动性和社会结构等问题都不能加以忽视,但研究的重点将放在科举制度的社会作用和人们对科举制度的认识上,特别是这些问题在两宋300年间发生了怎样的变迁。

本书所利用的丰富资料大部分是过去研究中所利用过的那些——政府文件、史籍、百科全书、个人著作,但是它们至少将以两种不同的方式来利用。第一,在资料来源中彻底寻找数据,以便能对科举对于宋代社会的影响作出量的概括。特别是利用了100多种宋、元、明、清时代的地方志,使我们的观察不仅注重高贵者,而且注重卑贱者;不仅注重京都,而且注重各州府。第二,阅读关于制度的文献时着眼于其社会效果。某些集团或地区是否比其他集团和地区较多地受益于科举规章,如果是这样,那是什么缘故?考试以什么理论或哪些教育理论为基础?中国的优秀文化怎样适应于科举的强有力的组织力量?以下各章将涉及的正是这些问题。但是我们首先必须考虑两宋时期整个社会在怎样变迁。

历史环境

宋代是一个发生重要社会和经济变革的时期,这一特征现在已得到普遍承认。这是一个呈现鲜明对照的时代,最显著的是军事上的(往往也是政治上的)衰弱与经济上和文化上的兴旺同时

---

① 关于这种关系的某些方面的简要论述,参见 John W. Chaffee(贾志扬),"To Spread One's Wings: Examinations and the Social Order in Southeastern China During the Southern Sung"(《展翅翱翔:南宋时期中国东南部的科举与社会秩序》),*Historical Reflections/Réflexions Historiques* 9 (1982), pp. 305 – 322.

并存。自从唐朝中期以来,中国一直进行着某些人所谓的"中世纪经济革命"。在农村,庄园的发展、长江下游地区作为帝国经济中心的兴起以及宋代初期水稻栽培技术上的进步,都对农业生产的提高起着作用。这一点,连同商品经济的发展、现金交税的日益普遍、纸币的普及以及工业发展的开始,都有助于商业的迅速发展。农村中,初次出现了庙会和定期集市。城市中,唐朝初期用墙垣围住的空旷场地和受管理的市场消失了。从开封沿大运河向南直到东南部,无计划地扩展的城市出现了。这些城市的规模反映了它们在经济上的但未必是政治上的重要性。[①]

这是一个伟大的技术进步时代,尤其是印刷术的发展和传播。8世纪或在此以前由佛教徒发明的木版印刷术,在10世纪时首先由政府用于经书官方版本的印刷。[②] 在宋代,木版印刷迅速推广到全国,最主要的是在繁荣的东南部,当时寺院、学校和私营企业都设立了自己的印刷工厂(根据某一统计数,南宋时期约有173个印刷商)。[③] 印刷术对宋代中国的影响是深远的,这与15和16世纪时它对欧洲的影响迥然不同。在欧洲,印刷术通过用本国语书写的《圣经》导致了基督教改革运动,而在宋代中国,

---

① 这些概括是以一大批关于唐宋经济变革的学术研究成果为依据。相关英文著作,可参见 Shiba Yoshinobu(斯波义信), *Commerce and Society in Sung China*(《宋代的商业和社会》), trans. Mark Elvin(伊懋可), Ann Arbor: Center for Chinese Studies, University of Michigan, 1970. Mark Elvin, *The Pattern of the Chinese Past*(《中国历史的模式》), Stanford: Stanford University Press, 1973.
② Thomas F. Carter(托马斯·F. 卡特), *The Invention of Printing in China and Its Spread Westward*(《印刷术在中国的发明及其向西传播》), revised by L. C. Goodrich(富路德), New York: Ronald Press Company, 1955, pp. 56-62.
③ 张秀民:《南宋刻书地域考》,《图书馆》1961年第3号,第54页。

印刷术通过经书导致了科举制度的变革。① 虽然本书的研究主要是涉及使读书人成长发展的制度因素,然而如果没有印刷术使书籍比较便宜和容易得到,这种成长发展肯定是不会发生的。

唐宋时代的社会变迁同样值得注意。在中唐和晚唐时期,少数贵族世家在政治上和社会上的压倒优势至少部分地已让位于地方世族的新兴势力。按照杜希德的意见,这种情况成为可能是由于:

> ……在地方政府内各专门机构工作的各种各样的机会大为增加,这是一百年后继中央行政权力衰落、政治和军事实权从中央政府转到地方之后发生的。②

在五代(907—960年)时,许多贵族世家已在战争和起义的反复猛攻下消失。起义由于其表达了阶级仇恨而值得注意。③ 军人和富商在政府中起着非常重要的作用④,一般来说,政治上的分裂给许多地方集团的发迹提供了机会。因此,到宋代初期,贵胄集团是多种多样的,其中包括唐代贵族的残存者、北方的官僚和军事世族以及在南方诸王国相对平静的环境下兴旺起来的富裕的南方世族。

---

① 这个论点是李约瑟提出的,他认为中国社会的官僚统治起着吸收对欧洲社会具有革命影响的技术改革的作用。参见 Joseph Needham(李约瑟),"Science and China's Influence in the World", in Raymond Dawson, ed., *The Legacy of China*(《中国的遗产》), Oxford: Oxford University Press, 1964, pp. 234-308.
② Denis C. Twitchett, "The Composition of the T'ang Ruling Class: New Evidence from Tunhuang"(《唐代统治阶级的成分:来自敦煌的新史料》), in Arthur Wright and Denis Twitchett, ed., *Perspectives on the T'ang*(《唐代的回顾》), New Haven: Yale University Press, 1973, p. 79.
③ David Johnson, "The Last Years of a Great Clan", pp. 59-68.
④ 宋晞:《宋代士大夫对商人的态度》,《宋史研究论丛》第1辑,台北:华冈图书出版公司1962年版,第2页。

贵胄集团的这种多样性是和郝若贝教授认为 11 世纪时控制着官僚政治的国家权贵的同一性截然不同的。为什么会发生这种变化呢？和平与繁荣、都市化(特别是开封这个伟大的帝都)以及书籍的普及都起着作用。科举制度也对这种变化有影响。这种即使在 10 世纪时已经是古老的制度,被宋代初期的几个皇帝用于新的用途——他们把它看作是改组官僚贵族社会的工具。虽然其引起的结果是复杂而且往往不是有意安排的,但它们对中国社会的发展仍有深远的影响。

被宋代所继承的科举制度是隋朝于 589 年创立的,它在 4 个世纪中变化比较小。当时它有以下特征:具有各种学衔;对应考人资格有专门的规定;录取的人数少,但对官僚政治有威信很高的影响。隋唐科举制度有六科学衔。其中三科学衔是专门性的,专考法律(明法)、书法(明书)及数学(明算),而其余的秀才、明经和进士三科学衔要考广泛的较多传统典籍。从早期以来,各科学衔的声望和重要性就截然不同。秀才科很难考,考中者从来不多,并且这个学衔在唐朝初年后就已消失。明经科要考一门经书知识,考生和录取者都最多。但最重要的是进士科,这是唯一要考作诗才能的学衔,它在声望上超过明经科,而在考取人数和声望上超过所有其他各科学衔。①

唐代的考试每年在京都举行。取得考试的资格有两条途径:通过州官的推荐("乡举"或"贡举")和通过校举——在京都的几所学校之一学习。这几所学校除了一所以外都只对官员的亲戚

---

① 关于为什么出现这种情况的颇有说服力的论述,参见岑仲勉:《进士科抬头之原因及其流弊》,收入《隋唐史》一书(北京:高等教育出版社 1957 年版,第 181—190 页)。

开放。后一条路似乎占考试录取者的大多数。①

宋以前的科举制度构成了一条进入官场的狭小而颇有威信的通道。尽管登科的人仅占文官的6%到16%②，但他们是很有发展前途的，而且他们往往在最高级政府中占着优势③。由于把文学成就采用作为衡量政治才能的重要因素，科举制度可能对大世族的地位起了破坏作用。但是和某些历史学家的见解相反，科举制度并没有促进社会的流动，因为这种制度保证学衔的取得者要出身于大世族或地方上具有官宦传统的名门世族。④

从977年开始，宋朝政府授予的科举学衔已是几百个而不是几十个；授予学衔的年平均数已从以前300年间的30个左右增为997—1272年的192个。⑤ 在扩大科举和实行其他一些重大改革方面，宋朝初期的几个皇帝正在对几件关心的事起作用。他们要用聪明而受过教育的人来充实刚刚重新统一的帝国的行政机构。他们要控制已发展到支配朝政的军人，并约束在战争中幸存下来的那些大世族的势力。而且他们虽然稍稍审慎，但并非无

---

① 现有公元710年以前若干年间由地方官员推荐的登科者的人数资料。在那些年中，他们在全部登科者所占的比例为1/11到1/55。尽管地方考生的人数超过首都考生，情况却是如此。以后地方考生的遭遇也许稍稍好一点，但仍然不足以改变这种不平衡情况。参见 Twitchett, "T'ang Governmental Institutions: the Bureaucracy", in *Cambridge History of China*（《剑桥中国史》卷四）。

② 杜希德（Twitchett）在以上所引著作中估计，9世纪时科举出身的官僚约占唐朝官僚的15%到16%。另一位历史学家孙国栋的估计数要低得多，仅为6%。参见他的著作《唐宋之际社会门第之消融》，《新亚学报》4(1959):246。

③ David G. Johnson（姜士彬），*The Medieval Chinese Oligarchy*（《中世纪的中国寡头政治》），Boulder: Westview Press, 1977, p.149.

④ David G. Johnson, *The Medieval Chinese Oligarchy*; Twitchett, "T'ang Governmental Institutions".

⑤ 《文献通考》卷二十九至三十。对于《文献通考》中所列唐代登科人数的完整性有些令人怀疑，不过实际人数即使稍稍高一些，仍然完全不能接近宋代的平均数。在数字十分可靠的五代和977年前的宋代，每年平均登科人数分别为33人和19人。

意于给住在发展中的南方的人提供机会。①

他们所关心的这些事情,大部分都得到了满足。北宋中期的政府被一个能人集团所控制,这些人基本上是由于考试录取而得到官位的。他们出身于北方的老家族和东南部的"新兴"家族②,其社会阶层要比唐朝的贵胄广泛得多,但人数仍然少到足以被集中在京都开封这个世界性城市,并以婚姻纽带互相联系起来。这种情况之所以可能,正如郝若贝所论证的,是由于这个官僚贵族集团把持着取士的过程,但也由于他们相对地未受到别人的挑战。许多财力雄厚的家族本来可以读书和应考而不愿意这样做。

然而,在北宋晚期,官学迅速分布到大多数州县,使教育空前地普及。因此,当党争使11世纪的官僚贵族政治地位下降时,它开始融合到一个更大的正在发展的地方权贵阶层中去。结果,南宋的官僚贵族社会要比北宋的官僚贵族社会大得多,但比较狭隘地限于地方范围,在社会地位上往往集中在地区甚至州的一级。南宋的官僚贵族社会在经济上以土地所有权为基础,在某种程度上也以经营商业为基础,然而它仍深深地卷入教育和科举生活的剧烈而艰苦的竞争中。正如下一章将要阐明的那样,13世纪初参加州试的人数一般有几十万,而两个世纪前参加者仅数万人。

考虑到这些社会变迁,我们就可以料想到在宋代的初期、中期和晚期,科举与社会之间的关系会有很大的不同。的确,随后几章将专门阐明这种情况。许多论点都以第二章中提出的数字

---

① 参见第三章的详尽阐述。
② Aoyama Sadao(青山定雄),"The Newly-risen Bureaucrats in Fukien at the Five Dynasty-Sung Period With Special Reference to their Genealogies"(《五代至宋代的福建新兴官僚及关于其家系的专门参考书目》),*Memoirs of the Research Department of the Toyo Bunko* 21 (1962), pp. 1–48.

为依据，因为考生的多倍增加指出了拥有土地的上层阶级日益深入地卷入了科举，而由于这种卷入就出现了许多随之而来的问题。

由谁举行考试和决定考生的录取？在第三章中我们将看到宋代初期科举制度的发展主要是根据皇帝所主张的公平的理想而实现的，以支持前面提到过的创建一个有能力的行政机构并控制潜在的竞争者的目的。在考生不太多的情况下，这种政策起着相当好的作用。但是，正如我们将在第五章中看到的那样，当南宋时代科举竞争趋于尖锐化时，官僚们的亲戚利用他们的权利接受特殊的考试，暗中破坏了科举制度必要的公平性。这些特权还使有着许多本地官员的地区或州府享有优先于其他地区或州府的利益，我们将在第六章中看到这种情况。由于登科者培养登科者，少数地区如东南沿海和江西北部能在行政机构内形成空前的代表势力。

教育与科举之间应该有怎样的关系？出现这个问题似乎有点奇怪，因为科举要求多年的教育以掌握其儒学课程并以儒家贤能政治的原则作为理论依据。然而，儒家的批评者们质问：首先，在宋代的糊名考试方法不可能考虑考生品格的情况下，怎样能选择贤才？其次，在学生们都着眼于登科而不是着眼于"道"的情况下，怎样进行道德教育？我们将在第四章中看到，北宋有改革思想的政治家们以提倡并随后建立一个全国范围的学校系统来回答第一个问题，这个系统一度取代了科举的职能，不料这个拥有数万学生的庞大系统被指责为徇私、欺诈和教育不良。相反地，南宋的新儒家们对空前激烈的考试竞争（这种情况部分地是由北宋的教育计划引起的）作出的反应是主张推行公平的教育和培养道德，换句话说，是主张把教育和科举分开。

最后，随着科举制度在社会上的确立，它不能不融合在文化内。第七章中将阐明，科举引起了通俗小说、神怪故事的出现。随着落第者人数的急速增加，就形成和普遍出现了像年老考生和流浪文人这样的社会角色。但最重要的是，南宋的地方权贵们在暗中破坏科举制度的同时，却用仪式、服装、建筑物和社会支援机构等来创造考试光荣的幻象。机遇的神话对维护社会安定和适应官僚贵族们的特权地位同样重要。

第二章 录用人员的结构

宋代的官僚政治

中国的官僚政治到宋代时已远远不是它在古代的初期阶段那种家庭政府的样子了。尽管它的世袭血统的痕迹仍然存留在像左、右丞相这样的官衔上,但宋代的官僚政治已经具有"现代"官僚政治的许多基本特征:职能的专业化,权力的等级制度,正式的法规系统,以及非人格性的理想。① 尊严的皇帝——天子的权力在理论上是绝对的。在皇帝以下,排列着许多部、司、院和其他机关,其职能和权力系统都有明确的规定。② 京都以外的基层行政单位是州和县,在 1100 年时共有州 306 个,县 1 207 个。全国还划分为约 24 个路,由各特派官员巡视。为了给这些机关配备工作人员,政府雇用了几万名官员和几十万名吏员。关于官员的鉴定和升迁都订有详细的法规。③

---

① Max Weber, "Bureaucracy"(《官僚政治》), in *Max Weber: Essays in Sociology* (《社会学文集》), H. H. Girth and C. Wright Mill, trans. and ed., New York: Oxford University Press, 1958, pp. 196 - 244.
② Kracke(柯睿格), *Civil Service in Sung China: 960 - 1067*(《宋初文官制度》), Cambridge: Harvard University Press, 1953, chapter 3.
③ Kracke, *Civil Service in Sung China*, chapter 5 - 10.

正如我们在下面将会看到的那样,随着宋朝的发展,官僚机构就显得臃肿了,因为官员的人数日益超过可以获得的官位。然而,值得注意的倒不是官僚机构的庞大,而是它与中国辽阔的幅员相比显得太小。宋朝的鼎盛时期统治着大约200万平方英里的土地,1亿多人口。① 山脉和森林分隔着帝国的各个主要地区。每个地区都有自己的区域经济、方言集团和文化传统。而且,交通运输网络虽然复杂并有高度发展的组织,却是速度缓慢而效率低下的。不过尽管有这些制约因素,政府在3个世纪的大部分时间内还是设法维持了相对的和平和秩序。

之所以能做到这一点,可以归因于几个因素。为了保卫帝国,宋朝一方面依靠对占据东北、西北以及最后占据整个中国北部的各个外国王朝应用外交手段,另一方面依靠消耗了政府大部分预算的、受到严密管理的庞大陆军和海军。为了管理土地和人口登记、收税、公共工程并维持地方秩序,官吏们利用了无偿的义务劳动,甚至企图把各个家庭组成连保团体,以保证安全和税款征收。② 对我们的论题关系更为密切的是,地方官吏依靠当地士绅提供情报,提供资助和创办慈善事业,而且由于士绅们通常在当地经济上和社会上占有支配地位,并实际上控制着进入官僚机构的门路,他们的支持一般是容易得到的。

政府在统治上取得成功的最后一个理由是文化上的理由。儒家经典中所固有的和宋代理学家们所鼓吹的宇宙秩序是精神

---

① Ping-ti Ho(何炳棣),"An Estimate of the Total Population of Sung-Chin China",《宋金时期中国总人口估计》,in *Études Song/Démographie*《宋史研究丛书·人口》),Paris:Mouton & Co.,1970,pp. 33 - 53. 郝若贝曾估计宋代的国土面积为2 108 000 平方英里,见"Transformations of China",p. 369.
② Brian E. McKnight(马伯良),*Village and Bureaucracy in Southern Sung China*(《南宋的乡村与官僚政治》),Chicago:University of Chicago Press,1971.

领域与自然领域在其中融合的、互相联系互相依存的统一体。天子是天与世界（天下）之间的介体，而天子进行统治的京师是乾坤之轴，是四方围绕着它旋转的枢轴。① 正如这根轴在帝国的每一个政府衙门中象征性地再现着一样，皇帝对他的大臣们的等级制模式也在官员对老百姓、父亲对儿子、丈夫对妻子、长辈对幼辈的关系中无限地再现着。形式与实质是相互一致的；因为谐和的秩序只能通过礼仪来形成，礼仪的破坏会使组织分裂。

这种精神世界的观点有两种影响。它肯定有助于社会的安定，因为地方士绅是它的主要拥护者，自然又是它的最大受益者，而它对他们却几乎没有什么约束。这种观点通过法律、族规、初级教育读本、说书人和民间文学，渗透到整个社会，以致在极其不同的地方传统中都有儒家的伦理核心，甚至在到处都有的和尚中间也几乎没有发动文化上或政治上的挑战的倾向。

这种观点还保证我们所熟悉的西方官僚政治中所谓专家的理想不能成为教育的标准。注重的是掌握原则、掌握大局，而不是掌握细节，因此，受尊崇的是知道如何思想和行动的通才，而不是知道怎样去做的专门家。当然，原则有时是切实可行的，11世纪时像王安石（1021—1086年）之类的名人曾经论证说，掌握大局需要有关于制度和经济的详细知识，但即使是他们这些人也同意"王道"的知识是必不可少的。而在变法失败以后，"道"更加成为唯一确信无疑的东西，通才的理想比以前更加确定不移了。

正当社会因素和文化因素在对宋朝政府的成功产生影响的时候，官僚政治本身也在深刻地影响着社会和文化的发展进程。

---

① Arthur F. Wright（芮沃寿），"Symbolism and Function, Reflection on Changan and Other Great Cities"（《符号论与庆祝仪式，在长安及其他大城市的感想》），*Journal of Asian Studies* 24 (1965), pp. 667 - 679.

既然官僚机构是特权和权力的明显来源,进入官僚机构就成为缙绅社会内迫切关注的事情。我们将在以下看到,录用人员的结构起着影响社会的作用,即使在来自缙绅内部的政治压力引起这个结构改变时也是这样。

表 1　官僚政治的组织

		政务人员	军事人员
有品级	行政的	朝官 京官	大使臣
	执行的	选人	小使臣
无品级		各种官衔	各种官衔
		吏　员	

吏员和军人的录用

正像中国人的井然有序的宇宙被分为天、地、人三部分一样,宋朝的官僚也分成三部分,由政务人员、军事人员和吏员组成。政务人员与军事人员人数相仿,从理论上说是对等的(不过事实上前者要比后者受人尊重得多),二者有平行的等级制度,并规定有人员彼此调动的程序。① 吏员与它们不同,在等级上是低下的。

在政务人员和军事人员中有两条基本界线。一条是区分有品级官员与无品级官员的界线。有品级官员组成官僚机构的核心。他们在每个机关中都列入职官品级,这种品级在 1082 年以

---

① Kracke, *Civil Service in Sung China*, p. 56.

31

后分为九品。① 只有他们才被认为是正式官员,称为"流内"。有品级官员实际上掌握着每一个非吏员的重要职位。"流外"是无品级官员和吏员。无品级官员包括在空衔官员等级内,可以担任较小的职位,例如地方学校的助教等,但由于他们缺少官员资格,只有通过正规的人员录用渠道(例如科举)才能得到这种资格。

第二条是执行级与行政级之间的界线。柯睿格曾经指出,"允许进入行政级被认为是晋升阶梯中最重要的一步"②。一切官员都是在执行级中开始仕途生涯的,按照晋升的规则,至少应在担任现职工作 6 至 12 年后才能被考虑晋升到行政级。③ 但是大多数人永不能走上这一步,因为正如表 2 所示,绝大多数官员都在执行级内。

政务人员和军事人员的执行级和行政级合称为"四选(级)",宋代关于官僚人数的统计数(例如表 4 中的数字)差不多总指的是它们,而不是指其他。根据这一点,"官员"和"官僚"这两个名词除非另有规定,应被认为单就"四选"而言。

本书研究的中心是政务人员、政务人员的考试及其社会作用。这从实用的观点来看是必要的,但又是令人遗憾的,因为军事人员和吏员显然具有很大的社会价值。不过在完全撇开这两类人员以前,我们应该简略地研究一下其人事制度和他们是怎样选拔的。

吏员的数量很大,在机构上又很分散,要对它进行概括是充

---

① 柯睿格在前书第 78—80 页中论述了 1082 年以前那种形式的空衔官职即食禄官职(寄禄官)的重要性和用处。更广泛的,同时还分析九品制的论述见梅原郁:《宋初の寄禄官とその周边:宋代官制の理解のために》,《东方学报》48 (1975):135—182。
② Kracke, *Civil Service in Sung China*, p. 8.
③ Kracke, *Civil Service in Sung China*, p. 89;梅原郁:《宋初の寄禄官とその周边》,第 142 页。

满风险的。吏员不像官员那样到处调动,而是经常留在一个衙门、局或司里,这些机关每一个都负责它自己的吏员的录用。①在县行政机关这一级,对吏员的职业等级在一段时间内曾有相当大的变更。虽然由于改革家王安石的政策,吏员在北宋晚期实际上都是专业人员,但在其他的时期,较少的但是重要的一部分吏员的工作是由一些履行服役义务的人员来完成的,这些人员或者是无偿的,或者由应服役的家庭付酬。② 不论有偿或无偿,吏员的人数大大多于其他人员,而且根据各方面的资料,其人数在整个宋代都在增长。虽然我们不知道吏员的总数是多少,但1001年的一项主张减少其人数的建议中提出要削减195 000个职位,根据这项资料,可以对其数量得到一个概念。③

吏员和其他二类人员之间分隔着一条巨大的鸿沟。官员们看不起吏员,又害怕他们④,使他们升入官员行列的机会保持在最低限度。

尽管有相当数量的吏员进入军事人员的行列,但政务人员的行列基本上是对他们关闭的。极少数吏员通过直接升迁进入政务人员的行列,但这是对他们开放的唯一途径,因为在989年以

---

① 关于一个机构——秘阁的吏员录用与组织的揭示性的描述,参见 John H. Winkleman(约翰·H. 温克尔曼),"The Imperial Library in Southern Sung China, 1127-1279: A Study of the Organization and Operation of the Scholarly Agencies of the Central Government"(《南宋秘阁:中央政府学术机构的组织与业务的研究》), *Transactions of the American Philosophical Society* n. s. 64 pt. 8 (1974), pp. 24-26.
② Mcknight, *Village and Bureaucracy*, pp. 20-22.
③ 赵翼:《廿二史札记》二册,台北:世界书局1972年版,2:334。
④ 对吏员的控制是一个持久而严重的问题,因为他们处在积聚权力和财富的优越地位。参见 James T. C. Liu(刘子健), "The Sung Views on the Control of Government Clerks"(《宋代对控制政府吏员的观点》), *Journal of the Economic and Social History of the Orient* 10 (1967), pp. 317-334.

33

后就不准他们参加科举了。①

军事官员既可作为军官,又可作为官僚。他们充当陆军和海军的军官,或在中央政府的军事机关供职,或在皇室担任职务,有时甚至在地方行政机关担任行政职位。② 军事人员也像政务人员一样有考试(武举),并且从理论上说,在京师和各州设有军事学校(武学)网络,不过这种学校往往只是附设在州学中。但武举和武学这两条路,正如我们从表2中可以看到的那样,都是比较不重要的上升途径。

表2 1213年军事人员按其进途的分类

进途	行政级		执行级		军事人员总数	
	人数	%	人数	%	人数	%
荫补(a)	1 680	43.5	8 211	52.9	9 891	51.1
军事考试	77	2.0	415	2.7	492	2.5
皇族	425	11.0	2 914	18.8	3 339	17.2
吏员(b)	340	8.8	1 221	7.9	1 561	8.1
从行伍提升(c)	1 285	33.2	1 606	10.3	2 891	14.9
买官	0	0	508	3.3	508	2.6
其他(d)	59	1.5	631	4.1	690	3.6
总计	3 866	100.0	15 506*	100.0	19 372	100.0

资料来源:李心传:《建炎以来朝野杂记》,两编,《丛书集成》本,2.14:528。

(a)包括"奏补"(这是用来表示荫补的名词),"宗女夫"(皇室公主的丈夫)和后妃亲属。绝大多数是由"奏补"而来。

(b)以前的朝廷和京师一级的吏员,称为"杂流非泛吏职"。也包括其他仅仅列为"吏职"的人。

(c)包括简称为"军班"的人(军队的指挥员)和因军功而入选者。

(d)包括"归明归正"(由叛军或敌军中投宋朝服务的人),"阵亡女夫"(阵亡将士的女婿)、"阵亡恩泽"(阵亡将士的亲属蒙恩录用者),以及"主官进奉"(进贡的干才)。

*此数在资料来源中列为15 606,实际应为15 506,系属抄写错误。

---

① 参见以下第三章关于吏员与科举的论述。
② Kracke, *Civil Service in Sung China*, p.56.

暂且撇开军事考试不谈,这张表显示了军事人员的两个重要而有点反常的特征。第一,它主要是由那些通过某种以亲属关系为基础的特权而进入的人充当的。皇族在这方面特别值得注意,这反映了军事人员在南宋晚期正在政治上占有相当重要的显赫地位。[1] 第二,军事人员中相当大的少数(23%)或者是由行伍或者是由吏职进入的。这显示了值得注意的社会流动性,因为这些人是从被认为社会地位低下的政府分支机构中提升上来的,他们的升迁涉及重大的、阶级间的流动性。[2] 的确,正如著名的明代小说《水浒传》对绿林领袖宋江及其同伙"英雄"们所作的生动描绘那样,反叛者和政府军人之间的界限是微妙而往往可以逾越的。

最后,军官们可以得到录用为政务人员的特权。相当高级的军官的亲戚可以参加特殊的初级考试和获得荫补。要确定有多少亲属利用了这条进入受人尊敬的政务人员行列的迂回途径,需要另作研究,但是考虑到读书人有利用现有的一切竞争优势的倾向,这条途径无疑是值得重视的。

政务人员的录用

进入政务人员的行列有若干条途径[3],但主要的是两条。皇帝恩施的照顾(荫补、恩荫)允许某些京师的高官为他们的亲戚、

---

[1] 关于政务人员中皇族人数增长的情况参见表3。
[2] 从行伍提升的一批官员特别引人注目,因为它占行政级官员的33.2%,但仅占执行级官员的10.3%。这可能是由于在对金战争中,非正式队伍被收编入军队,其领袖被授予官职。
[3] 完整的一览表见附录一。

有时甚至为他们的家庭教师提名一人以上担任官职。① 这个过程并不是自动进行的,因为被提名的人必须参加安排职位的考试(铨试)。但即使在竞争最剧烈的场合,参加考试者也有半数录取。② 荫补的官员最初的官阶各不相同,但总是低级的。③ 某一官员可以提名的人数视其官阶而定。享有这种特权的官员的比例是小的,但由于这种特权是自由地授予最高级的官员的,有许多人通过它进入了官僚行列。④

考试是一条可供选择的途径。按等级的复杂来说,宋代的科举制度介于唐代和明代的科举制度之间。在唐代科举制度中,只有一种考试,并且是对州的考生和太学生开放的。⑤ 明清两代的科举制度有三级考试(州、省和京师),并且州一级的考试本身又分为连续的三次考试。相反地,宋代的科举制度只分两级。应考人首先必须通过州试(解试——这个名词通常也用于一切初级考试),或者通过一种竞争不太激烈的特种初级考试。⑥ 通过州试

---

① 具有这种特权的官员所需的品级各不相同。1195年为元丰品级制(1082年)的从六品。见《建炎以来朝野杂记》2.14:528。关于这一极其重要而复杂的制度还没有概括性的论述。为了对此作有益的探讨,可参见 Karl Wittfogel, "Public Office in the Liao and the Chinese Examination System", pp. 13 - 14; Kracke, *Civil Service in Sung China*, pp. 73 - 75;宋晞:《宋史》二册,台北:华康书局1968年版,册1,第81—82页。

② 《文献通考》34,第326—327页。

③ 此外,荫补的官员(及其他无品级的官员)升迁的条件要比有品级官员的升迁条件严格。参见 Kracke, *Civil Service in Sung China*, pp. 91 - 93;梅原郁:《宋初の寄禄官とその周边》,第146—155、167—174页。

④ 例如,1195—1200年的规定允许从一品的空衔官员使相提名18人。参见《建炎以来朝野杂记》2.14,528。

⑤ 根据10世纪时王定保的一部引人入胜并使人增进知识,关于唐代科举的著作《唐摭言》十五卷(上海:古典文学出版社1957年版)2:17—19,刺史有时举行考试以选拔考生,但这些是非正式的事务,向一切有抱负的读书人开放,不仅限于本州的读书人。

⑥ 参见第五章关于这些很重要的考试的分析。

或特种初级考试的人称为"举人",但是他们通常不能像明清时期的"举人"(省级考试的及格者)那样可以担任官职。他们到京师参加礼部考试(省试),及格者进而参加殿试(御试)——这基本上是形式上的考试,主要用来分别各个人的等第。[①] 殿试及格者获得"进士"学衔;到11世纪70年代"进士"的学衔取消后,则获得法律、历史和礼仪等科之一的学衔,合称为"诸科"。只在取得这些学衔后,他们才可以做官。

对于多次参加礼部考试未录取的年老考生,还让他们参加单独的比较容易的殿试,授予特殊的"方便学衔"("特奏名进士","特奏名诸科")。这些学衔构成了宋代科举制度独特而重要的特征。正如我们将要看到的那样,方便学衔的获得者构成了政务人员的相当大的一部分。由于他们通常是50岁以上的人,学衔又很少显赫之处,他们在官僚行列内是比较无足轻重的人员,但从社会意义上来说,这些学衔却很重要,因为它们使许多本来不能通过正规考试的人获得了官位及其附随的利益。

最后,对少数出类拔萃的人还授予某些特殊的学衔。对于表现出早慧才能(通常包括熟记经书)的青少年授予"童子科"学衔。此外还有法令考试(制科),这是一种极有声望的考试,主要是让工作积极的官员参加,目的在于提拔,但有时也让经特别推荐的非官员参加。[②] 由于这些考试是非常的,而且在数目上无关紧要,我们将不再作进一步研究。

[①] 在进士考试中,及格者通常被分为五等。第一、二两等定为"进士及第",第三等定为"进士出身",第四、五两等定为"同进士出身"。参见Kracke, *Civil Service in Sung China*, pp. 66 - 67. 在考试中名列前茅者对个人前途非常有利。例子可参见Winkleman, *The Imperial Library*, p. 23, 43.

[②] Kracke, *Civil Service in Sung China*, pp. 71 - 72, 95 - 99;王德毅:《宋代贤良方正及词科考》,台北:中文书店1971年版。

如表3所示,科举出身和荫补者在1213年共占政务人员的93%。以前的吏员及皇族的人数都很少,可是如果表内不列皇族这一项,情况可能会更清楚些,因为从13世纪初期以来,皇族大量地获得了进士学衔,因此大概已被包括在进士学衔这一项里了。① 买官这一项显然也是不重要的,不过在宋代的最后几十年间,这种情况可能已有变化。② 此外,这份表表明了科举极其重要的意义,因为它实际上是那些非官员家庭出身的人进入官僚行列的唯一方法。同时该表还指出了以亲属关系为基础的特权的显著重要性,凭这种特权的占政务人员的十分之四,行政级政务官员的一半以上。

但在宋代的其他时期里,情况是否也如此?虽然没有其他时期的资料可与1213年的资料相比较,但是在录用政务人员的各种不同方法的相对重要性方面看出一般的变化是可能的。

表3 1213年政务人员按其进途的分类

进途	行政级*		执行级		政务人员总数*	
	人数	%	人数	%	人数	%
进士学衔	975	40.8	4 325	25.4	5 300	27.4
方便学衔	50	2.1	5 065	29.8	5 115	26.4

---

① 例如,在宋代出进士多于除开封以外的任何其他州、府的福州(福建),1190年以前只有一个皇族得进士学衔。而从1190年到宋末,他们实际上在每次考试中都有代表,在进士总数1 544人中共占391人。见梁克家:《三山志》四十二卷加朱谨补遗〔卷三十一至三十二(明代木刻板)二十八至三十二〕;黄仲昭:《八闽通志》八十七卷(1490年版)卷四十六。
② 关于宋代买官情况的唯一论文是魏美月:《宋代进纳制度についての一考察:特にその敕令の沿革表を中心に》,《待兼山论丛》7(1974):23—41。尽管该文关于买官制度、由购买而当官者的地位、各种官职价格的变更等的描述是有益的,但没有涉及买官在人数上的重要性问题。

(续表)

进途	行政级*		执行级		政务人员总数*	
	人数	%	人数	%	人数	%
青少年学衔	0	0	68	0.4	68	0.3
荫补(a)	1 255	52.5	6 366	37.4	7 621	39.3
买官	3	0.1	429	2.5	432	2.2
皇族(b)	24	1.0	560	3.3	584	3.0
由吏员提升(c)	8	0.3	165	1.0	173	0.9
非正规状况	2	0.1	28	0.2	30	0.2
其他(d)	75	3.1	0	0	75	0.4
合计	2 392	100.0	17 006	100.0	19 398	100.0

资料来源:李心传:《建炎以来朝野杂记》2.14;528。

*仅包括六品到九品的行政官员。一品到五品的官员无疑要少得多,因此把他们省略不计不会很大地影响调查的结果,但同时这些数字不能反映出最高级的官员。

(a) 有几种荫补是规定给予行政官员的:在保护人退休时授予的(529人),在其死亡时授予的(92人),在逢大典时授予的(623人),授予其家庭教师(门客)的(11人)。执行官员的荫补统称"奏补"。这个名词的意义是不明确的,但在《续长编》的其他地方显然用来指荫补。(《续长编》2.14;532;15;540)。

(b) 这些人似乎是通过专门授予某些皇族的荫补特权而进入的。行政官员列为"宗室过礼补官"(曾参加大典的皇族准予授官),而执行官员只列为"宗室该恩"(该受恩惠的皇族)。

(c) 这8个行政官员的分类是有疑问的。他们的进途读为"三省补官",意思是"通过"中书省的3个部准予授官。照我的解释,这是指那几个部以前的吏员。可参看《文献通考》30;285和《续长编》30/12a关于中书省的一个吏员成为官员的例子,以及《宋史》169/17b—18a关于那3个部的吏员升迁程序。

(d) 这包括列为"特授文学补官"(对特授文人学士称号者准予授官)的21人,"袭封补官"(由于其家庭世代为官的权利而准予授官)的2人,列为"奉表补官"(由于呈送贺表或遗表而准予授官)的52人。"奉表补官"这个用语可能是指又一种荫补形式(它仿照逢大典时荫补授官的办法),但我没有找到这方面的其他参考资料。

录用人员的方式

宋代论述政治的著作中反复提出的论题之一是关于官僚人

数过多的问题:相对于可以获得的职位来说,官员的人数太多。这个问题出现于中国整个帝制时期,但在宋代很显著,随着该朝的发展前进而更加突出。后来曾任左丞相的周必大(1126—1204年)于1160年写道:

> 大抵创业之初,入仕之途寡则阙员为多,承平既久,入仕之途众而官始冗矣。①

至于当时的情况,虽然比一代以后要好得多,但对于新取得任职资格的官员们的困难处境,周必大作了这样的描写:

> (嘉祐中,岁取吏部之选者为官,监省寺之官常不啻乎百人,论者患其多焉。至于元祐,则以阙计员,什蓰相倍矣。流弊及今,抑又甚焉。)鱼贯于都门,至于铨曹守选之人殆过二千,率数十而竞一阙,五、六岁而竢(俟)一官,士而至此亦可谓淹滞失职矣。②

表4系根据关于有官员身份者的人数记录和估计数汇编而成,我们从中可以看出官僚的这种增加过程。1119年以后数字的下降是由于中国北方及其约35%的人口落入女真族建立的金朝之手,但特别指出这一点是很有意义的:到13世纪初,政务人员的人数已超过北宋时期的峰值。所谓"冗员"问题显然没有得到解决。

---

① 《周文忠公集》11/6a。这段话引自1151年成进士的周必大在参加颇有声名的馆职试时的对策(按:即《试馆职策一道》)。根据《宋史》391/1a 中的《周必大传》,这一涉及军事、人事及财政问题的对策使皇帝有很深的印象,以致说周必大是"掌制手也"。

② 《周文忠公集》11/6b。13年前另一官员赵思诚(中书舍人)曾说等待一个职位平均约需十年。见《文献通考》34:326。

表 4　宋代官员数的估计

年份	政务人员		军事人员	官员总数	资料来源
	行政级	执行级			
997—1022				9 785	a,b
1023—1031	2 000		4 000		a,b
1046	2 700+	10 000	6 000+	18 700+	a,b
1049—1053				17 300	a,b
1064—1067				24 000	b,c
1080				34 000+	a
1119		16 500	31 346		c
1165—1173	3 000—4 000	7 000—8 000			b,c
1191	4 159	12 859	16 488	33 516	b,c
1196	4 159	13 670	24 595	42 000+	b,c
1201	3 133	15 204	19 470	37 800+	b
1213	2 392*	17 006	19 472	38 864*	d

资料来源：(a)《玉海》117/24a,119/30b—31a；(b)《文献通考》47：441；(c) 洪迈：《容斋随笔》4.4/1a—2a,5.4/12b—13a；(d)《建炎以来朝野杂记》2.14：528。

* 不包括一品到五品的官员。

这些官员是怎样录用的呢？除了 1213 年（见表 3）以外，我们不能作任何确切的说明。但既然宋代的大部分时间都有可靠的授予学衔总数，我们可以推测在宋朝的不同时期内以科举录用官员的重要性。在表 5 内，所估计的 36 年任职期间，是以 1213 年担任官员的 5 300 名学衔获得者为基础的。① 这个任职年数也许是估计得高了一点，但如果我们假定获得学衔的官员的平均任

---

① 在 1213 年以前的 12 次考试（36 年）中共授予进士学衔 5 256 名。

职期间在宋朝的整个期间内保持不变而且没有相反的证据①,那么就没有多大影响。降低任职期间会降低每一个百分比,但不会改变趋势。

表5 政务人员内具有正式学衔者*所占的百分比估计数
(假定平均任职年数为36年)

年份	政务机关内合格的官员数(a)	以前36年中学衔获得者的人数	百分比
1046	12 700+	7 207	57%
1119	16 500+	7 494	45%
1170	10 000—12 000	4 805	40%—48%
1191	17 018	5 268	31%
1201	18 337	5 396	29%
1213	19 398+	5 256	27%

资料来源:(a)见表4;(b)《文献通考》32;《宋会要辑稿·选举》7—8或《附录》二。这些数字是资料来源中提供的36年历次考试录取总数的合计。

* 1046年包括"进士"及"诸科"学衔,其他年份只包括"进士"学衔。

这种趋势是值得注意的:通过正式学衔而录用的政务人员的比例在宋代是逐渐减少的,因此,1213年的百分比不到1046年的百分比的一半。这并不是说取得学衔者的人数在减少(除了在北宋与南宋之交人数有所下降以外,取得学衔者的人数是相当稳

---

① 这里的主要变量恐怕是人们获得学衔的平均年龄。在1148年与1256年之间,这个平均年龄根本没有变,因为那两次考试的平均年龄分别为35.6岁和36.1岁,这项资料在《宋元科举三录》中随处可见。李弘祺利用翁同文的 *Répertoire des dates des hommes Célèbres des Song*(《宋代人物生卒及第年录》)(巴黎穆顿公司1962年版),计算出北宋和南宋获得进士学衔者的平均年龄分别为28.52岁和31.54岁。因为他承认他用的是选择样本,即使承认他的三年差额,也只是有限地影响到表5的研究结果,而其影响将是增大趋势。参见李弘祺的"The Schools of Sung China"一文。

定的),而是其他的渠道在变得更加重要。哪些渠道呢？有证据表明是方便学衔和荫补这两者。

关于宋代政府机构及其制度的主要资料《宋会要》提供了以下这3个时期中通过考试取得方便学衔者的总数：1020 至 1094 年的大部分时间；1132 至 1172 年除了一次考试以外的全部数据；1196 至 1223 年。① 在这 3 个时期中,方便学衔取得者每三年的平均数分别为 498、374 和 622。然而,利用这些数字必须谨慎,因为方便学衔不像"进士"(或"诸科")学衔,它是不能自动地带来官位的。

如果某个人获得了方便学衔,除非他在方便的礼部考试中是少数名列前茅者之一,授予他的总是低级的空衔官职。直到 1079 年为止,所授予的官职一般是"别驾"(州的副职官员)、"长史"(办公室主任)、"司马"(办公室副主任)、"文学"(教育视察员)或"助教"(助理教员)。此后只用最后两种官职。②

虽然这些官职可以表示实际的职位和职务,但它们主要是身份的标志。在北宋的大部分时间内,这些官职都列在有品级的政务官员的末尾③,但随着 1082 年《元丰条制》的颁布,"文学"和"助教"成为无品的官员④。然而,方便学衔的取得者是否在 1082 年以前被认为是官员而在此后不被认为官员则并不明确,因为资料中没有说明。

在 1128 年,方便学衔的获得者首次被分为五类。最先两类

---

① 《宋会要辑稿·选举》7—8。并参见附录二。
② 《宋会要辑稿·选举》7—8。
③ Kracke, *Civil Service in Sung China*, p. 79, 235.
④ 《宋会要辑稿·职官》55；魏美月：《宋代进纳制度についての一考察》。

43

得到各种有品级的官职,第三、第四类成为有品级的"文学",第五类成为"助教"因此,关键性的分界线是在第四类以后。第五类的人虽然是方便学衔的获得者并包括在有学衔者的总数内,但不算作官员。①

虽然这五级分类也许稍稍增加了方便学衔获得者在政务人员中的代表,但最大的变化似乎发生在12世纪晚期。从12世纪70年代末到80年代,政府的议论对于方便学衔的过滥以及太多的方便学衔获得者都在要求官职的现象表示了关切。② 洪迈(1123—1202年)是政界元老,他对当时情况所发表的意见是受到广泛传诵和重视的。1196年,他曾抱怨三次应考的举人都在方便考试中获得了特殊的恩遇,因为在过去,大多数特殊恩遇的获得者曾经是四次到八次应考的举人。他写道:"(特奏名三举,皆值异恩,)虽助教亦出官,归正人每州以数十百……"③由此可见,12世纪末和13世纪初,方便学衔对取士制度的影响似乎很大,因为许多人都获得了渴望的官位。

但光是方便学衔一种因素还不能说明进士在政务人员中所占比例的减少。荫补即使不是一个更重要的因素,也是一个同等重要的因素。关于利用荫补的史料不如有关考试的史料那么明显,因为前者没有可比的数据。但现有的史料有力地表明荫补在12世纪比在11世纪更见重要。尽管在初期时很少有人对荫补表示不满,但仅在南宋的前半期中就不仅有人抱怨荫补制度,而

---

① 《宋会要辑稿·选举》4/17a;《建炎以来朝野杂记》1.13:182。
② 《文献通考》32:301;《建炎以来朝野杂记》2.15:540—541;《宋会要辑稿·选举》2/23b,26b—27a。然而,有些人却为他们的人数庞大辩护。据《宋会要辑稿》记载,孝宗皇帝曾说,方便学衔的接受者是年长的学者,值得尊敬而不应把他们作为"玩偶"嘲笑。
③ 参见洪迈:《容斋随笔》4.4/16—2a。(按:即《容斋四笔》卷四《今日官冗》。)

且至少作过两次削减荫补名额的努力。① 然而这种惯例是不易控制的,1201年所作的又一次缩减荫补名额的努力是只在几年后由于限额放宽而进行的。② 问题很简单:荫补是为人们所珍惜的特权,其受益者主要是最有权势的官员,而正是这些人本来必须领导任何限制荫补的努力,使之取得成功。正如周必大在1160年谨慎地指出的那样:

> ……今将裁任子桭流品固也。然骤于革弊则多怨,轻于定令则易摇。以多怨之人而议易摇之令,利未遽见,谤则随之,此缙绅之儒所以乐于因循而无敢轻发也。③

还有迹象表明,在12世纪时,进士学衔对于担任高官已不像以前那么必要了。按照周藤吉之这位研究中国经济和社会史的著名前辈学者的著作,在哲宗统治时期(1085—1100年)以后,宰相和副宰相中具有进士学衔者所占的百分比已大大下降,在997至1100年平均为90%,而在随后一个世纪中(1100—1195年)仅为72%。④ 周藤吉之还证明,在东南6个州中,达到高级官位的进士在进士总数中所占的比例,在北宋与南宋之交已激剧下降,这表明学衔的职业价值已经降低了。⑤ 引人注目的事实是:1213年(参见表3)荫补者的人数占行政级官员的55%,而进士仅占41%。荫补在政治上的重要性显然已随着朝代的延续而提高了。

---

① 在1165年和1182年。见《建炎以来朝野杂记》2.14:534;《文献通考》32:301。
② 《建炎以来朝野杂记》1.6:8b;2.14:533—4。
③ 《周文忠公集》11/7b。
④ 周藤吉之:《宋代史研究》(东京:Nippon Hyōronsha,1950),第20—25页。
⑤ 这6个州是两浙东的台州和明州,两浙西的常州和临安府,以及江南东的建康府和徽州。在北宋时期,这6个州的进士达到从四品以上者占5.8%;这个数字在南宋时降到3.2%。常州和徽州有关于达到正六品以上者的可比资料(但没有把四品以上者算入),其数字从16.4%下降到12.2%。

马伯良近来论证,在南宋时存在着徇私的普遍倾向。主要的大臣们把自己的门生安插在较高级的官位上,而且大大利用荫补特权。① 通过像皇帝郊祀之类的场合的皇家恩典,有充分的机会使徇私变成荫补。② 但还应指出,南宋比北宋有更多的家族获得较大的荫补特权。在南宋,取得朝臣级的地位是冒险的事。主要的大臣们很有势力,但为时很短暂,因为在经常的党争中会造成损失。正如郝若贝所指出的,这使一个家族实际上不可能连续几代做高官③,但这也意味着有更多的家族取得高官从而至少暂时获得那么必需的很大的荫补特权。最后的结果是增加了荫补人数,虽然没有一个家族在利用荫补方面能与北宋的一些大家族或世族相比拟。

还有一个因素对人员录用方式的变更具有深远的影响:正如我们不久将会看到的那样,考试的竞争正在日益加剧。荫补和方便考试提供了迥然不同的入仕途径,前者适用于权贵的年轻后裔,后者适用于科场中年老的幸存者。这两条途径只有在一点上是相似的,就是都比正规的科举容易,但在变化不定的12世纪社会中,这一点具有决定性的意义,而许多在早先的时期本来可以获得正规学衔的人就不得不满足于身份较低的事情了。

这种情况又启发人们用一种不同的观点去观察政务人员的录用方式。我们的注意力至今集中在社会政治变迁对人员录用

---

① Mcknight, "Chu Hsi and the World He Lived in"(《朱熹及其所处的社会》),提交1982年在夏威夷檀香山召开的关于朱熹的国际会议的论文,第15—17页。
② 在1195年,甚至在1182年前削减荫补名额以后,空衔宰相(使相)可提名10人为官(当然须经定职位的考试),在其退休或死亡时,可另外提名8人。副相可分别提名8人和6人。见《建炎以来朝野杂记》2.14:533—534。
③ Hartwell, "Transformation of China", pp. 420 – 425。

的影响,但在本章的其余部分中,我们将研究人员的录用途径特别是科举对社会有怎样的影响。科举造成了大批具有各种学历的人和大批一般知识分子,从而影响到缙绅社会的每一角落,也影响到缙绅社会以外。

太学生与举人

在知识界中,有几批人由于已经达到某种程度的学术成就而成为参加考试的侪辈中的佼佼者。其中最显著的,并且独特地具有一定程度的政治势力的,是太学以及北宋初期开封的其他学校如国子监中的学生们。起初这些学校只限于招收官僚家庭出身的学生,但这种情况在11世纪40年代时开始改变,而到徽宗统治时期(1100—1126年),大部分学生是通过向非官僚家庭开放的途径入学的,不过凭特权入学的重要渠道在宋朝的其他时期继续存在。入学办法有各种差别。在南宋的很长时期内,最普通的方法是通过入学考试(补试),这种考试是在礼部考试放榜后不久举行的。这给在礼部考试中落选的举人以及某些并非举人的人增添了一个上升的机会,实际上是使入学考试成为科举制度的延伸。一旦进了太学,学生们在科举中就占了巨大的优势,因为太学中的资格检定考试要比各州的资格检定考试竞争性小得多,有时许多太学生可以免予通过初级考试。①

太学生们在开封、后来在临安是一个非常显著的、值得注意的群体。可以肯定地说,他们有友爱的美名,关于他们的英勇行

---

① 参见第五章关于太学入学考试、对某些人的特许入学、太学的初级考试以及免除初级考试的叙述。

为的许多描述已从当时的一些著作中流传下来。① 由于他们是一些非常杰出的人物,他们之中还曾产生过一些政治家,所以他们有相当大的权力,虽然这种权力不是正式的。他们至少有一次同地方官员们较量了一下。1210 年,在临安府知府十分合法地逮捕了在房地产上牟取暴利的四名太学生以后,太学生们和学官们群起抗议,认为这是侵犯了管理太学的国子监的管辖权。最后,皇帝同意了太学生们的意见,知府被撤了职。② 更重要的是在国家危急时期太学生们在提出国策方面所产生的积极作用。他们利用请愿甚至游行的方式,有时(最显著的是在北宋末期)迫使大臣免职、政策改变而取得胜利。③

太学生们也得到一定的物质利益,包括在太学居住期间免费供应膳宿。在徽宗时期,1107 年对某些太学生免除了服役义务,在 1117 年或 1117 年以前,显然免除了所有太学生的服役义务,不过这些规定也许在徽宗以后不再存在。④ 1149 年,对在家中为唯一壮丁的太学生免除服役义务。⑤

如表 6 中的定额所示,太学生的人数在北宋时急剧增加,南宋时期于 1142 年在临安重建太学后,学生人数再次激增。然而,在帝国范围内,这些太学生是极小的一群人,在京师以外,他们就

---

① 参见王建秋:《宋代太学与太学生》,第 232—242 页。Lee,"The Schools of Sung China", pp. 52 - 57.
② Lee,"The Schools of Sung China", p. 56.
③ 参见黄现璠:《宋代太学生救国运动》;王建秋:《宋代太学与太学生》,第 256—349 页。
④ 在 1107 年,对于因德行而招收入学的太学生依其在太学中的表现授予"官户"地位并免予服役(或给予以现金抵付其服役义务的权利)。(参见《宋代太学与太学生》,第 205 页。)在 1117 年,连县学学生也免除了服役义务。因此,太学生肯定已免除这种义务。(参见《文献通考》46:433。)
⑤ 李心传:《建炎以来系年要录》二〇〇卷,台北:文海出版社 1968 年版,60/3b—4b。

不占很重要的地位了。

表 6　太学生定额

北宋年份	定额	南宋年份	定额
975	70*	1142	300
1044	300*	1143	700—900
1050	100	1145	830—916**
1051	200	1148	1 000
1068	900	1200	1 400
1071	1 000	1266	1 636**
1079	2 400		
1093	2 175		
1101	2 400		
1103	3 800		
1120	2 400		
1127	600		

资料来源:王建秋:《宋代太学与太学生》,台北:商务印书馆1965年版,第108—111页。

* 975年和1044年的入学人数实际上是国子监的。1044年以后,国子监仍然作为专门培养官员的子孙的学校而存在,1078年有学生200人。此外,"四门学"在1058年有学生450人,1062年有学生600人。这些数字都未包括在上表内。(据《宋会要辑稿·崇儒》1/32a—b)。

** 可能是实际学生数。

第二批人是初级考试的录取者,即举人,有时亦称贡士。他们作为宋代科举制度的产物,是在京师以外的极重要的半官僚集团,但他们的地位是不明确的。新举人在考试放榜以后受到地方官的盛宴招待,然后他们赴京师向礼部提交证书,参加欢迎仪式,并参加礼部考试。他们也享有物质利益。政府有时给予旅行上的帮助,如发给驿站通行证;在南宋时,许多团体曾设置学产以帮

49

助支付举人的旅费。政府还给他们将某些惩罚改为罚金的权利,并且免除了有些举人(不是全部举人)的家庭和个人应对国家负担的服役义务。①

这些利益的享受并不随参加京师的考试而终止。未考中进士的举人仍旧保留他们的举人身份,并有权与官员们一起参加当地的宴会和典礼。更重要的是,政府照例宣布,允许过去的举人(通常这些人在15年前已成举人)不必再经合格证明就去京师参加考试。② 这种情况和关于方便考试的规定结合起来,意味着一个年轻的举人即使没有进一步在正规考试中取得成功,仍然有很好的机会至少在将来的某一天取得方便学衔。

不过,除了远在南方的广南的举人能作为非正式身份的官员(摄官)担任小官职以外③,举人并非官员,甚至必须再通过初级考试或获准免予再参加这种考试,才能保留他们已有的合法特权④。也像明清时期的生员一样,他们是一个边缘集团,受到某些人的尊重,又受到另一些人的奚落。我们发现刘承弼是处在一

---

① 1133年颁布了宽大的规定,准许现在的举人和过去的举人免予参加初级考试,但在1149年重新规定这种豁免只限于那些参加过礼部考试的举人和家中的成丁独子。参见 McKnight, *Village and Bureaucracy*, pp. 106 - 107;"Fiscal Privileges and the Social Order"(《财政优惠与社会秩序》), in John W. Haeger, ed., *Crisis and Prosperity in Sung China*(《宋代的危机与繁荣》), Tucson:University of Arizona Press, 1975, pp. 91 - 92.
② 参见 John W. Chaffee(贾志扬), "Education and Examinations in Sung Society"(《宋代社会的教育与科举》),芝加哥大学哲学博士学位论文,1979年,第197—203页。
③ 在1021年,凡曾两次有资格参加进士考试或三次有资格参加诸科考试的举人,允许其担任非正式官员。参见《宋会要辑稿·职官》62/40b—41a。关于对广南举人的这些规定的批评,参见欧阳修:《欧阳文忠公文集》一五八卷(《四部丛刊》本)113/10b—11a。
④ Mcknight, "Fiscal Privileges and the Social Order", p. 92.

个极端上,关于他的抒情诗般的太学生时代我们已在前面描述过了。① 他出身于吉州的一个著名官僚家庭,是一个二次应考的举人和隐居的学者,政府曾因其德行给予十二尺高的旗帜的荣誉。这是根据他在吉州的同辈文士的申请而授予的。② 但其他也有像福建的陆棠那样的人。陆棠是举人,并曾是北宋末年的太学生。他被迫成为商人来养活自己,从而引起相识者的奚落。③ 至少有一个官员即陈公辅(约卒于1140年)认为,举人一般是令人讨厌的人:

> (……以是科名所得十人之中,其八九皆为白徒。)而一举于乡,即以营求关说为治生之计。于是在州里则无人非势豪,适四方则无地非游客。④

提到"游客"(按:此处意为"游民")是值得注意的,因为在一个重视稳定而不信任无关系的外来人的社会里,举人和文士们的旅行一般会受到人们带有某些怀疑的看待。⑤

由于考试程序的复杂性,关于举人总数及其变动的资料是难以说明的。各州举人限额有两个合计数:1106年的2 334名(或

---

① 参见本书第一章"科举生活"一节。
② 杨万里:《诚斋集》72/2a—3b。
③ Sadao Aoyama(青山定雄), "The Newly-Risen Bureaucrats in Fukien at the Five Dynasty-Sung Period with special Reference to Their Genealogies"(《五代至宋代的福建新兴官僚及关于其家系的专门参考书目》, *Memoirs of the Research Department of the Toyo Bunko* 21 (1962), p. 35.
④ Li Dun J.(林顿), *The Essence of Chinese Cultivation*(《中国文明的本质》), New York: D. Van Nostrand Company, 1967, p. 172. 引文摘自清初著名学者顾炎武的一篇文章。(按:这引自《日知录》卷十六《经义论策》。陈公辅原话是针对王安石的新经义而提出责难的。)
⑤ 参见第七章中关于这种情况的详细阐述。

除开封外的各州限额1 604名)①及南宋晚期的2 026名②。考虑到南宋的领土较小和人口较少,后面这个数字实际上表示所包括的州数的增加。不过,我们可以合理地取2 000名这个数字作为北宋末期和南宋时有资格参加每次礼部考试的各州举人数的大致标准。还有其他的举人,通过特殊的检定考试的举人和免予检定的举人。事实上,根据表7的数字,非各州考选的举人一定在礼部考试中占多数。

举人的人数并不随时间而增长。除了北宋初期正当制度变动时期,举人曾达很高的人数以外,以后的人数十分稳定,保持着5 000人至10 000人的幅度。③ 之所以如此,是有充分理由的:必须限制人数,使礼部考试易于管理。比较大胆地说,如果我们大致假定,相对于参加某次礼部考试的每一举人,另有两个人或是有应考资格而未参加考试④,或是过去的举人,那么在北宋初期以后全国的举人总数当有15 000人至30 000人。已知北宋末期全国人口约为1亿人,南宋时约为6 000万人,假定成年男子占人口总数的20%,那么30 000举人在成年男丁总数中所占的比例是:北宋0.15%,南宋0.25%。

---

① 《宋会要·选举》15/29b。
② 这个数字是一份州试配额表的总数,该表出现于第一章"两次抗议"一节所述的那幅不署名又未注明日期的南宋地图上。
③ 1124年的数字是个例外,但那次考试的确是这样。在科举不限于学校系统的20多年时间里,这是第一次,因此在配额上有些混乱。出现在京师的举人比预期的人数多得多,于是将进士名额增加了100名。参见《宋史》155/22a;《宋会要辑稿·选举》4/14a;《文献通考》31;297。
④ 最普通的原因是赴京的旅途艰难和费用难以筹措,但还有别的原因。例如,吉州的刘彦中以州学的优等生被选往太学就读(这在当时等于被选为举人),但由于他父亲的五十寿辰已近,他不愿错过庆寿机会而未曾去京。见刘才邵:《檆溪居士集》12/25a—b。

表 7 参加礼部考试的举人

年份	举人数	资料来源
977	5 200	a,b
983	10 260	a
992	17 300	a,c
998	10 000＋	a,c
1002	14 500＋	a,c
1005	13 000＋	a,c
1048	5 000＋	c
1086—1094	4 732	d
1119	7 000	c
1124	15 000	b,c,e
1211	4 311	c
南宋末	10 000＋	f

资料来源：(a)《续资治通鉴长编》各处；(b)《文献通考》30—31；(c)《宋会要辑稿·选举》1—6；(d)洪迈：《容斋随笔》(四笔)4:8/3a；(e)《宋史》155；(f)吴自牧：《梦粱录》2/3a。

明清两代光是生员就分别约占成年男丁总数的 1％ 和 2％①，与这两代相比，宋代的举人只是一小群。但有更大关系的是，在宋代以前根本没有较低的学衔获得者。因此，宋代产生了举人这个虽然是边缘的，却在人数上与政务人员相匹敌的重要的半官僚集团，这在从事科举的优秀分子的发展上

---

① 何炳棣对 Vernon Dibble(弗农·迪布尔)所著 *The Comparative Study of Social Mobility*(《社会流动性的比较研究》)一书的回答(*The Ladder of Success in Imperial China*, pp. 321-322)。张仲礼在其 *The Chinese Gentry*(《中国绅士》)一书(Seattle: University of Washington Press, 1955, pp. 97-113)中对清代的数字估计稍高。利用何炳棣计算成年男丁的方法(占总人口的 20％)，张仲礼的数据所产生的百分比在 19 世纪初叶为 2.7％，在 19 世纪末叶为 3.8％。

是重要的一步。

最后还有官办的州学和县学中的学生,其人数在12世纪初的最多时期约为20万人。他们虽然没有举人或太学生的地位,却是经过精选的一群人,曾经通过入学考试(补试);而且获得一定的经济利益,其中的主要部分是免费住宿。在北宋晚期,学生还被免除服役义务,但似乎为时不长。①

官学通过其教育及工作人员两方面与科举相联系。官学的教育是配合科举的必修课程的,而其工作人员又管理着科举的许多准备工作。在有些情况下,政府力图使在地方学校就学成为参加科举考试的先决条件,并在徽宗时完全废除了州试,代之以通过学校系统提升。此外,在南宋的大部分时间内还特别允许精选的州学学生参加太学入学考试。这样,尽管在学校与科举制度之间有着许多联系,但往往是次要的,并不直接涉及决定性的检定考试。

读书人的成长

1184年,一个在最东南端的广南东路服务的小官曾丰,曾经对一位怀着提升的希望去京师的年长的同事用这样的话送别:

> 夫人少则求进易,人多则求进难。少而易,循常碌碌,可

---

① 我所发现的关于太学生免除服役的4个参考资料都是实行"三舍法"时期的,这些豁免的办法很可能在1121年废除三舍法后已不再实行。参见《宋会要辑稿·崇儒》2/24a—b,29a;《文献通考》4b:433;《宋大诏令集》二四〇卷,北京:中华书局1962年版,157:593。

以自奋;多而难,非有大过人之功,莫获进矣。①

虽然曾丰谈到商业上和宗教上以及考试和做官上的发迹,他所关心的显然是考试和做官方面的努力。这是确有理由的,因为科举的竞争显著地在愈演愈烈。

参加各州检定考试的考生人数在 11 世纪初期约为 20 000 至 30 000 人,而在一个世纪后参加 1099、1102、1105 这几年考试的人数达 79 000 人。到 13 世纪中叶,光是中国南部(即南宋帝国)的考生大概达 400 000 人。②

随着考生的增加,考试中的竞争就加剧了。在 1009 年制定各州举人的配额后,配额的增加(配额很少减低)必须按照钦定的配额比率,即举人人数与最近几次考试的平均考生数的比率。这种惯例有许多例外,不过政府不得不把法定比率从 5/10 降到 1/200(见表 8),以便像我们以前所述那样限制举人的人数。这一事实清楚地反映出考试的竞争势力在宋朝一代中增加了许多倍。

实际上,竞争可能比这些法定的比率所表明的更剧烈。福建的福州府是南宋时期出进士的主要地方,1090 年在 3 000 名考生中只有 40 个举人的名额(1/75),而 1207 年在 18 000 多名考生中只有 54 个举人名额(1/333)。③ 两浙西路的严州,1156 年在 1 781 个考生中只有 18 个举人名额(1/100),而 1262 年在 7 000

---

① 曾丰:《缘督集》二〇卷(《四库丛书》本)17/11。(按:《答任子厚秀才序》)。
② 79 000 人的数字是根据《宋会要辑稿·选举》15/29a—b,其他数字则根据 Chaffee 的"Education and Examination"一文第 59 页详述的关于法定配额比率及举人人数的资料估计。
③ 何乔远:《闽书》一五四卷(1629 年版)32/9a—b;刘宰:《漫塘文集》三六卷(1604 年版)13/10a;《宋会要辑稿·选举》15/29b。较早的举人数系根据《宋会要》,实际上是 1104 年的数目。1207 年的 18 000 人是我们所有的关于福州的资料的最高数。据《闽书》32/9b 记载,1174 年有考生 20 000 人。

多名考生中仍然只有18个举人名额。① 在现今安徽的远西部,光州(按:光州州治为今潢川县,属河南省)的官员们在1231年曾抱怨说,自淳熙(1174—1189年)以来,光州的考生已增10倍,而举人名额只从3个增加到5个。②

表8 州试的法定配额比率

年份	配额比率
997	2/10
1005	4/10
1009	5/10*
1023	5/10
1026	4/10
1032	2/10
1045	2/10
1066	1/10
1067	15/100
1093	1/10
1156	1/100
1275**	1/200

资料来源:《宋会要辑稿·选举》15—16;《宋史》156/22a,1275年资料。

* 全帝国范围的州试配额初次制定。

** 根据地方志,1234年也制定了配额。地方志中没有说明使用什么配额比率,但它应是1/100或1/100以下。见方仁荣:《严州续志》3:33;罗濬:《宝庆四明志》二十一卷(《宋元四明六志》本),2/19b。

---

① 刘文富:《严州图经》三卷(《丛书集成》本)1:13;方仁荣:《景定严州续志》十卷(《丛书集成》本)3:33。
② 《宋史》15b/16b。

图1对于我所发现的既有配额又有考生数的例子给出了举人对考生的比率。考试的竞争显然在加剧,特别是在南宋。东南地区在科举的历史记录上占着统治地位,正和它似乎在宋代的政治和文化生活中占着统治地位一样。的确,如果我们只着眼于东南地区各州,其竞争激烈的程度在12世纪末和13世纪初是按指数比例增加的。即使在不大先进的南部和西南各州,竞争程度虽然比较缓和,但也没有例外地大于全国在1106年的一般情况。

这些研究成果由考生数与人口数的比较而进一步得到支持。在图2中,用实际考生数的记录来计算考生成年男丁总数的百分比。这些百分比是近似数,因为对南宋必须用各州人口的估计数。① 然而,它们表明读书人的人数相对于人口的其余部分在增长着,不仅是与宋代的人口同步增长而已。这种增长在东南部最为急剧,但也很明显的是,在长江中游和上游地区也在较低程度上增长着。如果我们考虑到这些数字并不包括参加特种初级考试者、放弃参加考试者或已通过考试者,或开始学习时关心考试但中途退出者,那么我们就会开始了解科举终于对社会有何影响。

---

① 对1102年的州人口统计数,我利用了赵惠人在《宋史地理志户口表》《禹贡》2 (1934):59—67]所作的《宋史》数据的汇编。对1162年和1223年的路数,我分别利用了《宋会要·食货》69/71a 和《文献通考》11:116—117,以及 Kracke 的"Region, Family and Individual in the Chinese Examination System"一文(第257页)。

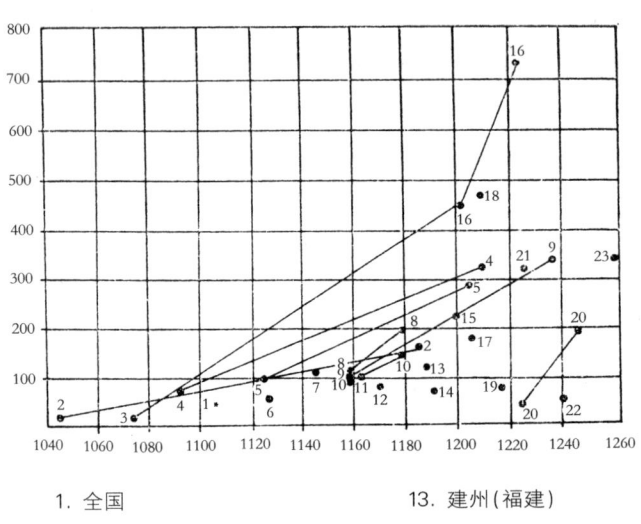

1. 全国
2. 苏州（两浙西）
3. 明州、台州和温州（两浙东）
4. 福州（福建）
5. 湖州（两浙西）
6. 常州（两浙西）
7. 吉州（江南西）
8. 简州（成都府路）
9. 严州（两浙西）
10. 徽州（江南东）
11. 万州（夔州路）
12. 润州（两浙西）
13. 建州（福建）
14. 龙州（利州路）
15. 嘉州（成都府路）
16. 台州（两浙东）
17. 兴州（利州路）
18. 温州（两浙东）
19. 化州（广南西）
20. 寿昌军（荆湖北）
21. 越州（两浙东）
22. 道州（荆湖南）
23. 潭州（荆湖南）

图 1　1040—1260 年各州州试相对于每个举人的考生数

第二章 录用人员的结构

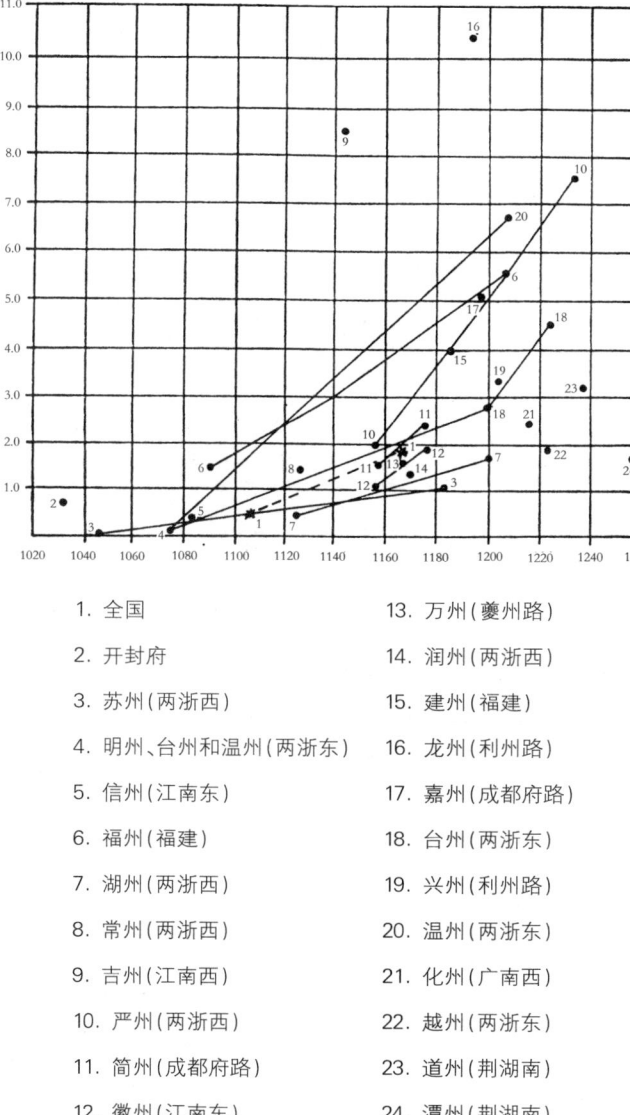

1. 全国
2. 开封府
3. 苏州（两浙西）
4. 明州、台州和温州（两浙东）
5. 信州（江南东）
6. 福州（福建）
7. 湖州（两浙西）
8. 常州（两浙西）
9. 吉州（江南西）
10. 严州（两浙西）
11. 简州（成都府路）
12. 徽州（江南东）
13. 万州（夔州路）
14. 润州（两浙西）
15. 建州（福建）
16. 龙州（利州路）
17. 嘉州（成都府路）
18. 台州（两浙东）
19. 兴州（利州路）
20. 温州（两浙东）
21. 化州（广南西）
22. 越州（两浙东）
23. 道州（荆湖南）
24. 潭州（荆湖南）

图2　1020—1260年在全国及各州参加州试的成年男丁的百分比

59

这些读书人是些什么人？我们对这些人出现在试场中将有什么看法？极其明白，他们是供得起为应考而需要的长期教育然后去应考的人，这样，正如我们在前面所指出的，就把人口中的大多数人都排除在外了。那么，读书人是否等于士绅？在某些方面是这样，因为教育和科举显然都是士绅的活动。按照儒家的政治教育，士为皇帝阐明天意，并且作为官员处在皇帝与老百姓之间。当士绅从事非官方活动时，正是由于他们与政府的关系而赋予他们很大的权力，而这些关系是以学习为基础的。13世纪时一位官员曾经写道：

> 夫士固所以为公卿大夫之阶也，而学固所以为士之阶也。故为公卿大夫者必以学，为公卿大夫之后必习于学。……邑之士能知字则其阶于公卿大夫也……①

然而，严格地说，士是一个职业集团而不是社会集团，它是4种传统职业即"四民"之首，其余3种传统职业则为农、工、商。就这一点而论，他们对于社会中坚的关系已在宋代发生变化。②在宋朝初期社会尚未安定的年代，许多类型的人都在政府中积极

---

① 袁桷：《延祐四明志》二十卷（《宋元四明六志》本）14/8b—9a（按：此处为《重修学记》）。作者是明州的胡刚中，他曾于1208年得进士学衔。
② 这个不包括统治者和官员及奴仆的分类，至少可以追溯到周朝晚期，因为我们有若干那一时期的著作都利用这种分类。例如，可看《管子》二四卷（《四部备要》本）8/6b—8a；《国语》二一卷（《四部备要》本）6/2b—4a；锺文烝《谷梁补注》二四卷（《四部备要》本）17/1b。尽管这种分类保持不变并且以后常被用来描述社会阶层，但它们的有些意义已改变了。特别是"士"这个名词有这种情况，这个词原来是指半贵族集团的人，到汉代时已变成"学问高深的人"或"学者"的意义。参见 Hsu Cho-yun（许倬云），*Ancient China in Transition: Analysis of Social Mobility, 722-222B.C.*（《古代中国的变迁：社会流动性的分析，公元前722—前222年》），Stanford: Stanford University Press, 1965, pp.7-8, 34-37；Ch'ü T'ung-tsu（瞿同祖），*Han Social Structure*（《汉代社会结构》），Jack L. Dull, ed., Seattle: University of Washington Press, 1972, pp.101-107。

第二章　录用人员的结构

活动,皇帝蓄意要使士成为社会中坚,因为好多类人(其中大多数是士的潜在竞争者)——政府吏员、工匠、商人、和尚、道士都不准参加考试。①但这些禁令并不是世代适用的;没有什么势力阻止商人或工匠的儿子接受教育;假如他能获得必要的保证人的话,也不能阻止他参加考试。然而皇帝的意图显然是要形成并保持一个纯粹的士人家族集团来为行政机关配备工作人员。这里引用989年的一项诏令中的话:"科举之设,待士流也;岂容走吏冒进窃取科名?"②

但这种企图没有能持续下去,到11世纪中叶至末叶,这些禁令除了对于吏员的以外,都已失效了。甚至正当士人名流控制着高级官位的时候,出身于非士人家庭的读书人开始出现于科场中,这种情况至少部分地是由于受到政府不断提倡教育的推动。出身于中产官宦之家的欧阳修(989—1052年)曾经质问说:何以抱怨各类工匠与商贾上进?是否因士流为所混杂而无从区别?③稍后,伟大诗人苏轼的兄弟,以其政治评论著名的苏辙(1039—1112年),曾经带着不快的情绪写道:

> 凡今农工商贾之家,未有不舍其旧而为士者也。为士者日多,然而天下益以不治。举今世所谓居家不事生产,仰不养父母,俯不恤妻子,浮游四方,侵扰州县,造作诽谤者,农工商贾不与也。④

到南宋时又出现了另一种现象,即文人的家庭从事非文人的

---

① 参见以下第三章关于职业上的禁令一节。
② 《文献通考》35;332。(按:端拱二年条)。
③ 被引用于程运:《宋代教育宗旨阐释》,《中正学报》2(1967):93。
④ 苏辙:《栾城集》五〇卷,台北:商务印书馆1968年版,21;292。〔按:这是《上(神宗)皇帝书》中的一段话。〕

活动：

> 士大夫之子弟,苟无世禄可守,无常产可依,而欲为仰事俯育之计,莫如为儒。其才质之美,能习进士业者,上可以取科第,致富贵;次可以开门教授,以受束修之奉。其不能习进士业者,上可以事笔札,代牋简之役;次可以习点读,为童蒙之师。如不能为儒,则巫医、僧道、农圃、商贾、技术,凡可以养生而不至于辱先者,皆可为也。子弟之流荡,至于为乞丐、盗窃,此最辱先之甚!①

袁采,13世纪时浙东的一个官员,也是上面这段值得注意的文章的作者,他关心一个缙绅家庭怎样能保持其地位,或者不能保持而怎样尽可能体面地衰落。正如韩明士用江南西路的抚州的例子所论证的那样,袁采对官吏的不很有才能的后裔的忠告是切合实际而受人注意的。由于谋官之途越来越难,缙绅家庭在职业上趋于多样化,它们允许不大有前途的(或不大有书生气的)子孙从事过去会受人轻视的职业。②

如果说缙绅家庭的成员并不都是读书人,那么是不是一切读书人都出身于缙绅家庭(即出身于统治着地方社会的一小群已确立社会地位的家庭)? 韩明士认为是的,他认为科举的应考人资格需要有州学教授和其他人的保证书,证明应考人家庭的社会地位,这使当地的士绅能控制由谁去参加考试。③ 但这种观点夸大了士绅能够对这些事情实施控制的程度,而忽视了群集在试场的

---

① 袁采:《袁氏世范》,《知不足斋丛书》本,2/23b—24a。(按:这是《子弟当习儒业》条中的话。)
② Robert Hymes, "Doctors in Sung and Yüan: A Local Case Study"(《宋代和元代的医生:地方实例研究》),提交哥伦比亚大学传统中国讨论会的论文,1981年。
③ Robert Hymes, "Prominence and Power in Sung China", pp. 56 - 58.

众多南宋文人,特别是东南各州每次有数千考生参加州试。①

然而,还有别的理由认为读书人的绝大多数可能曾有缙绅身份的祖先,因为宋代的读书人家族是很庞大的。1148 年,进士平均每人有 3 个以上的兄弟,1256 年,进士平均每人约有两个兄弟,这意味他们的家族每一代人口增加一倍多。② 由于这样的增长率,向下流动的压力是强烈的,从而产生了曾经显赫一时的家庭的有钱有势者的贫穷同族人。而且,像我们在第一章中所看到的那样,在南宋时期显然有非缙绅出身的读书人追求缙绅的地位,采取缙绅的价值观,投资于教育,并试图通过婚姻关系,成为缙绅阶层的一员。同时,我认为这些前缙绅家庭和非缙绅家庭在缙绅社会的界线周围形成了相当大的边缘。这些家庭中的大多数从来没有取得成功而始终不为历史学家们所发现。但是它们的存在和对于当地士绅的经常的压力使取得成就比以往更见重要。除非一个家庭能在经济上、社会上或教育上(通过科举或学术成就)有卓越的成就,它就有沉沦于那个边缘的危险。

人员录用与社会秩序

我们上面评述过的两种趋向——一方面越来越依靠方便学衔和荫补作为录用官员的渠道,另一方面读书人的人数多倍地增

---

① 这一点,特别是当它涉及保证书时,将在以下第三章中详细论证。
② 在《宋元科举三录》中随处可见。较精确地说,在 1148 年平均数为 3.2 个兄弟,在 1256 年平均数为 1.8 个兄弟,不过后面这个数是只根据总数 600 个中 329 个有兄弟人数资料的进士计算出来的。家庭为什么平均应有 8—10 个成员(2—3 个兄弟、2—3 个姊妹及父母亲)的原因是个有趣的问题,我在写作本书时对此问题也在研究中。

长——向我们提出了一个有趣的难题。正当科举日益普遍的时候，它在官僚政治上却越来越变得不太重要了。

方便学衔和荫补的利用在增多是可以理解的。当科举考生与进士名额的比例超过 100∶1 的时候，即使是富裕而有名望的官僚家庭也不再能保证其子弟考中了。因此转而采用特权的及（或）较容易的录用方法是很自然的，而且正如我们将在第五章中看到的那样，这种情况也出现在考试过程中。

但是广大的落第读书人为什么能容忍这种情况呢？读书人希望上升的要求正在增长，但随之而来的是这些希望的落空，彻底改变这种情况的条件看来已经成熟了。的确，宋代的文献中包含有许多关于由考试引起社会动荡的史料，特别是在南宋。然而对于这种情况的看法并不十分一致，因为还有人在歌颂当时的学术风气。1198 年，周必大在纪念吉州县学修复的一篇文章中说：

> 今国家开设学校，惟周、孔之教是明，惟尧舜、文王之道是适。为士者，虽借举业为入仕之阶，然平居父诏其子，兄诏其弟，自洒扫应对而允乎孝弟忠信。（由闻见卓约而极乎高明光大，……临民则为良吏，立朝则为名臣。）①

而一二代以后，百科全书专家王应麟（1223—1296 年）已能这样写明州的情况：

> 吾邦自庆历（一〇四一至一〇四八年）诸老淑艾后，干、淳（一一六五至一一八九年）大儒阐绎正学②，孝弟修于家而仁逊兴，齿德尚于乡而风俗厚，理义明于心而贤才盛，善信充

---

① 《周文忠公集》58/8b—9a，《万安县新学记》。
② 这是提到理学大师朱熹（1130—1200 年）。

于己而事业显。①

但是这种乐观的意见是颇少的。较普遍的是像王庭珪（1086—1141年）那样的意见。王庭珪是落第的考生，以他在公众集会上的长篇说教著名：

> 近世风俗坏士。或亲在而异殖，争不平仅如毛发，比而讼斗于庭者。（于是乡党邻里聚而言曰：昔鲁俗之衰也，洙泗之间断断如也。）②

正如我们将在第四章中看到的那样，科举被批评为已使教育走上了邪路，使人们为不正确的目的而学习。湖南的哲学家张栻（1133—1180年）不像周必大和王应麟那样，他感到异端邪说已支配了学校：

> 盖自异端之说行，而士迷其本真，文采之习胜，而士趋于寒浅，又况平日群居之所从事，不过为觅举谋利耳。③

难怪失意和焦急在考试中是极为明显的。

在考生人数众多时，光是进入试场找到位置本身就成为一件要费力完成的事，有时竟会爆发暴力行为。第一章中所描述的科举暴乱是最惹人注目的事例。④ 但是还有关于1186年在潭州、1210年在衡州（两地均在荆湖南路）试场门口于混乱中踩死人的记载。⑤ 王炎午（1252—1324年）年轻时曾参加吉州州试，他写

---

① 《延祐四明志》13/7a—b。
② 王庭珪：《卢溪文集》4b/6a,《故弟才臣墓志铭》。（按：才臣是王庭珪之字。）
③ 曾国荃：《湖南通志》二八八卷（1885年版）66/23a—b。〔按：原文见《宋张宣公全集》卷九，《桂阳军学记》（清咸丰四年刻本）。〕
④ 参见本书第一章第一节《两次抗议》。
⑤ 《宋会要·选举》16/34b—35a。这两次乱子被归咎于假称居住于该两州的一些外地人。

道:"每岁试闱争竞进,有蹒死者。"①

尽管有这些纷扰,尽管对于以科举为目标的教育有许多激烈的攻击,以及对于官僚人数的庞大有人表示不满,但是宋代的社会秩序似乎没有受到制度上的压力的威胁。为什么会这样将是以后几章关注的中心。我在这里只愿提出,答案在于科举生活中日趋复杂的关系。由于进士学衔越来越难以获得,只有较少数的登科者提高了地位,其他的角色就变得可以接受了。这些角色有受人尊敬的退隐学者直到袁采所说的医生、和尚、农夫和商人等。此外,学术上的前途增加了读书人在婚姻上获得成功的可能性,也增加了取得有权势者的支持的机会。最后,如果我们认为读书人的个人利益是始终服从其家庭利益的话,那么就比较容易理解个人的失意为什么通常不会转变成叛乱或暴力行动了。

---

① 王炎午:《吾汶稿》十卷(《四部丛刊》本)9/17a—b。

第二篇

第三章 为求致治之具——宋代初期的科举

宋代科举与儒学传统

从哲学上和文化上来说，宋代的科举制度是儒家学说的奇异的非儒家混血儿。它是皇帝的创造，因而反映了皇帝的利益。正如列文森那么透彻地证明的那样，它是倾向于法家的。① 诚然，儒家学说赫然显现在科举制度中，最明显的是在必修的课程方面。有志的学生一旦念完识字课本，就开始攻读大部头的儒家经典著作。尽管去争取颇有声望的进士学衔的考生也要考当时的政策问题和诗赋，但他们最大部分的教育是花在这些儒家学说课本上。儒家的原则也有助于为科举制度提供理论根据。孔子（公元前550—前479年）生活的时代，周朝初年的贵族等级制度正在被打破，统治者越来越指望受过教育的平民以及贵族的部下而出身微贱者来帮助治理国家。虽然孔子把社会等级制度看作是天经地义，但他也认为人是天生平等的，并主张统治者应选用贤

---

① Joseph R. Levenson（列文森），*Confucian China and Its Modern Fate: A Trilogy*（《儒教中国及其现代命运》），Berkeley: University of California Press, 1968.

能之人作为大臣。① 孟子极明确地说出了这种理想:"尊贤使能,俊杰在位,则天下之士皆悦而愿立于其朝矣。"②因此,科举制度的选拔优秀人才任官的理想完全是儒家的理想。

然而,不符合儒家理想的是宋代的选才标准:不是根据评价个人品质所需要的德和才,而是根据为评价个人品质所不需要的、写作论说文和诗赋的文字技巧。确实,像我们将要看到的那样,宋代初期的几个皇帝对公正和公平性的关心意味着科举中不能严格地考虑到个人品质。但11世纪著名的儒家张载(1020—1077年)曾经论证,进入政府的真正合乎道德的路线(按:即所谓"循理")是通过以亲属关系为基础的"恩荫"特权,统治者利用它"录有功,尊有德,爱之厚之,示恩遇之不穷……"③然而,追求科名的士子,

>……不知求仕非义,而反羞循理为无能,不知荫袭为荣,而反以虚名为善继。④

虽然这段话引自12世纪一本著名的新儒家著作的选集,但张载的观点并不为人们普遍接受。不过它表明科举是易受儒家攻击的。因为科举的非人格性埋藏着产生追求"虚名"的、与人感情疏远的自私自利者的危险。因而科举这儒家正统观念的工具

---

① 参见 Donald Munro(孟旦),*The Concept of Man in Early China*(《古代中国人的思想》)(Stanford:Stanford University Press,1969),论儒家关于平等与不平等的观点。
② *The Works of Mencius in The Four Books*(《四书中的孟子》),James Legge(理雅各)译,上海:中国图书公司;台北:益世图书公司1971年重印,第242—243页(2.A.5节)。(按:原文见《孟子》卷二《公孙丑》上。)
③ 朱熹:《近思录》(*Reflection on Things at Hand*),trans. Chan Wing-tsit(陈荣捷),New York:Columbia University Press,1967,pp. 199-200.〔按:此即《近思录》卷七《出处》,引(张)横渠语。〕
④ *Reflection on Things at Hand*,pp. 199-200.

容易被指责为在培养非儒家的人。

最后,科举被利用于政治上也是不符合儒家理想的,因为这是使科举为皇帝的、地区的以及官僚贵族的利益服务。这种利用在制度形式正在形成的宋朝开头几十年中十分公开,而在以后时期中,则往往被伪装成科举制度的合法的组成部分。这并不否定久已印入中国和外国学生心目中的科举制度的非人格性和普遍性的准则;事实上,那些准则基本上是宋代的创造。这只不过意味着政治很重要而已。正如我们将在本章和随后两章中看到的那样,宋代科举制度的发展和演进涉及它与当时的社会和政治势力的不断的相互影响。

宋初诸帝统治时期的科举

宋代的开国皇帝赵匡胤(宋太祖,960—976 年在位)从后周继承来的科举制度,与他家统治的以后时期趋于鼎盛的科举制度是大不相同的。其实,它与唐代的前例也迥然不同。① 从理论上说,它每年举行考试,有各种各样的学衔,录取的名额很少,凡此种种都与唐代的科举制度很相似,但实际上 10 世纪时的频繁战争已对科举和读书人二者都造成了损失。宋代初期的科举之缺少标准已到了这样的程度,以致在一次考试中,竟命令考生们相互比赛拳击;② 而在 975 年的另一次考试中,由于京东西路的濮

---

① 964 年正式采用后周 955 年的科举规章。参见《宋会要辑稿·选举》14/13a—14a。
② Hartwell, "Financial Expertise, Examinations, and the Formulation of Economic Policy in Northern Sung China"(《北宋的财政知识、科举及经济政策的形成》), in John A. Harrison, ed., *Enduring Scholarship Selected from the Far Eastern Quarterly——The Journal of Asian Studies*, 1941 - 1971. Volume Ⅰ: China Tucson: University of Arizona Press, 1972, p. 52.

州特地推荐来的270名举人缺乏军事才能而触怒了宋太祖,他威吓要把他们统统送入军队服役。举人们含泪乞求宽恕后,他才遣散了他们,但下令惩罚推荐这些举人的州官们。①

宋太祖很了解科举潜在的重要意义。他在962年宣称:

> 国家悬科取士,为官择人,既擢第于公朝,宁谢恩于私室,将惩薄俗。②

他在另一次说道:"作相须用读书人。"③最重要的是,973年他创设了在他亲自监督下的殿试(御试)作为科举过程的最后阶段,从而把科举从纯粹是行政机构的内部事务提高到发自天子本身的事。④ 然而,除了这项创新以外,宋太祖使科举一如既往,没有什么改变,因为他正专心于别的事情:对东北方的契丹人的远征,对南方诸王国的征服,以及对北方将领们(他自己就是从他们的行列中崛起的)的控制问题。

因此,只是在宋太祖的较有书生气的弟弟宋太宗(976—997年在位)接位以后,当帝国的重新统一实际上已经完成的时候,才开始进行引人注目的科举改革。早在977年,宋太宗就宣告:

> 朕欲博求俊乂(按:《通考》作"俊彦")于科场中,非敢望拔十得五,止得一二,亦可为致治之具矣。⑤

---

① 《续资治通鉴长编》,《永乐大典补遗》14,308/3b。
② 《宋会要辑稿·选举》3/1b—2a。(按:《宋会要》原文引自太祖建隆三年九月一日诏。)
③ 陈均:《皇朝编年纲目备要》三十卷(《静嘉堂丛书》本)台北:经文出版社1966年版,1:125。按照荒木敏一的说法,这是第一部关于"读书人"的著名参考书。〔按:《长编》卷七,乾德四年(966)五月条载:"宰相须用读书人。"〕
④ 《宋会要辑稿·选举》7/1a—2a。又见荒木敏一:《宋代科举制度研究》,第284—289页;Miyazaki Ichisada(宫崎市定), *China's Examination Hell*(《中国的科举苦境》), trans. Conrad Schirokauer(谢康伦), New York: John Weatherhill, Inc., 1976, pp. 74-75。
⑤ 《文献通考》30:284;《续资治通鉴长编》18/1b—2b(按:太平兴国二年正月条。)

第三章　为求致治之具——宋代初期的科举

在随后几天,就授予了109名进士学衔,207名诸科学衔,以及184名方便学衔。① 即使不算方便学衔的话,这次所授学衔也比太祖统治时期整整16年中所授的学衔为多。② 这一举动没有能避免受批评;博学的枢密直学士薛居正曾反对说:"如取人太多,用人(增加)太骤。"③但太宗坚持己见,在以后几年又授予了大量学衔。事实上,回顾起来可以看得很清楚,977年的科举标志着政府用人方式的重要变革。在五代时,每年平均授予33个学衔,其中进士学衔为12.5名。④ 在宋太祖统治时期,每年平均授予学衔数降至19.2名,其中10.2名为进士。⑤ 而在977—1271年间平均每年授予正规学衔(即非方便学衔)192名,其中进士为141名。⑥ 此外,我们仅有不完全资料的方便学衔,每年至少另占120个学衔名额。

学衔名额扩大的初步影响是使科举策略陷于混乱。考生名额立即增长:在开封参加礼部考试(省试)者977年约为5 200名⑦,而983年为10 260名⑧,992年为17 300名⑨。当时已经陈旧的考试方法受到严重的压力。由于没有先例可循,办法反复无常。考

---

① 《文献通考》32:305;《长编》18/1b—2b。赐予方便学衔的记载不在《文献通考》卷32,而在30:284,赐予的人数为180余人,但鉴于其他两处资料所载的人数是一致的,《文献通考》卷30中也许是抄写之误。
② 太祖时共授予进士学衔188名,诸科学衔120名。见《文献通考》32:305。
③ 《长编》18/2b。
④ 《文献通考》30:282。这些是北方诸朝授予的学衔。各南方王国无资料。
⑤ 《文献通考》32:305。
⑥ 《文献通考》32:305—307。
⑦ 《文献通考》30:284。《长编》列为5 300名。(按:《长编》卷十八,太平兴国二年正月条载:"诸道所发贡士凡五千三百余人。")
⑧ 《长编》24/1a。〔按:太平兴国八年(983)正月条载。〕
⑨ 《长编》33/1a。《宋会要·选举》1/4a列为17 000名。曾巩(1019—1083年)在11世纪中叶既引用此数,又引用10 760名之数,并论证增加额是由于977年学衔数的增加。见《曾文定公全集》(1693年版)17/2a—b。

73

试有每年举行一次的,有每隔一年举行一次的,有每三年举行一次的,而有一次,从992年到998年,竟有六年的间隔。① 所授的学衔名额也历年大不相同。例如,1000年授予1 500多名,其中409名为进士,所授学衔比中国历史上任何其他年份为多。② 而两年以后,为了对官僚机构这个池塘的泛滥作出反应,只授予了38名进士和186名诸科学衔。名额的急降遭到了本书开端所描述的那次群众的抗议。

宋太宗为什么这样急剧地增加学衔名额呢？一个世纪以后,司马光指出这是"以兴文教,抑武事"③。13世纪时的王栐把它归因于新扩张的帝国有着大量的职位空缺。④ 而20世纪的陈东原则曾论证,宋太宗正在力图获得文士阶级的忠心。⑤ 事实上,这涉及控制政权并为文士们提供机会的双重需要。

在宋朝初年,当它还只是又一个力图巩固其地位的北方王朝的时候,控制政权的问题是首要的,因为它的竞争者为数众多而势力强大:地方王国(割据政权),军事将领,富商以及军阀家族。为此目的,朝廷对任命官职的权力是关键性的,这是与其军事大棒相平衡的主要胡萝卜。关于宋朝初期的几个皇帝值得注意的是,他们运用这种权力与其说是为了有选择地使用和吸收其竞争者,不如说是为了赢得全国的士人家族的忠心。他们正在力图形成一个对皇帝感恩戴德的、由知识界优秀分子组成的官僚贵族集团,并对其规模加以控制,使它的最强有力的成员不致对朝廷构

---

① 参见列出历年学衔总数的附录二。
② 《文献通考》32:205。
③ 《长编》18/2b〔按:太平兴国二年正月条,引司马光《稽古录》(语出卷十七)。〕
④ 王栐:《燕翼诒谋录》五卷(《丛书集成》本)1。引用于《宋代科举制度研究》,第102页。周必大在一篇科举文章中提出了同样的理由。参见《周文正公集》11/6a。
⑤ 陈东原:《宋代的科举与教育》,《学风》2, No.9 (1932):6。

成威胁。这种政策可从宋太祖创设殿试中看出,因为这正如日本历史学家们很久以来已经指出的那样,是为加强皇权而服务的:

> 创设直接在皇帝亲自监督下举行的殿试作为最终考试……是加强皇帝的独裁权的必要步骤。①

这种政策也许最明显地表现在977年宋太宗打开科举的防洪闸门这件事上,但并不以此为止。在随后的几十年中,随着科举制度适应于对它提出的新要求,能人统治的合理公正的原则决定了它的发展。② 尽管公正性最终遭到了损害和暗中破坏,但建立能人统治的秩序的企图仍然是明显的。

制度的改革

当10世纪末和11世纪初举人们开始涌入开封,威胁着陈旧的科举制度时,政府制定了一系列旨在使考试公正、合理和易于管理的改革。其中最著名的是用来保证使考生匿名的措施。992年对殿试创设了掩盖试卷上的姓名的做法(封弥或糊名)。③ 这种办法于1007年扩大到省试④,1033年扩大到州试⑤。从1015年开始,增添了一项预防认出书法的措施,即由吏员将殿试和省试的试卷誊出,主考人只审阅抄本。⑥ 这种称为誊录的办法,于

---

① Miyazaki Ichisada,*China's Examination Hell*,p.116.
② 李弘祺曾在"Education in Sung China"一文中充分论证了这一点。
③ 《长编》33/2a(按:淳化三年三月戊戌条);《宋会要·选举》7/5b。最透彻地论述这个题目的是荒木敏一的著作。参见《宋代科举制度研究》,第22—23、208—214、243—266页。
④ 《长编》67/15b—16a;《宋会要·选举》3/8b。
⑤ 《宋会要·选举》15/9a。
⑥ 《玉海》116/21a—b;《宋史》155/9a。

1037年扩大到州试。①

这些措施形成了与过去显然不同的突变。在唐代,考生在考试以前把他们所作的诗文样品提交主试人不仅是容许的,而且被认为是合乎需要的,因为这样可便于考虑他们的声誉和品质。②宋朝初期继承了这种惯例,其形式是:举人一到开封,必须向礼部投纳亲笔书写的"公卷",使"抱艺者不失搜罗,躁进者难施伪滥。"但公卷在1041年已停止使用,因为糊名和试卷的誊录已使交公卷没有必要了。③

为什么宋朝除了季节性地雇用几千名吏员以外,对于儒家所着重考虑的个人品质和声望却放弃了呢?宋真宗(997—1022年在位)在1007年讨论糊名方法的使用时宣称:"取士之意,务在至公,擢寒畯有艺者。"④一年后,他说南方士人对于糊名考试的完全公允很满意。⑤ 我们将在第四章看到,这些做法曾在北宋晚期短时间地受到责难,但自此以后就保持了评等过程中绝对公平的政策。

此外,还解决了考试的时间安排问题,虽然为时稍晚。在11世纪前半期中,二年、三年及四年的间隔都曾试过,到1066年才决定了三年为期⑥,并继续以此作为标准,直到1905年废除科举为止,从而为中国社会提供了一个颇有特色的每三年一次的周期数。有人猜测,这是出于好古的动机,因为根据汉代《礼经》,周朝

---

① 《宋会要·选举》15/10a;《玉海》116/31a。
② 参见 Arthur Waley(亚瑟·韦利), *The Life and Times of Po Chu-i* (772-846 A. D.)(《白居易的生平》), London: George Allen & Unwin, Ltd., 1949, pp. 18-19,23。
③ 《长编》61/18a—19a。同书133/3a。
④ 《长编》67/15b—16a。(按:原文见景德四年十二月条。)
⑤ 《长编》68/4b—5a;《宋会要·选举》3/9a。
⑥ 《宋会要·选举》3/38a—b,15/17b。

时的"乡饮酒礼"是每三年举行一次的。① 而按照以后宋代的解释,乡饮酒礼是在三年一次的"大比"(宋代通俗口语中对科举的称呼)时举行的,在"大比"时也进行人口普查并将贡献的人送往政府服务。② 实际上提出的理由却是比较切实而有益的。③ 当时认为以四年为期时间太长,不足以鼓励学习而会助长怠惰。但1057年至1065年所曾试行的以两年为期则给远方各州的读书人造成了困难,因为他们必须花很多时间在旅途上。因此,决定以三年为期,其中一年的秋冬专用于检定考试,次年春季赴京应试,第三年则完全没有考试。

在北宋初期,科举也经历了重要的结构改革:州试(解试)发展为科举制度的重要部分。宋代开国之初,州试程序规定,进士考生由判官测验,诸科考生则由录事参军测验。资格的鉴定取决于正确回答的问题数;合格的考生允许作为举人去京师应试。④ 单是这一点就标志着与过去不同的重大变革,因为在唐代时一州可以送往京师的"乡贡"人数取决于官僚机构的地位:上州、中州和下州每年分别可送3名、2名和1名。⑤ 但在10世纪晚期,随着举人人数的逐渐增多,又接着作了进一步的改革。

997年颁布了每10名考生取2名举人(必须是合格的)的配额比例,从而使州试至少在理论上说更有选择性,因为它不再仅仅是把合格者与不合格者分开而已。⑥ 事实上,我们发现在随后

---

① *The I-li or Book of Etiquette and Ceremonial*(《仪礼》), 1 vols., trans. John Steele(施约翰), London: Probsthain Co., 1917, p. 272. 关于礼仪,参见以下第六章。
② 魏了翁:《仪礼要义》(《四库全书》本)8/3b。又见王定保:《唐摭言》1:1。
③《宋会要·选举》3/38a—b。
④《宋会要·选举》14/13a—14a。
⑤《唐摭言》1:1。
⑥《宋会要·选举》14/16a—17b。

几年中有人控告有不合格的举人被送往京师的情况,但这些控告在11世纪最初几十年之后就停止了。① 推测起来,可能是教育的发展已造成了过多的合格考生。

1009年,在确定每州允许送多少举人时,直接的配额取代了配额比例。② 配额是根据标准的配额比例和最近几次科举的考生统计数来确定的,但正如我们在第二章中所看到的那样,配额是经常重新调整的。③ 那时仍然保持着举人数与考生数之间的比例关系,不过由于对个别的州常常给予特别增加的配额,配额可以因特殊的理由而容易地改变,例如对皇帝巡行所经各州给予酬劳④,或对落后地区及军事战略要地给予照顾⑤等。但是即使有这些例外,公平的原则仍然没有被忘记。例如,1037年皇帝曾因当时的特别配额"不均"而下令恢复到各州过去的配额。⑥

应该提到州试中的另外两项发展。早在972年,政府就力图要求举人只在其原籍的州应选(不过他们可以请求放弃)。⑦ 992年曾有人提出意见,认为这项规定常常被违反⑧,1015年再次发出禁令⑨,这都使我们想到居住地问题是引起争议而难以处理的。关于这一点,我们将在以下看到。但是朝廷决心取消比较宽

---

① 例如可参见 1005、1011、1025 诸年的控告。前书 3/7a,14/19a—b,21a—b,22b—23a;《长编》103/6b。
② 《长编》61/19a;《宋会要·选举》14/20b。
③ 具体地说,配额为过去五次州试中考生最高数的十分之五。礼部曾提出十分之三的配额比例,但皇帝决定了较高的数额,"意欲广抡材之路"。
④ 例如,可参看《宋会要·选举》14/20a,20b—21a,24a。
⑤ 见《长编》47/6a,8a,49/5a;《宋会要·选举》14/18b。
⑥ 《长编》120/1a。《宋史》10/9a 载,诏令命各州配额均等。并参见 1067 年关于配额不均的一份控告。见《宋会要·选举》15/17a—b。
⑦ 《长编》14/14a—b。
⑧ 《长编》14/15b—16a。
⑨ 《长编》14/26b。

大的唐代惯例则是明显的。① 其次,正如我们在上面提到的那样,糊名和誊录试卷的办法在11世纪30年代扩大到了州试,因此州试在注重形式和非人格性方面都借鉴了京师考试。

像一条把儒家学说联系在一起的线一样,这些改革的共同主题是提供机会。如果科举真的旨在选拔有教养和有才能的人,就必须从全国吸收人才而避免为有势力者所垄断。我们不必把利他的动机归之于帝王,因为由于实现这项政策而达到对强大家族的控制和帝国在政治上的一体化,是十分实际的目标。我们也不应认为他们正在力图从一切社会阶层中吸收人才,因为当我们现在转到讨论怎样成为应考人的问题时,应该明白他们的意图多少是比较有限的。

考生资格的鉴定

宋高宗(1127—1162年在位)在1149年发布了一道诏令,大致规定了地方官员在决定谁有资格参加考试时所要采取的步骤。② 州县官员通过县学进行工作,要在举行检定考试的那一年(1150年)的2月以前拟定将要参加考试者的名单。县官要取得每一个拟应考人的家庭保证书(家保状),其中提出考生的世系和住处等资料,将它们递交州官转交州学。由州学工作人员核实保证书中的资料并报告教授,然后由教授为考生作保证。这可允许他们参加乡饮酒礼,然后才能参加

---

① 参见《唐摭言》2:17—19关于唐代士人力图在其他的州应选而不在本州应选的记载。
② 《长编》1b/89b—90a;《建炎以来系年要录》160/10a—b。两书的说法有颇大差异,彼此详略互见,但并不矛盾,都用于以下的叙述中。

考试。①

这道诏令是现存的叙述考生名单准备过程的唯一资料。我们从中可以清楚地看到,这过程是复杂费时的,它需要大量人员负责审查其真实性,而且对考生家庭的声望非常重视。但这项叙述没有提到用来评价家庭或个人的标准,而对我们来说,这个问题是关键性的。因为了解宋朝企图怎样"博求俊彦",对于了解科举的社会环境肯定是必不可少的。

关于这一点,翰林学士宋祁(998—1061年)1044年提出的改革科举的建议中为我们透露了消息。② 这项建议中提出,考生资格限于曾在官学中就学至少300天的学生及过去的举人曾在秋季课税到期之前一日为止在学100天者,不过对于独子和伴随离家出外任职官员的亲属有特殊的例外规定。③ 举人一旦应选,他们就被组成每3人为一组的连保小组。如果以后发现了下列7种情况之一,犯者要被充军到边疆,其他2人则不准参加以后两次考试。这7种情况是:

1. 秘密服丧者(隐忧匿服)。

2. 有犯罪的经历者(曾犯刑责)。

3. 有行为不孝不悌的证据者。(按:"不孝不悌迹状彰明。")

4. 曾经违犯规章而两次赎罚者,或曾经违犯规章一次

---

① 那时要求所有的考生或者参加两次这样的典礼,或者在官学就学半年。见前书1b/6a。
② 《宋会要·选举》3/24b—25b。
③ 《宋会要·选举》3/24b—25b,前者如已取得1个官员或取得曾参加过省试的3个举人的担保,可以参加考试。后者可在官员任职地方入学,并利用就学时间取得参加原籍州试的资格。

而未赎罚并曾损害其同地区的公众者①。(按:"故犯条宪,两经赎罪或未经赎罪,为害乡里。")

5. 并非本州居民而伪造户口或冒名顶替他人者。(按:"籍本土,假户冒名。")

6. 父亲或祖父曾犯"十恶"之前四条者②。(按:"祖、父犯十恶四等以上罪。")

7. 为工匠、商人或吏职者③,或曾做过和尚或道士者④。(按:"身是工商、杂类及曾为僧道者。")

最后,地方官员还要调查每个举人的履历,肯定没有上述各种情况。

虽然宋祁的全部建议是批评过去的做法的,并且只被简略地颁布⑤,但他对考生资格的意见反映了3件关切的事情,这3件事已在科举规章中明确地提出。第一,考生不应从事某些不受欢迎的职业。第二,他的住处必须是他自己所说的地方,并且他必须在原籍的州参加考试,除非他有某些可以接受的理由在其他地方应考。第三点,也是最重要的一点是:他必须有良好的品行。

---

① 这些是犯条宪(违犯规章),其惩罚可以减轻为罚款(赎罚)。而第二种情况下的犯条宪,惩罚更为严重,如鞭挞和流放。
② 这是些特别凶恶而应处死刑的罪。前面四恶都涉及某种形式的叛乱。《唐律》(这部法典很少改变地为宋朝所采用)中关于十恶的规定,参见 Wallace Johnson(华莱士·约翰逊),"The T'ang Code: Analysis and Translation of the Oldest Extant Code (A. D. 653), Ch. 1-3"〔《唐律:现存的最古老法典(公元653年)的分析和翻译,一至三卷》〕,宾夕法尼亚大学哲学博士学位论文,1968年,第63—96页。
③ 根据荒木敏一的《宋代科举制度研究》,第78页。我曾采用比较不明确的名词"杂类"来指吏职。
④ 《宋会要·选举》3/25a。(按:以上1—7条括号内所注原文均引自《宋会要辑稿·选举》三之二五。)
⑤ 见第四章。

职业上的禁令

职业上的禁令开始于科举扩大后的几年。983年,据报告近来举人中已包括有许多和尚和道士,因而禁止一切现在和过去的和尚、道士参加考试。① 布告中说,"自今贡举人内有曾为僧道者,并须禁断。其进士举人,只务雕刻之工,罕通湘素之学,不晓经义,何以官人?"② 989年,据报告中书省的一名吏员已获得了学衔,于是又禁止吏员参加考试。③ 而三年后一个范围更广的禁令则把工匠、商人和吏员,以及病人和有犯罪履历者都包括在不准考试之列。④ 然而,这道最后的禁令中有一个漏洞:

> 如工商杂类人内,有奇才异行、卓然不群者,亦许解送。⑤

这些禁令的发布,跨越的时间不到十年,但把它们合起来看却很值得注意,因为所涉及的几类人都是读书人的潜在竞争者。和尚和吏员是两类数量庞大、突出地有文化的人,前者有广大的民间的追随者和寺院产业的财力作后盾,后者具有官僚政治的专门知识和相当大的地方势力。同样地,商人和工匠中的较富有者能发挥巨大的经济力量。然而这些禁令的重要性并不在于它们不许上升为从事这几种职业的家庭,因为它们并非如此。一个人

---

① 《长编》24/21b;《宋会要·选举》3/4b。
② 《长编》24/21b;《宋会要·选举》3/4b。
③ 《文献通考》30:285;31:297;35:332;《长编》30/12a。
④ 《宋会要·选举》14/15b—16a。
⑤ 《宋会要·选举》14/15b—16a。(按:《宋会要》原文引自淳化三年三月二十一日诏。)

的社会背景是没有关系的,至少在政府的心目中是这样。倒不如说,政府所坚持的是那些愿意参加考试的要通过接受教育并采取士人的价值观而成为读书人。政府在文化上的目的是使那些在前一世纪的混乱中崛起的相当粗野的各种各样的官僚贵族文明起来并趋于统一。

这一过程引起了职业地位的变化是并不出人意料的。随着读书人地位的提高,那些从事禁令中的职业者的地位就降低了。宋晞曾经注意到官员经商在宋朝开国之初是为社会所容许的,但到仁宗(1022—1063年在位)统治时已被认为不能容许。① 更加值得注意的是吏员地位的改变,因为在唐代,吏与官、流外与流内的区别虽然重要,但还是界线模糊的,这既由于许多吏员被任命为小官,也由于官员往往由吏职开始其职业生涯。② 宋代禁令的结果是使吏员形成一个单独的阶级,在行政上和社会上与官员相分离。这里引用13世纪的百科全书编纂者马端临的一段话:

> (后世)儒与吏判为二途。儒自许以雅而诋吏为俗……吏自许以通而诮儒为迂……(而上之人又不能立兼收并蓄之法,过有抑扬轻重之意,)于是拘谫不通者一归之儒,放荡无耻者一归之吏,而二途皆不足以得人矣。③

这些禁令的一个引人兴趣的特征是,它们过了一段时间以后就停止了。前述1044年的改革建议中曾经重申这些禁令,但自

---

① 《宋代士大夫》,第3—4页。
② James T. C. Liu, "The Sung Views on the Control of Government Clerks", pp. 327 - 328. 参见《唐摭言》8:88—89 关于一个唐代吏员通过考试的例子。
③ 《文献通考》35:330。

此以后,除了1064年曾附带提到以外①,我所发现的唯一正式提到这些禁令的是在1118年。当时在一份对太监接受学衔的激烈的控告中曾引用989年对吏员的禁令。这份控告完全无效,记载的结尾是:"(今阉官与其隶皆得以登甲科)盖至是祖宗之良法荡然矣。"②这种沉默可能反映了禁令已废弃,或者换句话说,其使用已成例行公事。但不论是哪种情况,我认为禁令的目的已在北宋晚期达到。科举已成为缙绅文化的焦点,学校已成倍增加,以适应教育的更大需要,而科举的日益增加的难度有助于保证准备考试是一项需要专门从事的工作。因此,禁令中的几类人已不再对读书人构成威胁,并且至少对于通过教育和科举达到社会流动的这种希望可以加以鼓励,因为这些努力只会加强读书人当时的统治地位。

居住地条件

与职业的禁令相反,关于居住地的规定看来在宋朝是贯彻始终的。这些规定所面临的基本矛盾是简单的:政府要居民只在原籍的州参加考试,但许多人要迁移,然后力图在他们新到的州应考。虽然这批人也许只占全部考生的一小部分,但他们也为数众多而不能加以忽视,特别是北宋时他们非常明显地聚集在开封。结果是政府的表现极其犹豫,以至于严格的规定与比较宽大的规定交替出现。

把一些著名的家族与某些特定的地方(通常是县)联系起来已是很久以来的惯例。自六朝至唐,都用这些地名或郡望、本望

---

① 《长编》202/1b—2a〔按:治平元年(1064)六月癸卯条引"贡院奏"。〕这是一份建议书,其中提到早先允许"工商杂类有奇才异行者"参加考试的规定。
② 《文献通考》31:297。

来识别家族,例如赵郡李氏或清河张氏等。这些地方并不指某人的居住地,而是指其祖先的家乡,二者往往是不同的。然而,按照姜士彬的意见,"到十世纪时郡望的性质已由传统的氏族标志转变为比较纯粹的地理标志"①。在这种情况下,发生了专门名词的变化:早先具有社会地位优越涵义的名词②,让位给了比较没有评价意义的"本贯"(本地)。

虽然这个新名词主要是表示居住地,但祖先家乡的老概念并未完全消失。当人们迁居到另一个县时,他们的"本贯"仍然不变,他们被认为是暂时居住(寓寄)在新的家乡。这种人很使试官们伤脑筋。

一方面,官员们通常猜想他们是为了利己的理由(较好的受教育机会、较宽的配额等等)而迁居的,因而力图禁止他们参加考试。另一方面,不但这些临时居民为数太多(有时也多有拥有财势的亲戚)而不能加以忽视,而且也得承认,在某种意义上不得不认为他们是永久居民,或者至少该允许他们参加考试。

这一点正是经常引起争论和颁发互相矛盾的诏令的根源所在,因此我们不能发现一套单纯的居住地条件。然而,有3个因素是被认为既有关又重要的。第一个因素是户籍,它要求拥有纳税的一所房子或(和)一块土地。户籍的重要性(即使是对于那些未曾迁移的人)已由1041年的一道诏令所表明。该诏令规定,那些没有住家但现在已购买了应征税的房地产的人和那些有应征

---

① David G. Johnson, *The Medieval Chinese Oligarchy*, p. 203. 郝若贝曾说北宋职业官僚贵族的许多成员利用过郡望并自称是唐代高贵家族的后裔,参见"Transformations of China", pp. 411-422. 不管这些自称的真实性如何,其用途似乎主要是在社会上,因为我未曾在有关科举的文献中看到过提到或用到郡望。
② David G. Johnson, *The Medieval Chinese Oligarchy*, p. 203.

税的房地产但已把它卖掉的人,只要他们有京师品官担保,都允许参加考试。① 我们应该提出这样一个假设,即考生一般是房地产所有人或出身于拥有房地产的家庭。既然购买房地产可以登入户籍,这就是建立临时居住地的必要步骤,而这一点对于试官们是具有重要意义的。然而政府对于这方面并没有一贯的政策。有时有志应考者被禁止离开本地另行登记户籍②;在另一些时候,科举对于那些在过去已经迁居而登记户籍者则是开放的③,甚至对于那些没有户籍的人,只要他们取得特定的担保,也不禁止应考④。

祖坟是第二个因素。它们对科举的主要意义在于能证明某地是某人祖先的家乡,证明他是本地人。当然,这种证明可能是欺骗性的。有一份南宋的控告书中叙述太学生们去往科场竞争比较缓和的州,声称军坟是他们的祖坟。⑤ 在另一个事例中,记载书铺出售葬入世族公墓者的名单,使购买者能伪造家谱,虚报住处。⑥ 但至少在1058年曾有一个机会利用祖坟来帮助使居住地的变更合法化:"凡户贯七年者,若无田舍而有祖、父坟者,并听(参加考试)。"⑦

第三个因素,正如以上引文所提出的,是居住时间的长短。随着科举竞争的愈演愈烈,人们对太学生投机地迁往竞争比较缓

---

① 《宋会要·选举》3/21b—22a。
② 例如,997年禁止在本地以外"权买田产立户"。前书14/19a;《长编》60/17a—b;《文献通考》30:287。
③ 例如可参见《长编》60/17a—18b。
④ 见《宋会要·选举》14/25a—b,15/7b—8b,11a;《长编》83/10a,108/14a,132/15a。
⑤ 《宋会要·选举》b/11b—12a。
⑥ 《宋会要·选举》,1b/17b。
⑦ 《宋会要·选举》,3/36a;《长编》187/6a(按:引文见嘉祐三年三月辛巳条);并见《宋会要·选举》15/7b—8b。

和的地方并在那里参加考试的情况表示了关切。有些人主张回复到古代不流动的状态,要求考生们只在原籍的州参加考试。1222年,右正言袭盖卿坚决认为,只有坚持士人不老是搬家(按:即在原籍应试),国家才能"养多士之心术而厚风俗"①。

但是普遍的意见对迁居比较容忍,因为宋代的官僚贵族社会是很有流动性的。不但官僚们经常带着跟随他们的家属和亲戚迁移,而且正如我们不久就将看到的那样,北宋的开封对全国的士人起着磁石般的作用。而南宋帝国当然充塞着来自北方的流亡士人,他们已不可能回到他们的原籍去了。我们将在第七章中看到,人们对于"游士"(流浪士人)的被认为是不必要的旅行仍然抱着相当轻视的态度,但是对待某个家庭从一处迁往另一处则是比较宽容的。正如一个官员在1177年所写的那样:

> 窃详国家立法务在便民。若民户有愿徙居宽乡者,即合听从其便。(况缘边州郡惟要召集四方人户置产久居,以壮边势,岂有移行禁止、断罪押归之理。)②

品行鉴定

尽管职业和居住地都是宋祁的改革建议中所关心的事,但他的主要目的是要排除任何有犯罪和道德败坏(特别是不孝)履历的人。这种对品行的关心是既不出人意料(大多数机关都有某种

---

① 《宋会要·选举》,1b/34b。《宋会要》将袭盖卿之姓书为"龚",但据昌彼得等的《宋人传记资料索引》六卷(台北:鼎文书局 1974—1976 年版)5:4,497,其姓为"袭",是一个和"龚"字很相像的字。
② 《宋会要·选举》1b/20b。该官员为单夔。

形式的品行鉴定)也并不孤立的。1000 年,一道命令调查所有开封举人的经历的诏令中说:"(自今两京、诸路所解举人,宜先察访行实。)或艺文可采而操履有亏,投书匿名,饰词讪上之类,并严加惩断,勒归乡县课役,永不得就举。"就是说,凡发现任何这一类人,永远不准其参加考试。① 1026 年,一件类似的诏令对官员中的道德缺陷表示了惊恐,并且命令州官考察举人,不许将任何有"邪恶表现"的人往上送。② 1057 年,朝廷又规定县官应检查考生过去的品行,并将其呈报官方。③

关于哪几种行为被认为是特别应受谴责的,可以从科举档案中得到某些概念。不孝或反抗家庭的行为会招致预想得到的严厉谴责。1029 年的一份控告书中叙述了士人伪造亲属关系违法地企图获得开封住处的两件案子。其中一个士人(按:庐州进士王济)把他的哥哥(开封地主)称为父亲,另一个王姓士人(按:名王宇)自称是他所寄居的王济家的成员并把王济家祖先的名字作为他自己祖先的名字。这个违法案件的控告者说:"不顾宪章,换易亲讳,亏损孝行,无甚于兹。"④不大令人预想得到从而更加有趣的是一桩关于 13 名开封举人的案件的结局。这 13 名举人在参加 1014 年的省试失败以后,被控告为只是京师的临时居住者。这些人逃出开封,但被逮捕入狱。然而首相王旦(957—1017 年)反对说,把他们拘捕入狱有损于国家的风俗。宋真宗(997—1022

---

① 《长编》47/4a。(按:即咸平三年四月戊辰条。)
② 《宋会要·选举》15/5a—b。
③ 《长编》18b/13b。官方调查考生的品行以及对"不孝者"、商人、和尚、道士参加考试的禁令也可在《宋史》155/2a—3b(按:即《选举志一》)和《文献通考》30:283 对科举的概述中看到。尽管这种概述未注明年月日,但所述事情实在 1057 年以前。
④ 《宋会要·选举》15/7b。并参见同书 15/3b—4a 对那些逃避在父母丧期不得应试的规定来开封者的控告书。

年在位)在亲自审判中宽恕了这 13 名举人,并将控告他们的人刘溦(是开封本地人,已在考试中被录取)送往远地的州充军,在那里把他看管起来。当这项判决本身受到反对时,真宗提出的理由是:刘溦的控告只是在考试发榜后才提出的,因而是出于私心或不是热心公益(非公心)。① 这一理由引用了我们前面提到过的"公"字,这是有益的,因为它认为为了自私的目的而破坏社会的谐和比诓称是开封居民更坏。

奇怪的是,调查考生过去品行的措施在 1057 年以后就停止了;至少我没有发现过以后的例子。② 可能是品行的必要条件很难实施,所以在以后的年份就不强调了,但几乎可以肯定地说它们仍然是有效的,因为显然没有一个皇帝是会欢迎不道德的考生的。而且,至少保证考生品行端正的最重要方法仍然有效,那就是担保。

至少有 3 种不同的担保在这一或那一时期应用在科举中。一种是举人的连保小组,小组中的每个人都对其他人的经历和(或)行为负责。宋祁建议的 3 人小组实际上是对当时惯例中连保人数的减少,因为 11 世纪初期曾经用过 5 人小组。③ 在南宋时期,连保小组的人数有很大的变动幅度——从 3 人到 20 人不等。担保的重点也有所不同,尽管宋祁所关心的主要是举人的经历,但 12 世纪的官员们更关心考试中的欺骗和粗暴行为。④ 第二种是要求那些被特许参加考试的人提供的担保,

---

① 《宋会要·选举》14/25a—b;《长编》83/9b—10a。作第二次抗议的那个官员也被降级,理由是他的控诉直率地指出刘溦的控告是正确的,表明应负偏袒的责任。
② 我们将在第四章中看到,徽宗时(1101—1106 年)如何力图寻求德行优异之人,但这不是品行鉴定。
③ 《长编》14/22a—b;《宋会要·选举》14/21b—22a。
④ 《长编》5/8a。

例如参加开封州试的开封临时居民,或参加特殊的回避考试的官员亲属,一般都需要获得两个执行级官员的担保,但这些情况并不涉及品行本身,我们将在以后论述,所以这里不对它们作进一步的研究。

第三种担保是前面所引1149年的规定中的家庭保证书(家保状)。家保状由家庭提出而由州学教授(官员)签署。正如荒木敏一所指出的,这些保证书通常也包括社会名流的担保或推荐。① 虽然我们没有看到关于这些保证书的内容的描述,看来其中包括这些传记性的材料:年龄、婚姻状况、居住地(也包括适当的临时居住地)、父亲、祖父、曾祖的名字及其官阶(如果有的话)、关于父母是否还在的说明,以及兄弟人数。② 1186年因有人控告发生伪造亲属关系和居住地的情况,于是也要求鉴定考生的世族支系,证明书上应由考生的还活着的最年长祖先(曾祖)担保。③ 这样规定的目的,与其说是为考生的良好品行提供保证,还不如说是保证考生及其家庭的社会地位,不过在许多情况下,这种区别可能已模糊不清。

探究这些对考生身份担保的社会和政治意义是一个相当有趣的问题。韩明士曾经论证,这些担保起着使地方士绅的政治势力永存的作用,因为担保应由士绅出具,士绅可以拒绝为非士绅出身的人担保。④ 然而,他没有提出证据来证明担保实际上是按

---

① 荒木敏一:《宋代科举制度研究》,第12—18页。
② 这是1148年和1256年官方的进士名册上提供的资料,我们可以设想每个考生都曾编写过这样的传略。参见徐乃昌:《宋元科举三录》。也可看1005年礼部要求考生抄一份"家庭证明书"(家状)放在考卷上的建议。参见《长编》61/18a—19a。
③《宋会要·选举》1b/24a—b。并见同书5/4b—5a。
④ Robert Hymes, "Prominence and Power in Sung China", pp. 55–58. Hartwell, "Transformation of China", p. 49.

第三章 为求致治之具——宋代初期的科举

排他性的方式进行的。① 至少在南宋时期,人数庞大的考生遍及东南的大部分地区,而且轶事文学中有对出身于医生和暴发户商人的非士绅家庭考生的描写②,这都表明取得应考资格既不是独占的特权,也不是对非士绅的读书人不可解决的问题。虽然为了获得担保,对士绅的某些联系无疑是必要的,但是士绅对有出息的士人的支持以及单纯的金钱在获得担保方面和亲戚关系或婚姻关系同样有用。士绅确曾利用科举使自己的势力永存,就像我们将会看到的那样,但是他们做到这一点是通过贯穿于科举中的特权行动,而不是通过对科举进路的控制。

开封的作用

在北宋时期,对于初期诸帝在科举方面的公平和公正的政策有一个明显的例外:开封的士人受到特殊的待遇。开封这个无计划地发展起来的大城市立刻成为繁荣的华北经济和迅速发展的国民经济的中心,正像它在军事上控制着全国一样,它也控制着

---

① 韩明士论点的依据是:福州关于荐或荐举(我还未曾见过把这两个名词用在推荐参加州试的意义上。)的3个参考资料,以及关于一个吉州的学者为鼓励还待获得盛名的那些人而每次考试为若干考生作担保的叙述。然而,这种证据也可作别的解释。首先,既然荐也可用来描述举人的选拔(参见《夷坚志》3.2;11—12,3.11;83—84;《春渚纪闻》1;5),韩明士引证荐举的困难的第二个例子可以理解为适用于州试的选拔,特别是鉴于选拔过程有很大的竞争性。其次,在开头的关于世族的例子中,有七八个人被荐举,但州的举人只有两个,其他的人可能是通过以下第五章中所述的一种特殊初级考试的,因此荐举是举人的选拔。同样地,第三个参考资料中关于人们讨论谁将被推荐给(去)考试可以理解为谁将在考试中应选。谁将在州试中考取是为公众所关心的大事,"唯才能著名者"能考取的事实只能反映出具有最好的教育和文学声望者会在考试中占优势。最后,一个学者不管怎样著名,每次考试能推荐多达几百名读书人,看来只能证明担保条件的宽松而不是排他性的。
② 参见《夷坚志》3.11;83—84;1.11;87;2.14;102。

科举和官僚政治。① 例如,在998年授予51名进士学衔时,开封居民占前14名中的13名,在以后的25名中也占有类似的比例。② 使人有更深印象的是司马光(1019—1086年)在1064年所写的一篇文章中的统计数,其中表明开封在1059、1061和1063年考试的全部进士名额中占1/4到1/3。③ 如果我们把国子监初级考试中的举人包括在内,那么我们会发现京师占有全部进士的一半之多(见表9)。

表9　1059、1061和1063年曾通过开封和国子监考试的进士的百分比

	1059		1061		1063	
	人数	%	人数	%	人数	%
进士总数	165		183		193	
开封府考试	44	26.7%	69	37.7%	66	34.2%
国子监考试	22	13.3%	28	15.3%	30	15.5%
京师考试总数	66	40.0%	97	53.0%	96	49.7%

资料来源:学衔数根据司马光《司马公文集》;《文献通考》32;306

这些考试成绩的取得看来并不是由于开封本地人有杰出的学业成绩,而是反映了移居到那里的人的成绩。柯睿格曾经评论说:

---

① 东京开封在理论上只是四京之一,其他三京是北京大名府,南京应天府,西京河南府。但是正如柯睿格所指出的,其他三京"除了作为官员的头衔和一些其他的仪式上的象征以外,没有首都的作用。"参见 Kracke, "Sung K'ai-feng: Pragmatic Metropolis and Formalistic Capital"(《宋代开封:实际上的大都市和形式上的首都》), in John W. Haeger, ed., *Crisis and Prosperity in Sung China*(《宋代中国的危机与繁荣》), Tucson: University of Arizona Press, 1975, p.49.
②《宋会要·选举》1/6b。洪迈(1123—1202年)的著作被引为这一条的来源。
③ 司马光:《温国文正司马公文集》八十卷(《四部丛刊》本)30/2a—3b。参见第六章关于司马光与欧阳修的辩论的论述,这些数字就引自这场辩论中。

在思想领域,开封本地人的学识和文才似乎在宋代的中国人中并不突出。但是北宋的首都好像比南宋的首都吸引了更多的才智之士。①

这充分说明造成上述情况的原因已超出本书研究的范围,因为这关系到北宋至南宋在政治、社会、军事和经济各方面显然可见的权力的普遍分散。② 我们所关心的却是科举所起的作用,而这是很重要的。

北宋的记载说明,参加开封的初级考试是被认为极其理想的。吕本中(1048—1145年)叙述了关于江南西路南部虔州的一个官员李君行(即李潜,为1064—1067年进士)去京师的故事。他的兄弟和儿子们也想去京师,他们的理由是:"科场近,欲先至京师,贯开封户籍取应。"这使君行颇为震怒,他说:"汝虔州人而贯开封户籍,欲求事君而先欺君可乎?! 宁缓数年,不可行也。"③ 在另一处记载中把李君行描述为"(先生)学问以去利欲为本"④。然而,大多数士人并不像他那样品格高尚,因为我们一再看到关于外地士人不适当地要求在开封居住问题的控告和处理办法⑤。的确,我们以上讨论的关于确定居住地含义的问题是由于士人们要求移居开封并在那里参加考试而引起的。

是什么使开封的考试如此有吸引力? 苏颂(1019—1101年)根据配额的差别来说明:

---

① Kracke, "Sung K'ai-feng", p. 53.
② Hartwell, "Transformations of China"; "Kinship, Status and Region".
③《童蒙训》1:18。(按:卷上,李君行条。)
④《童蒙训》3:15。(按:卷下,李君行先生条。)
⑤《宋会要·选举》3/45b;14/16a,16b,19a,25a—b;15/3b—4a,6a,6b—7a,7b—8b,17b—19a;《长编》60/17a—b;83/9b—10a;95/7a;102/1a;108/14a。

天下州郡举子既以本处人多，解额少，往往竞赴京师，旋求户贯，乡举之弊无甚于此。虽朝廷加以峻文而终不能禁止者，盖此开封府举人不多，解额动以数百人，适所以招来之而使其冒法。①

　　但这种解释并不完全使人信服，因为开封的配额虽然非其他州府可比——1075年的最高数达335名。②但它的考生数也很多。事实上，用来确定举人配额的配额比例，对于开封和国子监始终比对全国其他各地严格。③

　　开封和国子监肯定常常受到皇帝的恩惠。这对它们的考试机遇可能有重大的影响。例如，1008年、1011年和1014年，在开封和宋真宗(997—1022年在位)巡行所经其他各州，都曾举行过特殊的初级考试。④更常见得多的是对开封过去的举人特准免予参加初级考试，允许他们直接进入省试。⑤虽然其他地方如河北(与辽国经常作战之地)、四川和广南也常受到豁免的恩惠，但没有一个能与京师相比。⑥

　　暂且撇开皇帝的恩惠不谈，京师在科举上的成功似乎由于一些不大明显的因素，例如那里的教育质量，特别是人们只能在那样一个社会环境(其中包括有许多主持考试的人)中进行的考试准备。这便是以下这段常被引用的司马光对开封居住问题的解

----

① 《苏魏公文集》七十二卷(《四库全书》本)15/18b。
② 《宋会要·选举》15/22b。
③ 1020年，当一般配额比例为5/10时，开封的配额比例对进士为3/10，对诸科为5/10。1052年，开封和国子监的配额比例都规定为15/100，而全国的配额比例为2/10。据《宋会要·选举》14/20b；15/3b—4a，13a—b，14b。
④ 《宋会要·选举》14/20a，20b—21a，24a。最后两次也包括国子监。
⑤ 《宋会要·选举》15/1b—2a，6b，11a—b，16a—b，21a，22a，23b，24b—25a，26/a—b，27a，27b，28a，28b—29a，30a，30a—b。
⑥ Chaffee, "Education and Examination", pp. 197–203.

释的主旨：

> 国家用人之法，非进士及第者不得美官；非善为诗赋论策者不得及第；非游学京师者不善为诗赋论策。以此之故，四方学者（按：《通考》作"学士"误。）皆弃背乡里，违去二亲，老于京师，不复更归。（其间亦有身负过恶，或隐忧匿服，不敢于乡里取解者，往往私买监牒，妄冒户贯，于京师取解。）①

司马光自己所搜集的 1059 年、1061 年和 1063 年科举的数字对这一论点提供了充分的支持，因为北方、西南和远南（司马光没有提供迅速发展中的东南部的数字）的举人只有 1/30 或更少的比例在那几年科举中获得进士学衔，而开封和国子监的录取比例为 1/6 至 1/4。② 京师的举人胜过其大多数外地同辈这一事实大大有助于说明开封对宋代读书人的吸引力。

然而，开封并不是一切读书人都能进得去的，因为有理由认为，国子监和开封的考试主要是由官员的亲属们参加的，特别是在北宋初期。在 1042 年以前，国子监并非教育任何官员子孙的学校，而是培养"京朝七品以上"官员子孙的学校。③ 当 975 年国子监学生配额定为 70 名时，由于准许京师区举人补充学校空额，前项规则稍微受到突破④，不过这不可能为平民出身的读书人提供许多机会。约在 70 年以后，改革家们批评国子监是这样一个地方，在考试时来此入学者多达千人，这些人在以后却不见了。

---

① 《文献通考》31：291—292。（按：原文见《司马公文集》卷三十《贡院乞逐路取人状》。）并见荒木敏一：《宋代科举制度研究》，第 52 页，及金中枢：《北宋科举制度研究》，《新亚学报》6，No.1（1964）：242—243。
② 司马光：《司马公文集》30/2a—3b。并参见第六章表 19。
③ 《宋史》157/1a。（按：原文见《选举志三》。）
④ 《文献通考》42：395。

而且,国子监的考试是这样普遍地为人们所热衷,以致有许多人假冒七品以上官员的亲属来参加。为了补救这种情况,政府在1042年为平民和低级官员家庭出身的人建立了四门学,通过每年的入学考试(补试)决定其入学资格。① 四门学在1044年为太学所代替。太学立刻发展为京师的首要教育机构。② 但是对高级官员子弟仍然保留"国子"这一类,有时把他们作为国子学的学生,有时则把他们作为特许在太学入学的一类人。③

而开封的府试,则为三类不同的士人所利用。第一类士人的家庭真正是开封本地的,他们之中无疑包含着相当一部分平民出身者。但是既然如我们以上所说,开封本地人并不在开封的考试录取者中扮演重要角色,那些平民士人不可能是很重要的一批人。第二类士人是因其家庭由于政治上的理由来到开封然后定居在那里的,从而使他们有资格参加开封的考试。其中最值得注意的是被郝若贝描述为"职业官僚贵族"而统治着11世纪的行政机构的那一批人。④ 我们猜想他们也在开封的考试中占着支配地位,但他们并不能独占开封的考试,因为第二类人是被考试吸引到开封来的士人。我们在前面已经广泛地讨论过,关于这一类人最有意思的是,在允许他们住下来并参加开封的考试时,总是要求他们提供担保,保证人通常必须或者是他们本州的一位官员,或者是一位京师或朝廷的品官。而且,官员们受限制在每次

---

① 《文献通考》42:395;《宋会要·选举》15/11b—12a;《宋会要·崇儒》1/29a—30a。对愿意参加国子监试者要求在学500天。
② 《文献通考》42:395。
③ 参见李弘祺:《宋朝教育及科举散论,兼评三本有关宋代教育及科举的书》〔《思与言》13 (1975):17—19〕论太学、国子监及国子学之间的混淆的相互关系。
④ Hartwell, "Transformation of China", pp. 405–425. 郝若贝描述这一类人的5个特征的第一点是:他们在"宋朝的主要或次要京都建立其主要住处"。

考试中只能提供一次或至多两次担保。① 虽然关于考生的身份没有限制,但看来很可能保证书主要是为家属、姻亲和朋友出具的。

如果开封的考试像我们已经论述的那样是为官僚家庭的士人所控制的,那么这对于宋朝皇帝力求考试"至公"的政策确实是一个例外。但这是一个有限的例外,因为它虽然对国子监考试,在某种程度上也对开封的考试提供了特权的通路,但我们已经看到这两种考试也具有可与其他地方的州试相比的竞争性。

而且,与以前的朝代相比,北宋一代地方人士参加行政机构的程度之大是值得注意的。例如,我们已在第一章中看到,唐代科举中的登科者大部分来自京师的各学校。与这种背景情况相对照,11世纪中叶开封和国子监在登科者中占40%至50%的比例是适度的。只有当我们前瞻南宋及以后各朝时,我们才能看到,在以集中于京师的官僚贵族统治政府为特征的以前各朝与以地方士绅占优势为特征的以后各朝之间,北宋是一个关键时期。我认为在这种变迁中,宋初诸帝乐意通过科举广揽人才是一个决定性因素。

最后,我们应当指出,随着北宋一代的延续,国子监考试和开封考试中的特权通路至少部分地受到了剥夺。太学的创设不仅为出身卑微的士人提供了进入京师学校之路,而且预示着使大为扩展的太学成为国内优秀的学校和各地学生向往的目标这一趋势。随着太学在11世纪晚期变得更加重要,开封的考试就不大重要了,开封的考试配额从1075年的高峰335名减少到1079年

---

① 例如,这项规定适用的年份为1005—1076年,参见《长编》60/17a—18b;83/10a;95/7a;102/1a;108/14a;132/15a;《宋会要·选举》3/21b—22a,45b;14/25a—b;15/3b—4a,6a,7b—8b,11a,17b—19a。

的 160 名,因而国子监的配额能从 160 名增加到 500 名。① 这是北宋改革家们的业绩。他们有着建立一个公平而有道德的社会的远见,在这个社会中,起主要作用的是学校而不是科举。我们现在将要讨论的正是这些改革家们。

---

① 《宋会要·选举》15/22b。在介于 1075 年与 1079 年之间的年份中,两个配额曾短暂地合并,在以后的 25 年中,它们曾合而又分两次以上。同时,开封的配额减少到 100 名。见同书 15/23a—b,27a。

第四章 植根于学校——北宋晚期的科举

庆历改革

庆历三年（1043年）的夏季，宋帝国处在危机状态中。长期执政的宰相吕夷简在那年春天患了中风，尽管朝廷仍然向他咨询国事，但他已不再处理日常政务了。更为严重的是，西北党项族西夏国的入侵只是在较大范围地动员了兵力以后才被挡住，东北契丹族辽国正在威胁着要破坏维持了四十年的和平，而王伦在宋帝国中部的起义正在向宋朝的统治提出第一次重大的内部挑战。根据《实录》中欧阳修传稿所载：

> 是时，西师久，京东西群盗起，中外骚然。仁宗既进退大臣，欲遂改更诸事。（……后遂下诏劝农桑、兴学校，多所更革。）①

被仁宗提拔到领导岗位上来的一些人是一个特殊的集团。

---

① 引自 James T. C. Liu（刘子健），*Ou-yang Hsiu: An Eleventh Century Confucianist*（《欧阳修：一位十一世纪的儒家》），Stanford：Stanford University Press, 1967, p.41，其中也包括大部分上述资料。〔按：原文引自《神宗实录本传》（墨本）。《重修（神宗）实录·欧阳修传》（朱本）所载，与此稍异。〕

除了韩琦（1008—1075年）这个务实的、贵族出身的北方人是突出的例外以外，他们都是普通的，往往是地方官员出身的南方人。他们的领袖范仲淹（989—1052年）是一位杰出的行政官员，他的勇敢的说教性的政策评论曾使他成为争论的中心，并使他过去不止一次地降职。① 事实上，范仲淹和他的追随者们诸如才气横溢而浮夸的欧阳修、受人尊敬的政治思想家李觏（1009—1059年）、历史学家孙复（997—1057年）以及苛刻的石介（1005—1045年），共同认为儒学的原则可用来改革制度和改进社会，这是他们的显著特点。

因此，不足为怪地，当仁宗按照欧阳修的意见命范仲淹和韩琦提出政策上的建议时，他们并不以什么特别的提议来回答，而提出了十点建议，其中概括地论述了一系列广泛的改革。② 十点建议中的一半（第六至十项）是涉及地方行政方面的，诸如土地开垦、地方民兵、徭役及法令等，而其他各项涉及官员的任用及升迁。最有争议而对我们有重要意义的是第二项和第三项。第二项建议限制恩荫的特权，削减高级官僚可以提名为官的亲属人数。③ 第三项建议改革科举制度。

范仲淹和韩琦不满意有太多的读书人或埋头于写作优雅的诗赋以应付进士考试，或专心于熟记章句以应付注重阐释章句（墨义）的诸科考试，他们建议改变这两类考试的着重点。对于进士考试，他们提出要把习惯上实行的科目次序颠倒过来，主张先

---

① 参见 James T. C. Liu, "An Early Sung Reformer: Fan Chung-yen"（《宋代早期的改革家：范仲淹》），in *Chinese Thought and Institutions*, pp. 105 - 131.
② 参见《长编》141/9a—11a 所载欧阳修的建议及同书 143/1b—14a 所载奏折。
③ 前书 143/4a—5b；陈均：《皇朝编年纲目备要》12：552—553；James T. C. Liu, "Fan Chung-yen".

策论而后诗赋，并且实际上不允许未通过策论考试的考生参加诗赋考试，不过对于已参加过三次考试以上的考生免除这最后一项要求。同样地，对诸科考生除了考章句阐释外，还要考经义。为了支持这种考试重点的改变，他们极力主张任命经书专家为地方官学的教师。最后，为了保证选拔有德行者，他们建议放弃州试中的弥封（糊名）办法，并建议在进士的选拔中考虑考生的道德品质。①

这十点建议提出 5 个月后，在 1044 年 3 月，另一个改革家宋祁（998—1061 年）提出了一份关于科举改革的冗长建议，其中在阐明了早先的一些建议之后，又提出了新的见解。② 在详述考试的正式内容一节中重申了进士和诸科两类考试课程的变革，也反复阐述了在策论考试后淘汰一部分省试考生的决策。③ 在建议废止州试中糊名评分办法的同时，提出了考察一切举人的经历的规定。④

然而，新的是关于学校的规定。所有未设州学的州都要建立州学，有 200 以上学生的州并允许建立县学。教授由财政监督官员（转运使）和县官从当地行政官员中选派，在州学中任教，为期三年。⑤ 最重要的是，士人要参加州试，必须至少在州学中就学 300 天（过去的举人可就学 100 天），如没有就学应由 1 个官员或 3 个曾参加过省试的举人作担保。⑥ 对这些措施的理由，宋祁等

---

① 《长编》143/5b—7b；James T. C. Liu, "Fan Chung-yen"；金中枢：《北宋科举制度研究》,《新亚学报》6, No.1 (1964)：248—253。
② 《宋会要·选举》3/23b—30a。
③ 《宋会要·选举》3/25b—28b。
④ 《宋会要·选举》3/25a—b。参见第三章中关于这些规定的论述。
⑤ 在没有这些官员的地方，可用举人甚至当地的学者，但以取得适当的授权和保证为条件。见前书 3/24b。
⑥ 《宋会要·选举》3/24b—25a 和《宋会要·崇儒》2/4a—b。

人有明确的说明：

> 教不由于学校，士不察于乡里，则不能核名实。有司束以声病，学者专于记诵，则不足以尽人材。此献议者所共以为言也。臣等参考众说，择其便于今者，莫若使士皆土着，而教之于学校，然其(后)州县察其履行，则学者修饬矣。故为立学合保荐送之法。①

接着的一个月，又看到一份进一步的教育建议。这份建议中引用了汉代与唐代的先例，提出要把锡庆院改为太学，因为国子学已不能满足对它提出的教育要求了。②

虽然仁宗对所有这些改革建议书表示同意并完全接受了他们提出的办法，改革竟成为昙花一现。改革家们把信心寄托于道义和皇帝的支持，而不是寄托于劝导说服，表明是无能的政治家，他们很快就疏远了许多身居高位的官员。相反地，这些高官们却善于激起仁宗对改革家们的忠诚和意图产生怀疑。1044年的夏季，范仲淹、欧阳修和另一个主要改革家富弼（1004—1083年）都被派往京师以外，第二年改革计划都被废除。③ 的确，唯一得以幸存的是太学，但即使是它也被去掉了锡庆院的住处，而置于国子监的监督管理之下。④

庆历改革尽管为时短暂，却标志着科举史上一个重要的转折点。认为能够而且应该实行儒学原则来改造社会的思想对于理

---

① 《宋会要·选举》3/23b。（按：原文引宋祁等言。）
② 《文献通考》42:395；《长编》148/14a。关于这种发展的社会意义参见第三章。
③ 《宋会要·选举》3/30a；《长编》147/10a—11a。远在这些改革计划被废除以前的1044年中期，学校对学生居住地的要求已大为降低。参见《宋会要·崇儒》2/3b—4a；《宋会要·选举》15/121a—b。
④ 《文献通考》42:395。

想主义者的青年读书人是有吸引力的,他们把范仲淹看作是值得仿效的英雄。结果,在北宋晚期兴起了两次重要而持久的致力于改革的努力,一次是在11世纪70年代神宗皇帝(1067—1085年在位)及其宰相王安石(1021—1086年)时,另一次是在1100年徽宗皇帝(1100—1126年在位)及其宰相蔡京(1047—1126年)时。我们必须补充说,这两次努力同样也引起了对改革运动的强烈反应,从而使这一时代成为党争剧烈并日益严重的时代。但是对于我们来说,颇有趣味的是,较后的改革家们都同意他们的庆历前辈们的意见,即认为科举是产生较好的官员从而使国家治理得较好的关键。那么怎样能达到这一点呢?通过控制必修课程,更为重要的是,要把选拔与学校联系起来,以便政府能培养和选择天下人才。

课程的变革

在夭折的庆历改革以后,科举依然未变,但改革的计划并未停止。继续改革的势力来源于胡瑗(993—1059年),他是范仲淹的亲密朋友,在两浙西的太湖旁的几所州学中执教多年以后,他被范仲淹带到京师领导新创办的太学。胡瑗幸免于1045年改革家们所遭遇的普遍降职,并且是对在太学就学的青年士子有主要影响的人,尽管这种影响是微弱而有限的。① 的确,他的教学法常常被引为教育改革的缩影,体现了原则与实际应用之间的密切结合:

---

① 据《宋史》432/10b 胡瑗的传记所载,在他主持太学的那些年中,他的学生每十人中有四五人登科。

> 其教人之法,科条纤悉具备。立"经义""治事"二斋:经义则选择其心性疏通,有器局、可任大事者,使之讲明《六经》。治事则一人各治一事,又兼摄一事,如治民以安其生,讲武以御其寇,堰水以利田,算历以明数是也。①

许多曾经参加过改革的人如欧阳修、韩琦、宋祁和富弼(但不包括范仲淹)终于都恢复了掌权的地位,不过他们重新掌权时一般都显然缺乏改革的热情了。欧阳修是部分的例外,因为虽然他在11世纪60年代任宰相时的政策一般是保守的,但1057年当他作为礼部考试的主试官时,由于他的改革热情而同时获得了美名和恶名。没有预先警告,也未曾得到皇帝的允许,他决定改革评分的标准,特别注重策论,对于那些追求当时十分流行于读书人中间的华丽而奇异的写作风格者不予录取。在录取的人中有曾巩(1019—1083年)和苏轼(1037—1101年)、苏辙(1039—1112年)兄弟二人,从而使这次考试成为中国历史上最有名的一次考试。然而,没有录取的考生们被激怒了。一批落第者在街上走上前去跟欧阳修讲话,狠狠地咒骂他,并且有人写了一份他的假讣告,其中重提了他过去生活经历中一些可耻的言论。②

欧阳修的行动被认为引起了科举文体的"变革"。后来在同一年——1057年,发生了若干比较正式的然而类似的变革。考试中增添了补充的问题:对进士考生增加了时事的策问,对诸科考生增加了一般经义的论述。此外,还仿照唐朝的"明经"学衔,

---

① 《宋史》432/10b。(按:《宋史·胡瑗传》无此原文。此引自《宋元学案》卷一,《安定学案·文昭胡安定先生瑗》,北京:中华书局1986年版,第24页。
② 《长编》185/2a,《文献通考》31:290。关于这一事件的详细记载,参见 James T. C. Liu, *Ou-yang Hsiu*, pp. 151-152;并见金中枢:《宋代古文运动之发展研究》,《新亚学报》5, No. 2 (1963):105—109。

采用了同一名称的新学衔。① 它不同于其他诸科学衔之处在于两个重要的方面。第一,虽然它也像其他诸科学衔那样采用经义的阐释,但它同样重视经书的广泛意义(大义)的问题。第二,它把经书分为大经、中经和小经,允许考生在这些经书的若干组合中选择。② 尽管这个新学衔未必形成重要的变革,但它的组成形式可作为未来的楷模。

1067 年,随着新君神宗(1067—1085 年在位)登基,选任王安石为参知政事,并有效地接管了政府,一个改革的新时代开始了。王安石于 1042 年成进士,由于他自己的选择,几乎一直在外地任职。他曾多次拒绝在开封任职的邀请,并赢得了作为正在进行中的改革的主要建议者的值得羡慕的声誉。他的许多"新政"(他的重要而影响深远的改革计划是这样称呼的)涉及经济、国防和地方行政,但像庆历改革一样,他们也把学校和科举置于极为重要的地位。③

1071 年初,在王安石的极力建议下,一道诏令颁布了。它深刻地改变了科举的形式和内容。像范仲淹一样,王安石认为经书及其应用于政治问题应该是科举中头等重要的事,但他的解决办法更为激进。首先,废除了诸科学衔,明经科考生立即进入进士考生的行列,其他学衔的考生则接受 1073 年的考试。其次,进士考试中取消了诗赋。代替诗赋,每个考生要专攻五经(《诗》《书》

---

① 《长编》18b/12b—14a。
② 金中枢:《北宋科举》,第一部分,第 219—220 页。大经为《礼记》《春秋左氏传》;中经为《诗经》《周礼》《仪礼》;小经为《书经》《春秋谷梁传》《春秋公羊传》。
③ James T. C. Liu, *Reform in Sung China: Wang An-shih(1021 - 1086)and His New Policies*(《宋代的改革:王安石及其新政》), Cambridge, Mass.: Harvard University Press, 1959。

《易》《周礼》《礼记》)中的一经,并都要精通《论语》和《孟子》。①

这道诏令的范围予人以深刻的印象,它影响到每一个卷入科举的人。然而,它的效果是不平衡的,因为它的两项规定遭遇到不同的命运。甚至在开始时,它们也是以不同的方式规定的。尽管考试中已完全取消了诗赋,但还采取了特殊的措施以便利诸科考生过渡。不但给他们最后一次机会参加诸科考试,而且当他们参加进士考试时,也把他们分别看作特殊的一类。此外,在1071年的稍后时期,又为过去的诸科考生创设了一个专门的新学衔"新科明法"②。它的重要意义已在后来的记载中指出:1076年授予了这种学衔39名,1079年又授予了146名。③

对诸科考生的这种特殊待遇,其中包含重要的地区性照顾。在神宗以前,南方人已逐渐在进士考试中占优势,结果北方人已专心于诸科考试。因此,诸科学衔的取消可以看作对北方官僚本已岌岌可危的地位的威胁。如果是这样的话,那么上述的特殊规定以及诗赋考试的取消,至少部分地是补偿的措施,因为南方人特别喜爱文学与诗赋是众所周知的。④ 这种地区的平衡事实上已发生,这表现在:包括参加进士考试的过去的诸科考生在内,那些受到特殊照顾者都是来自北方的京东、陕西、河北、河东及京西诸路即整个北方的进士考生。⑤

虽然1071年的改革旨在保持地区平衡,但神宗在1085年的

---

① 《长编》220/1a—2a;《宋会要·选举》3/43b—44b。
② 《宋会要·选举》14/1a。
③ 《宋会要·选举》14/1b。
④ 例如可参见《长编》68/4b—5a;《文献通考》31:295;欧阳修:《欧阳文忠公文集》113/9b。
⑤ 《长编》220/1b。这一项在这道诏令的不大完整的版本《宋会要·选举》3/43b—44a中被省略了。

逝世和接着而来的改革派的失败,使这项改革很快就失效了。1086年,进士考试中恢复了诗赋的考试,而新科明法的学衔名额则减少了。① 1089年,为了有利于北方人,改为将进士学衔分成两类,一类考诗赋,称为诗赋进士,另一类考经义,称为经义进士。② 后者借鉴了早先明经科的大经和中经的概念,要求考生准备二经,以代替1071年诏令所要求的一经。

当改革派在1094年重新掌权时,诗赋又一次被取消,并且在实行"三舍法"的30多年时间内一直如此。③ 1127年,以需要吸收"忠实异才之士"为由,根据1089年的规定重新采用了诗赋。④ 从那时起直到宋末,不仅在科举中继续保留诗赋,而且尽管政府一再鼓励经义考试,诗赋考试始终吸引着大多数考生。⑤

诗赋作为考试课题的这种非常的持久性是由于什么原因呢?很少有学者愿意为诗赋考试作辩护。1071年,甚至是王安石的主要政敌司马光(1019—1086年)也赞成取消诗赋考试。诗赋考试的唯一值得注意的辩护人是苏轼,而他和欧阳修早先曾经提倡过注重策论。正如贺巧治所认为的那样,苏轼可能是害怕考试中谈论政治⑥,对保留诗赋提出了一个有趣的论点。他承认诗赋没有现实意义,但怀疑策论的现实意义,因为归根到底,考试不过是

---

① 《宋会要·选举》3/48b;14/2a。
② 《宋会要·选举》3/50b—51a。
③ 《宋会要·选举》3/55a。
④ 《宋会要·选举》4/17a—b。
⑤ 《宋会要·选举》4/25b,31b—32a;5/13b—14b。第一项参考资料由于其为经义学衔辩护而值得注意。
⑥ George Cecil Hatch(贺巧治),"Biography of Su Shih", in Herbert Franke(傅海波), ed., *Sung Biographies*(《宋代传记》),Wiesbaden:Franz Steiner Verlag GMBH, 1976, pp. 921-922。

一种文学练习而已。① 苏轼的论点虽然当时未受重视,却是有先见之明的,因为使以后几代儒家批评家们大为沮丧的是,考试基本上成了文学练习,即使是策问也按形式而不是按内容评分的。而且,在把文学技巧作为绅士的标志的社会里,诗赋是极为流行的。如果有选择的机会,大部分读书人宁愿选择诗赋而不愿选择经义作为专心攻读的学科。1093年,当诗赋进士与经义进士被认为同等重要的时候,在2 175名太学生中,有2 093名研习诗赋,只有83名研习经义。② 因此,实际的考虑压倒了道德家们的反对,保证了诗赋得以幸存于科举中。

诸科学衔就根本没有这种持久性。1102年,"新科明法"被取消,它的全部配额(原来属于诸科配额)在全国都作为进士配额分配。③ 这标志着专科学衔的实际结束。为什么会这样呢?诗赋和专科学衔都曾受到改革家们的攻击,但二者的重大差别在于后者的狭隘性。司马光曾在1086年评论"新科明法":

> 至于律令敕式,皆当官者所须,何必置明法一科使为士者豫习之?……为士者果能知道义,自与法律冥合。若其不知,但日诵徒流绞斩之书,习锻炼文致之事,为士已成刻薄,从政岂有循良?非所以长育人材、敦厚风俗也。④

通才教育的理想一直很流行,在那时更加占优势,而这对进

---

① *Sung Biographies*, pp. 921-922; James T. C. Liu, *Ou-yang Hsiu*, p. 74; 金中枢:《北宋科举》1:261。
②《宋会要・选举》8/36b—37a。这些是该书提出的数字,计算上显然有错误,因为研习经义者与研习诗赋者合计应为2 176人,而不是2 175人。
③《宋会要・选举》14/4b。这是根据1146年的一份奏折,其中叙述了1102年的行动。
④《文献通考》31:295。(按:司马光原文见《温国文正司马公文集》卷五十二,《起请科场札子》。)

第四章 植根于学校——北宋晚期的科举

士学衔起着有利的作用。进士学衔有着吸收最有才能者的声名,而诸科学衔则被认为仅仅用来选拔那些有很多知识的人。

(当时之人为之语曰:)焚香收进士,瞑目待明经。有设进士试时便设香案,有拜跪之礼;才到明经试时则设棘监守,惟恐他傅义。①

除此之外,进士考试又有作为培养未来大臣之场所的名声②,诸科学衔就无疑地不能幸存了。

在离开这个题目以前,我们应该承认人们在考试科目改革中所遭受的损失。岳珂(1183—1240年)曾叙述了1180年秋季在成都府(四川)举行的一次考试。这次考试中有人指出赋的试题中有一个字的写法跟正式音韵书中不同。在一个工作人员当时指示应该用哪个字形之后,不料第二天遭到一位官员的反对,接着发生了一场骚乱。愤怒的考生们痛打了一个试官并拆毁了一个门说:"试官误我三年,利害不细。"③这个场面很像考生们在1057年咒骂欧阳修的情况,它表明在命题或评分中被察觉有不公正的情形时会引起愤怒。

比较不惹人注目而更为激动人心的是某些人的经历,这些人在多年准备一种考试以后,不能适应新科目的要求。吉州的王庭珪(1079—1171年)叙述了他的几个同时代人对1127年重新采用诗赋作出怎样的反应。刘廷直(1100—1160年)和他的兄弟禹

---

① 吕祖谦:《历代制度详说》十二卷(《四库全书》本)1/13a。(按:台湾影印文渊本第923册第902页。)
② 吕祖谦:《历代制度详说》十二卷(《四库全书》本)1/13a。(按:吕氏原文:"到得本朝待遇不同,进士之科往往皆为将相,皆极通显;至明经之科,不过为学究之类。")
③ 岳珂:《桯史》十五卷(《丛书集成》本)10:81—82。(按:见《万春伶》语条。)

锡改变了研究科目而专心于写赋,二人都获得了进士学衔。① 相反,王鸿志(1081—1106年)认为由于自己的文体太单一,机会已失去,所以放弃了考试。② 暴露得最明显的是刘璪(1096—1168年)的情况。刘璪曾经是攻经义的杰出的太学生,因"不喜为偶俪之文,掉鞅举场辄见黜,自知力与命不谐,不复进取"③。

学校与改革家

当庆历改革家建议要在全国各州(也包括有些县)建立学校时,他们是在遵循着中国历史上的一种古老传统,这一传统却在宋代难以理解地被忽视了。从三代的黄金时代以后历经各个王朝,建立学校的思想一直是中国世袭的思想意识不可分割的一部分。④ 不论支持这些所谓的学校制度的现实制度是什么,统治者想作为道德上的楷模和导师的要求对于德治的概念是十分重要的,正如孟子在支持古代的学校时所论证的那样,"(设为庠序学校以教之。庠者养也,校者教也,序者射也。夏曰校,殷曰序,周曰庠。学则三代共之。)皆所以明人伦也。人伦明于上,小民亲于下"⑤。

饶有兴趣的是,推究初期的宋朝政府相对地不卷入教育是从

---

① 王庭珪:《卢溪文集》46/3b—5a。
② 王庭珪:《卢溪文集》46/10a—12a。
③ 王庭珪:《卢溪文集》46/12a—14a。(按:《卢溪文集》卷四十六,《故刘君德章墓志铭》。刘璪字德章。)
④ 关于古代学校的描述参见《孟子·滕文公章句上》等有关部分及《礼记·学记》。《玉海》102/8a 及《文献通考》46:429—431 详述了早先朝代建立学校的命令,最值得注意的是隋朝第一年和唐朝第七年的命令。
⑤ 按:原文见朱熹:《四书集注·孟子》卷三,《滕文公章句上》,中华书局聚珍仿宋版,3/5b。

第四章 植根于学校——北宋晚期的科举

世袭思想的退却,与两个世纪前从均田制转变到两税法,从而国家不再试图控制土地所有权相类似。无疑地,中央政府的教育活动,其中包括为少数官僚子弟办国子学,对学校和书院供应通过木版印刷术的革命方法生产的成套经书①,以及控制考试科目,都暗示着愿意依靠间接的文化教育领导方法而改变过去的办法。

这样,建立和办理学校的任务就落到了地方官和士人的身上。在10世纪末和11世纪初,当科举的巨大吸引力日益增长的时候,在地方的官学、书院、孔庙(孔子庙、文宣王庙)及寺院学校中都有学生在求学。到1022年,当中央政府拨给兖州(在京东西路)州学资助田10顷(约合151英亩)并为它任命一名教师,从而加强了它对地方教育的干预时②,学校的推广已充分开展。表10是根据包括100多种地方史志在内的各种资料来源编制的宋代学校参考数,其中表明了尽管建立学校的速度最高时期是在仁宗(1022—1063年在位)时代,但其开始增加即使不在其前代皇帝真宗(997—1022年在位)时期以前,也在真宗在位时期。

那么范仲淹的改革有什么重要意义呢?吕思勉对中国历史上大部分时期内是否存在大规模的官学一般是抱怀疑态度的,但他认为范仲淹对士人的居住地要求形成了有助于担任官职的倾向,使官学有了存在的必要理由。③ 我认为这是对为期甚短的改革的夸大。而且,范仲淹的教育计划是否对地方学校的推广具有很大影响是成问题的,因为仁宗时建学的高潮既是改革后的工作

---

① 见《宋会要·崇儒》2/1a—b。这样做的目的似乎不在于增加经书知识,而在于通过官版课本的分发保证课本的准确性。
② 《宋会要·崇儒》2/3a;《长编》99/12a;《文献通考》46/431。
③ 吕思勉:《燕石续札》,上海:上海人民出版社1958年版,第144—152页。又见侯绍文:《唐宋考试制度史》,第82页。侯绍文在叙述宋代科举史的周期性时,描述1043—1126年这一时期的特征是学校与科举"交相消长"。

111

成果,也同样是改革前的工作成果。①

表10 宋代官学——按最早的参考数及每十年参考数编列

时期	州学		县学		学校总数	
	参考数	每十年平均数	参考数	每十年平均数	参考数	每十年平均数
宋代以前	45		52		97	
960—997	6	1.6	10	2.6	16	4.2
998—1021	10	4.2	22	9.2	32	13.4
1022—1063	80	19.0	89	21.2	169	40.2
1064—1085	32	15.0	36	16.4	68	31.4
1086—1100	5	3.3	32	21.3	37	24.6
1101—1126	17	6.5	51	19.6	68	26.1
北宋未注明日期的学校	3		37		40	
北宋总数	153	9.2*	277	16.6*	430	25.8*
1127—1162	13	3.6	49	13.6	62	17.2
1163—1189	7	2.6	22	8.1	29	10.7
1190—1224	5	1.4	29	8.3	34	9.7
1225—1264	4	1.0	25	6.2	29	7.2
1265—1279	2	1.3	5	3.3	7	4.6
南宋总数	31	2.0	130	8.5	161	10.5
宋代未注明日期的学校	5		57		62	
宋代总数	189	5.9*	464	14.5*	653	20.4*
全部学校数	234		516		750	

资料来源:准确的资料来源一览表见 Chaffee, "Education and Examination in Sung Society",附录二。

* 这些数字包括未注明日期的学校。

---

① 寺田刚列举了《长编》中提到的创建于 11 世纪 20 年代和 30 年代的约 42 所经皇帝批准的学校。见《宋代教育史概说》,第 27—31 页。并参见表 11 和 12。

然而,范仲淹的教育计划是重要的,因为它建立了先例并开创了办教育的方法,这种方法到徽宗和蔡京时才实现。吕思勉在这一点上十分正确的,他强调了学校与科举之间的联系,因为这种联系构成了改革教育的关键。改革家们认为德行教育应该构成选拔过程的一部分,并且他们认为对未来的官员的道德训练和实际训练是学校的主要职能。根据一部从1043年末开始的记录中所载,一些未指名的大臣们曾说:

> 自古取士之术皆本于学校。自太平(九七六至一〇八三年,作者注)以来,学校兴矣,(然)未尝设官典教,以重其任。今使士角科举一日之长,岂如素养士于天下也。①

"本"的固有的隐喻意义是很重要的,因为它意味着初期的宋朝政府在教育上的不积极已造成了文化上的不统一,使全国的士人缺乏道德根柢。这种意见的合乎逻辑的结论是把选举的职能赋予学校,因为在学校中可以长期地培养德行和才能。实际上所发生的事情正是这样,而范仲淹的建议可以看作是走向这一目标的第一步。

神宗在位期间(1067—1085年),当先由王安石后由其追随者掌权时,中央政府在教育方面非常积极(这是宋朝政府在地方教育上持续活动的第一个时期)。太学大为扩展,并被分为三舍或三等,从而引入了升级修完学校课程的重要概念。② 王安石认为地方学校规模太小并且人员配备不足。1071年,命各路财政

---

① 《宋会要·崇儒》2/4a。
② 虽然王安石制定了三舍法,但这个制度以前曾由程颢(1032—1085年)和欧阳修提出过。参见寺田刚《宋代教育史概说》,第98—99页。关于这时的太学的描述,参见该书第30—31页。

113

监督官员(转运使)拨给每所学校学田10顷。① 同时,命学校任命教官或教授,特别注重北方京东、陕西、河东、河北及京西诸路教师的任命。② 1074年和1078年规定了任命教师的补充措施,并于1076年开始举行教师的专门考试。③

尽管有这些法令,尽管王安石认为理想上官员应在学校选举④,但由他的"新政"引起的教育发展规模不大,至少在京师以外是这种情况。地方史志上没有史料证明这一时期有另外的学田拨给学校。而且,尽管命令在各州学任命教授,1078年却仅有53名教授(在大约320个州中)。⑤

如果说王安石对地方教育作了什么贡献的话,那就是对教授的任命。这是宋朝政府第一次任命正式的行政级官员到地方学校去担任教师,而这本身就是使地方学校不只是偶尔起作用的机构的一个重要步骤。而且,尽管派给教授的州数相当少,但正如寺田刚所说,这些州都密集在北方。⑥ 这些州中有33个位于华北,只有4个位于两浙和福建。不论其政治动机或结果如何,对教育效果可能是充分重视的,因为大多数教授都派往东南部以外各州,而东南部则素有支持地方学校的牢固传统。

---

① 《宋会要·崇儒》2/5a;《长编》221/5a;《文献通考》46:432。
② 《宋会要·崇儒》2/5a;《长编》220/1a—2b;《文献通考》46:432。
③ 《宋会要·崇儒》2/5a—b;《文献通考》46:432。
④ 例如可参见 H. R. Williamson(威廉森), *Wang An-shih : A Chinese Statesman and Educationalist of the Sung Dynasty*(《王安石:宋代的政治家和教育家》), London: Arthur Probsthain, 1935, p. 337.
⑤ *Wang An-shih : A Chinese Statesman and Educationalist of the Sung Dynasty*, p. 337. 这并不意味着当时只有53所州学。据记载1078年有许多州学没有教授或教官。
⑥ 寺田刚:《宋代教育史概说》,第132页。

三舍法

神宗逝世后的十六年里,中央政府对地方教育表现得并不积极。① 随后,新的中央政府贯彻了一系列影响深远的改革措施。新君徽宗(1100—1126年在位)一度对改革者和反对改革者采取调和折中的态度,但在此之后,选择了蔡京作为他的宰相。蔡京是于1170年在神宗时成进士的。他奏称"兴学为今日先务。(乞天下置学养士)"②。在蔡京的提议下,科举制度被一个统一的、等级制的学校制度所代替。对学校制度赋予了教育学生并从中选择杰出者作为进士的双重职能。虽然三年一次的礼部考试继续举行并继续授予进士学衔③,但考生仅限于太学生,而太学生中除了享特权的国子学生以外,其余都是由州学中升上来的。

学校的等级制实际上有四级:据认为每县都建立的小学、县学、州学、太学。每个学校仿照王安石时代太学所用的模式分为三级或三舍(因此这种制度称为"三舍法")。在太学中,给予外舍位于城南的一个单独的校园,并按照《诗经》中的一节如实地称为"辟雍"。从一级升入另一级,从一校升入另一校,都取决于定期

---

① 这特别是指元祐时期(1086—1094年),当时反改革派掌权,中央政府几乎没有采取关心地方教育的行动。在11世纪90年代晚期,又开始了改革和发展地方学校的活动,最值得注意的是,太学的三舍法组织在1099年被推广到州学,不过直到徽宗时才把所有的学校纳入一个等级制的系统,以代替科举制度。参见《宋会要·崇儒》2/7a;《文献通考》46:432。
② 陈均:《皇朝编年纲目备要》26:1217。(按:崇宁元年十月"置外学,赐名辟雍"条。)
③ 此外,在这些登科人数不多的年份的每一年中,约有30个进士学衔授予通过为上舍生举行的太学考试的学生。参见《宋会要·选举》1/13a—15a。

举行的考试,并需要取得教授和地方官员的担保。① 允许入学的人数和可以进入政界的人数都由配额决定。进入政界有两条途径:或是通过升入上舍并修完上舍的课程,或是参加相当于科举制度的礼部考试的每三年举行一次的考试。② 为了监督管理这种制度,对每一路都派遣了提举学事这一职衔的官员。③

"三舍法"是一项大胆的试验,在范围上几乎无疑地超过11世纪时一切学校的总和。如表10所示,它是大规模地建立官学的最后一个时期,造成了宋代并且可能是中国历史上第一个真正的全国范围的学校系统。政府花费在教育上的财力是空前的,因为曾命令地方政府利用常平仓和户绝田(无继承人的田地)的土地和收入以达到必要的供给水平。④ 总的说来,学校系统从10万顷(150多万英亩)土地上获得收入,并约有20万名学生,全部由国家供应膳宿。⑤ 当时全国约有1亿人口,学生约占总人口的

---

① 《宋会要·崇儒》2/7b—8a;8b—9a。学生从州学升入太学必须由教授、知州、通判和路提举学事担保。
② 关于蔡京提出这个制度并描述其特征的奏折参见前书2/7b—9a。并可参见Kracke, "The Expansion of Educational Opportunity in the Reign of Hui-tsung of the Sung and Its Implications"(《宋徽宗时期教育机会的扩大及其影响》), *Sung Studies Newsletter* 13(1978), pp. 6 - 30.
③ Tilemann Grimm(林懋), "The Inauguration of T'i-chü hsüeh-shih ssu(Education Intendents) During the Northern Sung Dynasty"(《北宋提举学事司的就职典礼》), in *Études Song / Institutions*(《宋史研究丛书·制度》), Paris: Mouton & Co., 1976, pp. 259 - 274.
④ 《宋会要·崇儒》2/7b。
⑤ 官学占有的土地及关于所有的房屋数、收入与支出等其他统计数参见葛胜仲:《淡阳集》二十四卷(《常州先哲遗书》本)1/2a。同一资料提出的1109年非京师学生数为167 622人。其他两种资料提出可比的学生数为:1104年21万人,1116年20余万人。参见秦湘业:《续资治通鉴长编拾补》六十卷,台北:世界书局版,24/15b—16a;《宋大诏令集》157:593。

千分之二,男性总人口的千分之四。①

1104年,政府对"三舍法"做了一项引人兴趣而出人意料的补充,颁布了关于从速教育和提拔品行特优的学生,尤其是那些以"八行"(八种德行)之一闻名的人的规定。② 这些人由乡村推荐和保送到县、州,在那里入学一年。然后将他们保送到太学,在那里允许不经考试进入上舍,审查其有无非正统的观点,然后授予学衔和官职。对于这些人的对立面,即具有"八刑"(也是"八行",但是不同的"行")历史的人也做了规定,即将他们开除出校。③

规定"八行"选举方法的诏令被镌刻在分布全国各地的石碑上④,在实行"三舍法"的大部分时期内继续使用⑤。在寻求优秀人才和圣贤方面,它是改革家们根据德行而不是根据才能录用人才的最极端的企图。很像魏文帝(220—226年在位)建立的,企图根据人们的德行将他们分等的"九品中正制"那样,它对候选人的主观标准和差别待遇使它易被滥用,不过没有达到迅速转变为

---

① 这是利用《宋会要·食货》11/27b—28a 提供的1109年的总户数 20 282 438 计算出来的(按每户5人计算,共1亿多人)。并参见 Ping-ti Ho, "An Estimate of the Total Population of Sung-Chin China", pp. 33 - 53。
② 这八行是孝(孝顺)、弟(兄弟友爱)、睦(对父系亲族友好)、姻(对姻亲的良好关系)、仁(对朋友可信赖)、恤(对邻居同情)、忠(对君上忠诚)、和(在义利之辨中的谐和感觉)。最初的诏令可在《文献通考》46:433 找到。这些定义根据《续资治通鉴长编拾补》27/4a—5a 中在1107年所定的标准。
③《文献通考》42:433。
④《续资治通鉴长编拾补》27/9a,10b。
⑤ "八行"的选举方法虽然在1118年已经减少并且表面已予废除(《宋会要·崇儒》2/29b—30a),但显然仍继续存在,因为1120年曾发布诏令禁止以学校证书发给"八行"学生。参见《宋会要·崇儒》2/30a—b。

地位世袭制的"九品中正制"那样的程度。①

此外,关于调查正统观念及"八刑"的参考文献表明,蔡京及其追随者对于知识分子的控制是和对德行的考查同样关心的。的确,他们的教育计划中有许多地方都表明情况是这样。因为尽管如范仲淹那样的早期改革家们力图论证他们的儒学原则对当代迫切问题的现实意义,但后来的改革家们则坚持必须教授特定的几套原则及其具体应用。② 1068年,王安石曾论证当时需要正统观念:

> 今人材乏少,且其学术不一,一人一义,十人十义。朝廷欲有所为,异论纷然,莫肯承听,此盖朝廷不能一道德故也。故一道德,则修学校;欲修学校,则贡举法不可不变。③

其中有几年,派别活动(对于这种活动的增强,王安石曾经起了很大作用)的浪潮突然高涨,而蔡京在严惩其政敌的同时,还热衷宣传改革家们的政治理想。声名最坏的是对文人的肆意镇压,其中包括查禁"非正统"书籍和大约309人的著作,而在教育方面,则禁止讲授历史④,禁止私人办学⑤,并设立自讼斋(隔离室)

---

① 关于"九品中正制",参见 Patricia Buckley Ebrey(伊佩霞),*The Aristocratic Families of Early Imperial China*(《中国帝制时代早期的贵族门第》),Cambridge: Cambridge University Press, 1978, pp. 17-19. 关于对"八行"制的意见,参见《宋会要·崇儒》2/19b;《续资治通鉴长编拾补》32/9a;《宋大诏令集》157:593。
② 凡有响应"邪说异书"者均禁止担任教职。参见《宋会要·崇儒》2/9a,23a。
③ 《文献通考》31:293。
④ 这是王安石对经书的空想的、反历史的态度遗留的影响,因为他也在科举考试中禁考历史——特别是《春秋》。参见 Hoyt Tillman(田浩),*Utilitarian Confucianism: Ch'en Liang's Challenge to Chu Hsi*(《功利主义儒家:陈亮对朱熹的挑战》),Cambridge, Mass.: Harvard University Press, 1982, pp. 40-53. 关于对徽宗时期缺乏历史教育的抱怨参见《童蒙训》3:30。
⑤ 李心传:《道命录》十卷(《丛书集成》本),卷二。

第四章 植根于学校——北宋晚期的科举

以惩罚表现异端思想的学生①。这些措施如何贯彻是值得怀疑的。大多数著作都得以幸存下来；我们还知道当这些措施正在实行时，仍有一些私学创办起来；而从洪迈的著作中可以看到关于这一时期的"自讼斋"的一些比较温和的叙述。②但这些措施的目的是明确的，并且至少有一项现存的记载证明了它们对于笔试的有害影响：

> 今州县学考试，未校文字精弱，先问时忌有无。苟语涉时忌，虽甚工，不敢取。时忌如曰：休兵以息民；节用以丰财；罢不急之役，清入仕之流；诸如此语。③

即使撇开对知识分子的控制问题不谈，"三舍法"也是问题丛生。有人抱怨教育质量不高、教学不得其法和普遍存在作弊现象。一个评论家以即将成为南宋风尚的孟子风格对考试准备提出控诉：

> 今太学长贰博士居此住者，皆利于养资考求外进也；为之学生者，皆利于岁月而应举也。上下以利相聚，其能长育人材乎？④

然而最大的问题是财政问题。"三舍法"加给地方政府以沉重的财力负担，此外还有许多被贪污的开支。一个南宋的作者在叙述建州（福建）州学的情况时曾评论说："（崇宁）舍选之制隆洽，

---

① 关于对蔡京的行动的详细的、强烈争辩性的谴责，参见 Hartwell, "Historical Analogism, Public Policy, and Social Science in Eleventh and Twelfth Century China"（《中国在十一、十二世纪时的历史类比法、国家政策和社会科学》），*American Historical Review* 76 (1971), p. 715.
② 《夷坚志》1.17:134。
③ 《文献通考》46:433。
④ 《童蒙训》3:26（即卷下）。发表意见的人是范辩叔。关于其他的意见参见《宋会要·崇儒》2/15a, 19a, 19a—b；《宋大诏令集》157:593。《文献通考》46:433。

119

则又斥大而华侈之。"①更为露骨的是1112年的一则记载：

> （……学校方兴之际）监司州县不知朝廷本意，专为育大材。有务为丰腆饮食，其弊至于以实直时估移为市价；务为假借学生，其弊至于犯法害教；多至讼庭，或戾知佐，或侵良民，而不敢问；务为从事外饰，则有枉用钱粮之费；务为申请遗利，则有与民争利之过。②

因此当"三舍法"在1121年废除的时候，这一行动没有遇到什么反对，在南宋时期也没有认真地想恢复它的企图。

改革遗留的影响

如果蔡京的"三舍法"能够得到人们的承认，不但以后的中国教育史会大不相同，而且中国的社会史也会发生深刻的变化。那么它就会产生这样的一批知识分子，他们与政府的联系会密切得多，对政府的控制有更大的敏感性，但也许在社会中一般地较少威信和正统地位。它也会要求有一个不但在教育方面而且在地方士绅的活动方面比南宋和随后各朝更积极得多的政府。

但是人们也可以论证徽宗的计划最后是不能实施的。李弘祺曾经令人信服地论证它是以不可解决的矛盾作为前提的。③一方面，学校要选择一小群学者官僚来统治帝国，这是固有的能人统治的目标。引王安石的话来说：

---

① 《闽中金石志》十四卷（《嘉业堂金石丛书》本）8/26b。（按：见胡寅撰《重建建宁府儒学记》。）
② 《宋会要·崇儒》2/18a。
③ Lee, Thomas H. C., "Education in Sung China", p. 143, 148, pp. 167–168.

第四章　植根于学校——北宋晚期的科举

> 夫人之才，成于专而毁于杂。故先王之处民才，处工于官府，处农于畎亩，处商贾于肆，而处士于庠序，使各专其业而不见异物，惧异物之足以害其业也。①

另一方面，改革家们又求助于《周礼》等著作中关于古代学校的空想的描述，并且似乎真的曾热衷追求普及教育的目标。当然，这样一个目标不但是与他们训练官员的目标相抵触，而且当其设定时在行政上和财政上都是为宋帝国所不能实施的。

由于这些原因和其他的原因（特别是北方的丧失，人们把它归咎于改革家们），改革计划失败了，此后选举不再植根于学校，政府也不再主张垄断教育了。然而改革家们遗留的影响是深远的，因为不论是在他们所做的事情方面，还是在他们所引起的反应方面，都对以后的制度和社会具有持久的影响。

对制度的影响也许是最明显的。在科举方面，王安石废除诸科学衔，使进士学衔成为一切士人孜孜以求的目标，这种情况一直保持到1905年科举停办为止。关于这件事的影响，我们仅能加以推测，因为尽管它除去了到那时为止一直存在着的教育的多样化的一个组成部分（诸科学衔可能声望较低，但是它对于喜欢专攻的题目或记忆的那些人提供了相当好的选择机会），但这种教育上的划一可能是以后700年中支配着中国社会的文士文化的一个必不可少的要素。

关于学校，改革遗留的影响是制度的形成。在11世纪初期，当正式的州学最初出现时往往是由孔庙的学校演变而来②，它们

---

① 引自王云五：《宋元教学思想》，台北：商务印书馆1971年版，第92页。（按：王安石原文见《王文公文集》卷一，《上(仁宗)皇帝万言书》。）
② 例如可参见梁克家：《三山志》12/3a；《闽书》32/10b。

的规章制度很不固定。就学的方式非常多样,因为学生们常常要走相当远的路程去找名师学习。① 而且,官学与官学之间没有制度上的联系;每个官学都由其地方政府支持和管理,行政上并不划一。

到北宋末期,这种情况已完全改变。不仅所有的官学都纳入了全国范围的等级制系统中,而且它们在组织上也有高度的一致性。州学教授成了地方行政机关中受人尊敬的职位,就我们所知,这个职位照例都是派人担任的;学田和对学生的伙食供应已成为常规而不是例外;为了应付对学校教育日益增长的需要,已普遍实行入学考试(补试)。② 事实上,我们已经知道南宋的官学与明清两代的官学在组织和实际布局方面(但不是在教学法方面)形式上相类似,而北宋晚期可以看作是官学制度形成的关键时期。

改革遗留的影响也有消极的方面。我们前面已经指出,改革家们曾力图从科举中加以排除的诗赋,在12世纪20年代重新被采用,而且牢固地把它规定为科举科目的一个主要部分。更加重要的是,从既能评价德行又能评价才能的学校中选举学生的企图已遭失败,重新回到在科举中匿名的原则。这很可能是势所必然的发展,因为随着读书人的增加和竞争更加剧烈,匿名的方法成了至少为保持公平的错觉所必不可少的手段。1048年,一个反对改革的官员以强调考生的质量为由主张恢复糊名和誊录的考

---

① 可举二例:据传说,胡瑗在11世纪30年代晚期曾吸引了1 000多名学生到苏州州学,20年以后经学家周希孟在福州(属福建路)曾有约700名学生。见范成大:《吴郡志》五十卷(《丛书集成》本)4:21;黄宗羲:《宋元学案》一〇〇卷(《四部备要》本)5/10a。
② 关于这些大部分发生在"三舍法"时期的变化的史料,参见 Chaffee, "Education and Examinations in Sung Society", pp. 90 – 100, 148 – 154。

第四章 植根于学校——北宋晚期的科举

试办法:

> 窃见外州解送举人,自来有封弥誊录以前,多采虚誉者,试官别无请托,亦凡取本州曾经荐送旧人,其新人百不取一。自封弥以后,考官不见姓名,则须实考文艺,稍合至公。①

150年以后,礼部尚书许及之(1163年进士)也以公正为理由而赞成匿名考试的办法。但他在这里所说的公正是从考试落选者的观点来看的公正:

> 糊名考校,虽未足以尽得天下之英才,其间老师宿儒穷年皓首,见摈有司而不怨者,服场屋之公也。②

由于在经义讲官的选举中十分重视学校的作用,这使学校与科举相结合的理想并未消失。南宋有些对科举的评论者赞成恢复学校与科举的某种联系,其中最显著的是朱熹在他的《学校贡举私议》中提出的论证。③ 在明清时代,这两个系统是结合在一起的。生员这最低的学衔取得者是官学的学生,而这个学生身份实际上是参加省试的先决条件。④ 但是现实情况与改革家们的预期大不相同。除了明朝初期曾经力图任用著名学者作为官学教师外,官学的主要职能是为生员提供声望和生活供应。⑤ 而且,科举仍然继续单凭书面作业来评分。因此,尽管有这种联系,教学并不植根于官学;教育依然与科举相分离。

---

① 《宋会要·选举》3/31a—b;《长篇》5/13a。
② 《宋会要·选举》5/13a。
③ 程端礼:《程式家塾读书分年日程》三卷(《百部丛刊》本)3/40b—50a。
④ Miyazaki, *China's Examination Hell*, pp. 18-32.
⑤ Ping-ti Ho, *The Ladder of Success in Imperial China*, p.171.

最后还有教育改革所遗留的社会影响,而这是具有重大意义的。尽管宋太宗对科举制度的扩大已使优秀分子参加考试者大为增加,但改革计划却集中注意力于学校与科举,然后又一度只集中注意力于学校。正如我们在上面所指出的,这种情况最终造成了教育上的弊端。并非最不重要的弊端是:当改革者与反对改革者之间在课程和教学法方面开展斗争时,学校带上了政治色彩,特别是在"三舍法"下。

但是"三舍法"也有积极的方面。随着科举由学校掌握和给予学生以生活供应,由于入学而获得的声誉、地位和利益是前所未有的。这一点,我猜想正是我所阅读过的大多数提到就学官学的传记性记载中都描述徽宗时期的原因所在,因为正是那一时期中在官学就学被认为是显著的成就。我们还可以发现当时关于专用于教育的财力物力的评论中带有惊奇的意味。

> 尝闻古之士也,仕而后有禄。今在下之士未仕而以饮食赡之,以俸禄给之,优游以教之,待其成而上副国家之选,此前古未之有也。(士于此时,亦可谓千载一时之盛矣!)①

十年后,徽宗在一道提高全国学校供应定额的诏书中宣称:

> 学校以善养人,设师儒,建黉宇,备膳羞,教天下士,十有二年,道日益明,士日益众,庶几于古。而养士之额,尚循前数,有司拘以定额,士游学校不被教养于学者尚多有之,则野有遗材矣!②

虽然徽宗并不是一个公平的观察家,但他的话是感觉敏锐而

---

① 黄彭年:《畿辅通志》三〇〇卷(1885年版)117/72a—b。(按:此处在卷一一七《学校四》,深泽县条。)
②《宋会要·崇儒》2/24a。

有启示性的,因为"三舍法"及其 20 万学生已形成了一大批士人,这是前所未有的,即至少是从朦胧的古代以来未曾有过的。而且,它已使地方士绅的注意力比以前任何时候更集中于官学和官学所提供的考试和就业训练,这一事实在迅速重建北宋初期被毁坏的学校期间已很明显。

此外,第二章所述的读书人人数的急剧增长,以及随之而来的激烈竞争导致享有特权者尽其所能地用一切办法行使特权,从而使考试失去公平,这两件事都应归因于改革计划,特别应归因于"三舍法"。

南宋的官学

恰在"三舍法"废除五年后,宋朝的整个华北和大约百分之三十五的人口都陷落于女真侵略者。长江以北的广大地区,甚至两浙的许多地方都成了只剩半壁江山的宋朝与新兴的金帝国之间进行持久战的战场。曾经有一个时期,内部的造反使宋朝政府甚至在完全未受战争影响的地区也统治不稳。即使在急迫的危机过去以后(1142 年签订了和约),政府对帝国的统治也已削弱。它面临着对北方难民的供应问题(据一位现代学者估计,难民人数达数百万)①,它必须应付战争和造反造成的普遍破坏。

这些事件至少在起初对学校具有毁灭性的影响。由于财政上的原因,政府对教学人员做了大量削减。② 但更严重的是,许多学校在战争中被摧毁了。叶梦得曾对江南东路北部的建康府

---

① 张家驹:《两宋经济中心的南移》,武汉:湖北人民出版社 1957 年版,第 44—49 页。
② 徽宗时设置的教授职位于 1121 年下令废除;在 1129 年,43 个专设的教授职位已被撤销。见《宋会要·崇儒》2/31a—b,32b—33a。

(即江宁府)遭受金国侵略的影响作了如下描述：

> 建康江左八州之地，于东南为大都会。异时文献甲于他方，旧有学在州之巽隅，更罹兵火，城廓鞠为丘墟，独学官岿然仅存。颓垣败壁，毁厌相借，生徒奔散，博士倚席不讲。①

这种破坏情况还反映在表11所示1127—1162年的数字中。该表所示为64个州学和108个县学的建设活动（建筑、重建、捐款增建）和破坏活动（洪水、火灾、军队或造反者的破坏）。这些学校都有3次以上这种事件的记载。

然而，对学校的这些干扰的影响看来是暂时的。在12世纪的30年代和40年代，学校重建的记载极多；并且，我们上面已经谈到，在1142年，即在与金朝宣布媾和的同一年，中央政府开始实行教育计划。但是最值得注意的是学生在学校恢复工作中所起的作用。在真州(淮南东路)的六合县，学生们在学校被毁后自己造了10间茅屋。② 福州(福建路)连江县和古田县的学生、潭州(荆湖南路)安化县的学生都曾领导当地的学校建设运动。③ 最生动的是以下关于明州情况的记载，那里的官学曾遭破坏。

> 居无黉舍，食无粱肉，水火器皿之用，凡百不备。学者犹且负笈而来，栖于败屋之下，弦诵之声不绝，盖其风俗好学如此。会太守仇公以次对出镇，恭致天子崇儒右文之意。④

---

① 《景定建康志》28/4b—5a。
② 《夷坚志》1.12;92—93。
③ 《闽中金石志》8/11b—12a;《闽书》32/46b;曾国荃:《湖南通志》62/31a—b。
④ 《延祐四明志》13/3a—5b;张津:《乾道四明图经》9/5a—8a。(按:均见李璜《重建州学记》。)

第二年，由于得到政府拨款和地方人士的捐赠，重建学校的款项和材料已经筹集。

表11　64个州学和108个县学的建设活动和破坏活动

时期*	建筑、老建筑物整修翻新和捐款增建记录		洪水、火灾和军队或造反者造成的破坏记录	
	州学	县学	州学	县学
960—997	7	2		
998—1021	11	11		
1022—1040	25	9	1	
1041—1063	30	38	1	1
1064—1085	21	29	1	
1086—1100	15	20		
1101—1126	27	43	3	8
北宋	136	152	6	9
1127—1162	67	92	14	26
(1127—1140)**	(27)	(35)	(12)	(24)
(1141—1162)**	(30)	(34)	(1)	(1)
1163—1189	52	65	2	6
1190—1207	26	36	1	2
1208—1224	26	43	1	1
1225—1240	24	37	3	3
1241—1264	21	41	2	2
1265—1279	9	6	4	8
南宋	225	320	27	48
总计	361	472	33	57

所用资料和学校名单：参见 Chaffee, "Education and Examinations in Sung Society"，附录二。

* 时期按照年号时期编列，在有些情况下把较短的年号时期合并编列。

** 这些小计用来表示南宋初年的学校活动并把那些年份与学校改革的年份即12世纪40年代区别开。小计的合计数不等于1127—1162年的总数，这是因为有些参考资料不够详细，只表明是绍兴年号时期（1131—1162年）。

南宋一代,中央政府显然没有关心地方教育。但主要的例外情况是:在12世纪的40年代,朝廷对重建学校起了积极作用,并一再努力使学校配备具有学衔的教授①,因为正如高宗(1127—1162年在位)在1143年以反问的口气所说:"(五代之季,学校不修,故无名节。)今日若不兴学校,将来安得人才可用耶?"②同年曾要考生在校学习半年或参加两次乡饮酒礼,但没有什么证据表明曾经执行这项规定。③ 在这一时期以后,中央政府对官学的干预看来已经停止了。按照那一代人的意见来看,那时学校质量下降并产生种种弊端,诸如教学工作违反公认的标准、根本不进行教学、浪费收益等。④

但是官学并没有消失。尽管有种种不满的意见和缺少中央政府的关心,官学依然活跃着,事实上比北宋时期更为活跃。表12所示为表11中所列学校除去破坏性事件不计的净建设活动,我们从中可以看出整个南宋时期的活动程度始终高于北宋时期的最高水平。虽然我们承认在后一种资料中有对南宋提供较大数据的倾向,但这一点是明确的,即官学在整个南宋时期仍然积极活动,并没有破坏失修和废弃不用,像传统的解释所坚持认为的那样。

---

① 见《宋会要·崇儒》2/34a—38b。
②《宋会要·崇儒》1/36a。
③《宋会要·选举》16/6a。关于乡饮酒礼的更详细情况见第七章。
④ 例如,朱熹曾讲到南剑州(福建路)的州学受到阴阳学说的影响。见《闽中金石志》9/8b—9a。有关维持地产问题的讨论,参见 Chaffee, "Education and Examinations in Sung Society", pp. 120 - 121, p. 128。

表 12　64 个州学和 108 个县学每十年的建设活动发生率

时期	州学每十年发生率	县学每十年发生率
960—997	1.8	0.5
998—1021	4.6	4.6
1022—1040	13.2	4.7
1041—1063	13.0	16.5
1064—1085	9.5	13.2
1086—1100	5.8	7.7
1101—1126	10.4	16.5
北宋	8.1	9.1
1127—1162	18.6	25.6
(1127—1140)	(19.3)	(25.0)
(1141—1162)	(13.6)	(15.4)
1163—1189	19.2	24.0
1190—1207	14.4	20.0
1208—1224	15.3	25.2
1225—1240	15.0	23.1
1241—1264	8.8	17.1
1265—1279	6.0	4.0
南宋	14.7	20.9
总计	11.3	14.8

然而官学已成为众矢之的。由于参加科举考试的读书人空前增多，县学和州学受到攻击是不足为怪的，因为县学和州学虽然不再与科举有正式的联系，但前者仍然是准备科举考试的中心。① 朱熹曾在 1194 年这样描述了福州（福建路）的规模巨大的

---

① 根据赵升 13 世纪所著关于宋代社会生活的术语汇编，凡已注册为官学学生者，登记参加州试就容易得多。见《朝野类要》2:34。又见《夷坚志》3.7:53 关于湖州州学的一次测验的故事，该故事在第七章中叙述。

129

州学：

> 福州之学，在东南为最盛，弟子员常数百人。比年以来，教养无法，师生相视漠然如路人。以故风俗日衰，士气不作，长老忧之而不能有以救也。①

然而，最使教育评论家们不安的是科举考试的准备和竞争的腐蚀性影响。正如叶适（1150—1223年）所说，如民之就学不为求取知识与智慧，而专为做官，则不能产生健全之社会。② 而照许多人的意见，人们所做的正是为了做官。吏部尚书赵汝愚（1140—1196年）曾在1192年写道：

> （国家恢儒右文，京师、郡县皆有学）庆历（一○四一至一○四八年）以后，文物彬彬。中兴以来，建太学于行都，行贡举于诸郡，然奔竞之风胜，而忠信之俗微。③

而且，科举所引起的竞争是与官学有关的。朱熹曾经这样描述太学的学生：

> 士之有志于义理者既无求于学，其奔趋辐辏而来者，不过为解额之滥、舍选之私而已。④

而13世纪初期的一位地方史志家曾抱怨说，已视学校为官员之商店，科举为士人之职业。⑤

这种批评并不是普遍的。即使有的话，对于面向科举的教育

---

① 朱熹：《朱文公集》80/20b；《闽书》32/12a。（按：均见《福州州学经史阁记》。）他也在对学校和科举的批评中用"行路之人"这个形象来描述太学的情况，见《文献通考》42：433《学校贡举私议》。
② Li Dun J., *The Essence of Chinese Civilization*, p. 167.
③《宋史》157/15a。（按：《宋史·选举志三》引赵汝愚等奏。）
④《文献通考》42/399。（按：引朱子《学校贡举私议》。）
⑤ 卢宪：《嘉定镇江志》二十二卷（《静嘉堂文库》本）11/25b。

第四章 植根于学校——北宋晚期的科举

的攻击,适足以证明这种教育的广泛流行,而官学的工作在使科举考试及格者日益增多方面所取得的成功受到了过多的赞扬。①然而官学的声望无可否认地下降了,如果我们把12世纪晚期的官学与11世纪中叶比较著名的一些学校作一比较的话,尤其可以看出这种情况。教育本身分成了两途,无私地做理性探究的理想把许多学生和士人带向另一个去处,即带向书院。

书院的广布

对南宋时的中国来说,书院并不是新事物。书院和精舍这两个名词在英语中通常都译成"academy"。这二者的创设都早于宋代,它们包括一系列职能,起着学校、书斋和慎思堂的作用。②表13列出了我已发现其参考资料的全部宋代书院,我们从其中可以看出,它们存在于整个宋代。在北宋时期,除了少数著名的官办书院起着很像官学的作用以外,大多数书院似乎是非正式的小型学校或学者的书斋。在南宋时期,虽然非正式的书院仍然很普遍,但其他许多书院都采取了以后成为明代书院的特征的形式,具有产生收益的基金、拿薪金的工作人员以及设有礼堂、讲

---

① 例如可参见《景定建康志》30/14b,20a—21b;孙世昌:《广信府志》二十卷(1683年版)12/3b—5a。
② 精舍与书院的差别不大,但它们的起源却完全不同。书院在唐朝和五代时原是学者的书斋或藏书室;而精舍始于汉朝,当时是指教师接见学生之所,后来被道士所用,作为慎思堂,或为僧人所用,作为藏经室、寺院和乡间隐居之处。精舍在南宋时为新儒学家们所居住,实际上类似书院,不过按照刘子健的意见,它仍然保留宗教信仰的涵义。参见吴曾:《能改斋漫录》十八卷(《笔记小说大观续编》本)3/14a;(按:《漫录》卷四"精舍"条载:"立精舍,烧香读道书,制作符水以疗病。")Liu, James T. C., "How did a Neo-Confucian School Become the State Orthodoxy?"(《新儒学学派怎样成为国家的正统?》), *Philosophy East and West* 23 (1973), p. 494.

131

堂、宿舍和厨房的校园。在这方面,它们很像官学。所不同的在于它们的教育计划:在很大程度上拒绝准备科举考试,而提倡新儒学的自我修养。

这种变化非常重要,其发生大致在孝宗时期(1162—1189)。当时发生了3个重要的有关事件。首先是新书院的建立急剧增加,而且在南宋的以后时期继续保持很高的数量。在地域上,它们出现于每一路(参见表23),但大部分是在土地肥沃而出产丰富的东南部,最显著的是分布在从两浙东路和福建路北部的沿海地区向西延伸到荆湖南路的湘江流域这一广阔的多山地带。

表13 宋代各时期书院参考数

时期	最早参考数	每十年平均参考数
960—997	12	3.2
998—1021	7	2.9
1022—1063	13	3.1
1064—1085	9	4.1
1086—1100	3	2.0
1101—1126	12	4.6
北宋	56	3.4
1127—1162	33	9.2
1163—1189	45	16.7
1190—1224	78	22.3
1225—1264	75	18.8
1265—1279	30	20.0
南宋	261	17.0
时期不一定的	108	
宋代总计	425	13.3

资料来源:Chaffee,"Education and Examinations in Sung Society",附录二。

第四章　植根于学校——北宋晚期的科举

其次,在一些崇奉新儒学的地方官员领导下,一些北宋的著名书院复兴了。1165年,安抚使刘珙(1122—1178年)在潭州(荆湖南部)恢复了岳麓书院,他请年轻而著名的新儒学哲学家张栻(1133—1180年)为书院写了一篇纪念性的文章。① 二十年后在附近的衡州,重建了具有明确的反科举倾向的石鼓书院。该书院的恢复者潘畤(1126—1189年)曾经写道,书院的目的是"将以俟四方之士有志于学,而不屑于课试之业者"②。然而,最著名的是,即使在当时就已被认为主要哲学家的地方行政长官(按:知南康军)朱熹于1179年在南康军恢复了白鹿洞书院。该书院具有朱熹为它制定的关于道德、理性探究和自我修养的教育纲领,很快就成为书院运动的首要象征。③

最后,这些12世纪晚期的书院中,有许多在思想活动方面非常有生气。像朱熹、陆九渊(1139—1193年)、张栻、吕祖谦(1137—1181年)和陈傅良(1137—1203年)等主要思想家都在书院任教,并拥有大批来自相当远的地方的追随者。④ 许多人创建了他们自己的书院,通常都延聘著名学者前来讲课。

12世纪末叶有着许多对教育的批评者,他们常常对当时教

---

① 苏佳嗣:《长沙府志》二十卷(1665年版)4/71a—b。这篇包含岳麓书院在1165年以前的历史的文章也见于张栻:《南轩先生文集》七卷(《丛书集成》本)4/15a—16b。(按:原文见卷四,《潭州重修岳麓书院记》。)
② 《大明一统志》九十卷(1461年版)64/8a。
③ 对这个常为人们所研究的书院的最广泛的资料来源是明代的《白鹿书院志》十七卷(清代出版,第一篇序的日期为1622年)。并参见陈东原:《庐山白鹿洞书院沿革考》,《明铎杂志》7 (1937),第1号,第1—32页;第2号,第1—25页;以及Chaffee, "Chu Hsi and the Revival of the White Deer Grotto Academy"(《朱熹与白鹿洞书院的复兴》),该文为提交1982年7月在夏威夷大学举行的关于朱熹研究的国际会议的论文。
④ 关于这些人及其他主要思想家的著名追随者的广泛地理分布,参见何佑森:《两宋学风的地理分布》,《新亚学报》(1955):331—379。

育与思想领域的倾向吐露出苦恼的心情。张栻曾在1169年写道：

> 盖自异端之说行，而士迷其本真，文采之习胜，而士趋于骞浅，又况平日群居之所从事，不过为觅举谋利耳。①

许多学者对官场和科举生活的奔竞庸俗之风感到厌倦而退隐到僻静的新儒学书院中来。这些书院一般位于乡间的风景胜地，他们在那里可以修养品性，努力"扩大知识"。当然，这种退隐行动是有点非儒学性的，因为它忽视了为君主和社会服务的基本原则。② 然而退隐者怀有强烈的道德热情；朱熹的追随者们所写的一套学校规则并不是不正常的，其中详细规定了要求学生们怎样坐、卧、行、立、视、听、言谈、衣食等的行为规范。③ 性质相似但其虔诚更加引人注目的是以下关于陆九渊在他的应天山精舍（设于江南西路的信州）的教学方式的描述，这种教学方式与前述改革家胡瑗的教学方式形成鲜明的对照：

> 每旦，精舍鸣鼓，则乘山篦至。会揖升讲坐。容色粹然，精神炯然。学者又以一小牌书姓名、年甲，以序揭之，观此以坐。少亦不下数十百，斋肃无哗。首诲以收敛精神，涵养德性，虚心听讲。诸生皆俯首拱听。非徒讲经，每启发人之本心也。间举经语为证，音吐清响，听者无不感动兴起。④

---

① 曾国荃：《湖南通志》66/23a—b。（按：原文见《宋张宣公全集》卷九，《桂阳军学记》。）
② 参见 Liu, James T. C., "How did a Neo-Confucian School Become the State Orthodoxy"〔*Philosophy East and West* 23（1973），p. 497〕一文中论新儒学家退隐的佛教方面和道教方面。
③ 程端蒙和董铢：《程董二先生学则》（《百部丛书集成》本）。
④ 陆九渊：《象山全集》三十六卷（《国学基本丛书》本）。（按：《年谱》淳熙十五年五月条。）

政治影响更为重大的是朱熹及其追随者所提出的主张,他们认为君主政体的政府之道从孟子的时代就已丧失,由11世纪的新儒学家们重新发现而传给了他们这批12世纪的继承者。这种大胆的主张实际上涉及政治的正统性问题,从而引起了强烈的反应,并且至少是引起1195—1200年的"伪学"之争的部分原因。在"伪学"之争中约有59人(其中大部分是但绝非全部是新儒学家)被禁止担任官职,而考生们不得不宣称他们不是信奉"伪学"的学生。①

到南宋中期,科举和书院对读书人提出了显然互相矛盾的两种选择。前者有使人获得声望和权力的希望,但被批评为在道德上和社会上有腐蚀性;后者虽有道德培养和理性探究的纲领,但被批评为在其提倡者中,特别是在那些自称唯一懂得王道的人中助长了高傲气焰。对于个人来说,这种选择正如倪德卫所敏锐地认识到的,是介于求得登科以尽孝与达到自我修养的个人愿望这两条路之间的选择。② 但是从制度的高度上来看,就可以看出更大的矛盾,因为书院与科举(及学校)虽然都自称是经义的权威,但书院为士人所控制,可以代替政府所控制的科举(及学校)。然而有两种因素对这种矛盾起着缓和作用,并使它不致威胁社会和政治秩序。

第一,对科举生活的反对实际上是有限的;对科举所加于教

---

① Conrad Schirokauer(谢康伦):"Neo-Confucians Under Attack: The Condemnation of Wei-hsüeh"(《遭抨击的新儒学家:对"伪学"的谴责》), in *Crisis and Prosperity in Sung China*, pp. 177 – 183.关于一个拒绝作这种誓言的考生的记载,见张世南:《游宦纪闻》9/9b—10a.
② David S. Nivison(倪德卫),"Protests Against Convention and Conventions of Protest"(《对习俗的抗议和抗议的习俗》), in Authur F. Wright, ed., *The Confucian Persuasion*(《儒家》), Stanford: Stanford University Press, 1960, pp. 177 – 201.

育和社会的影响的批评很少扩大到非难科举本身,人们承认科举是必要的。换言之,被认为重要的是一个人如何学习和对待考试。陆九渊应朱熹邀请在白鹿洞书院所作的一次著名讲话中说:

> 科举取士久矣,名儒巨公皆由此出。今为士者,固不能免此。(然场屋之得失,顾其技与有司好恶如何耳,非所以为君子小人之辨也。)而今世以此相尚,使汩没于此,而不能自拔,则终日从事者,虽曰圣贤之书,而要其志之所乡,则与圣贤背而驰者矣。……诚能深思是身,不可使之为小人之归,其于利欲之习,怛焉为之痛心疾首,专志乎义而日勉焉,博学、审问、慎思、明辨而笃行之。由是而进于场屋,其文必皆道其平日之学,胸中之蕴,而不诡于圣人。①

那些与书院有关的人很少完全抛弃官场,这最明显地表现在许多著名的书院教师也曾当过官员。例如,以上所述的那些教师都时而任教,时而做官。② 学生们和落第考生们也可能是时而在书院时而在科场的,虽然这方面的证明材料较少。1196 年要求考生们宣称他们并不是信奉"伪学"的学生,这就含有认为许多考生曾经学习过"伪学"的意思,而从事这种学习的地方必然是书院。这就是说,书院教育的反科举倾向并不妨碍这种教育对科举有用。有些书院采取了折中办法。例如建康府的半官方的明道书院赞成朱熹为白鹿洞书院所定的规则,但留出三分之一的学习

---

① 黄宗羲:《宋元学案》58/136,《象山学案·白鹿洞讲义》。
② 关于这种改变职业的情况,参见 Liu, James T. C., "How did a Neo-Confucian Become the State Orthodoxy", pp. 496 – 497。

时间准备科举考试。①

但是即使书院教育没有多大实际价值,科举考试三年举行一次的定期却使士人完全有可能既在书院读书,又去参加考试。对于熟悉考试科目的成熟的士人来说,准备考试或许只限于举行初级考试的前一年,这给他们留下充裕的时间来做其他的事。既然科举考试为读书人提供了进行旅行的重要理由,而许多书院又明确地欢迎"四方游学之士",京师举行考试的那一年应该是书院最忙的一年。在这一点上,南宋思想界的两件极著名的事——朱熹、陆九渊、吕祖谦等人在信州鹅湖聚首和陆九渊在白鹿洞书院讲学——均发生于京师考试之年(1175年和1181年)可以作为参考。②

有助于减弱书院与科举之间的矛盾的第二个因素是政府力图把书院吸收为官方团体。事实上,在13世纪时,由于政府采取迁就主义,新儒学家们提出的政治挑战已被有效地抵销。对于"伪学"的禁令从来未曾十分有效,而在朱熹逝世两年后的1202年已被解除。在随后几年,朝廷对新儒学的学说在口头上大加赞赏,提拔了崇奉新儒学的官员(但很少提拔到重要职位),并对书院予以鼓励。在其庙号本身就意味着新儒学(理学)的理宗时代(1224—1264年),许多书院接受了皇帝题赠的匾额,并且有些实际上是根据皇帝的命令创办的。③ 甚至官学也受到了影响,我们

---

① 《景定建康志》28/5b—6a。之所以说它是半官方的是由于:地方官员于1174年创建该书院,随后并委派了它的院长,而且该书院也位于城内。然而,它并不是建康府充分发展的官学系统的一部分。

② 关于这些事件的记载,参见 Carson Chang(张君劢),*The Development of Neo-Confucian Thought*(《新儒家思想史》),New Haven: College and University Press,1963, pp. 297-301.

③ 寺田刚列举了20多所按诏令建立的书院。见《宋代教育史概说》,第311—317页。

发现13世纪时有在官学中建立祭堂供奉新儒学大师们和在官学中采用新儒学课本的记载。①

尽管这种矛盾可能已趋缓和,却并未消失,因为对科举所造成的教育方法的不满和新儒学家们对这种不满的反响仍然存在。新儒学书院很适合作为失意士人的退身之处。他们摒弃科举生活,推崇退隐和无私地学习的行为。魏斐德曾经指出:"在宋代,'接近于'对传统思想的异议的坚定的气节与理想主义……结果却成为通常的信仰。"②新儒学家认为道德与自我修养极端重要的信念,以及在其中可进行修养的书院的广布,起着加强士人的道德权威与意志自由的作用。对于许多不能在科场获得成功的读书人,已为他们不依赖于政府机构的学习提供了理论根据。

---

① 例如可参见《临汀志》七卷,载姚广孝编:《永乐大典》,北京:中华书局1960年版,7892/24b—25a,24a—b;《景定建康志》30/10a—13b;罗濬:《宝庆四明志》16/9a—b。
② Frederic Evans Wakeman, "The Price of Autonomy: Intellectuals in Ming and Ching Polities"(《意志自由的代价:明清时期政治生活中的知识分子》, *Daedalas* 101, No. 2 (1972), p. 35.

第五章 公正性的破坏——南宋的科举

中途的考试

南宋的最初十五年,赵氏皇朝正在为争取自己的生存而斗争。宋高宗在他的父亲徽宗和哥哥钦宗(1126—1127年在位)被女真族的金国俘获以后,于二十一岁登位。他必须依靠来自中国中部和东南部各地幸存的朝臣们来进行统治。并且,他不但必须和金国在1129、1134和1138诸年的入侵(1129年的入侵曾远达两浙南部和江南西路中部)作斗争,而且还必须对付军队的叛变、人民的起义、一再发生的财政危机,以及来自北方的大群难民的负担。① 凭借地方民兵和非正规军(往往是改变立场的起义者),杰出的将领如岳飞(1103—1142年)、韩世忠(1089—1151年)和张俊(1086—1154年),以及想安顿下来只控制中国南部的意愿,朝廷度过了危机。随着1138年决定将景色优美的城市临安府

---

① 关于宋朝怎样度过这一时期危急的最初四年,参见 James T. C. Liu, "China's Imperial Power in Mid-Dynastic Crises: The Case in 1127-1130"(《宋朝中期危机中的帝权:1127—1130年的情况》),此文为提交1982年9月在德国举行的关于10—14世纪帝权的行使讨论会的论文。并见张家驹:《两宋经济中心的南移》,武汉:湖北人民出版社1957年版,第41—51页,关于南宋初期移住者群的详细论述。

(北宋的杭州)指定为实际上的京师以及于1142年与金国缔结了和约,残存的帝国恢复了正常的外观。

皇朝的生存是以很高的代价得来的。为了集结抵御金国所必需的兵力和恢复国内的秩序,朝廷必须让军权分散。对宋帝国的残存部分划分成4个指挥系统①,这些系统除了影响到军政以外,还影响到民政,从而形成了大多数官员在其中度过其全部生涯的地区范围②。而且,正是由于朝廷地位的削弱,高宗及其宰相秦桧(1090—1155年)不肯把真正的皇权复兴政策所需要的军人优越地位赋予军人,而代之以遵循宋太祖所确立的抑制杰出将领并坚持以文官控制军人的原则。他们对将领的整肃(其中最显著的是清除岳飞,他随后被杀害于狱中),以及1142年和约中的不平等条款(其中宋朝放弃了淮河以北全部领土的主权),此后一直引起中国历史学家们几乎完全一致的谴责。但是不管人们对这些行动的后果怎样估量,人们必须承认这些行动是符合自始至终成为宋朝统治特征的崇文抑武的原则的。③ 当政府在1143年把岳飞的相当大的住宅拨给太学作为校园时,仅仅是强调了这一

---

① Hartwell,"Transformations of China", pp. 397 - 398. 这4个系统是:(1) 湖广,包括荆湖南路和荆湖北路;(2) 四川,包括成都府路、梓州路、利州路和夔州路;(3) 淮西,包括淮南西路、江南东路和江南西路;(4) 淮东,包括淮南东路、两浙东路、两浙西路和福建路。

② Hartwell,"Transformations of China", pp. 401 - 405.

③ James T. C. Liu, "China's Imperial Power in Mid-Dynastic Crises", pp. 33 - 34; Hellmut Wilhelm(卫德明), "From Myth to Myth: The Case of Yüeh Fei's Biography"(《从虚构到虚构:岳飞传的真相》), in Arthur F. Wright, ed., *Confucianism and Chinese Civilization*(《儒学与中国文明》), Stanford: Stanford University Press, 1975, p. 225. 关于"文官政治"的原则怎样表现在1126—1127年的事件中,参见 John W. Haeger(约翰·W. 海格尔), "1126 - 27: Political Crisis and the Inte-grity of Culture"(《1126—1127年:政治危机与文化的完善》), in *Crisis and Prosperity in Sung China*, pp. 155 - 160。

第五章 公正性的破坏——南宋的科举

原则而已。①

在这整个混乱时期中,科举考试继续举行,不过通常是四年举行一次而不是三年举行一次。② 这是不足为怪的,因为举行科举考试对于宋朝的文治具有重要的象征意义:如果放弃科举,肯定会被优秀分子们看作是承认皇朝的崩溃;反之,如果继续举行科举,则会予人以深刻的印象,因为有许多难以克服的障碍。开封和整个北方地区,甚至许多南方的州,过去的科举档案已经遗失,这使证明考生资格或证实其是否符合免试或取得方便学衔的条件极其困难。③ 北方的士人散处在南方各地,他们往往没有证明文件,必须为他们提供这些证件。另外,还要为参加考试的大量士人安排旅行,解决后勤问题。在档案遗失的各州,依靠个人档案与官员的担保相结合的办法,特别是对于过去的举人。④ 同时,朝廷要求全国各州呈报过去的举人名单和他们的考试证件以及核准的本州配额,因为实际上它的全部档案都已失去了。⑤

对流亡士人要求他们每人取得两个官员的担保,然后才允许参加所在州的州试,但是他们参加的是"流寓试",并不和本地士人一起考试。流寓试于 1156 年中止。设置这种考试的目的是为了使流亡士人免于和本地士人竞争,还是为了使本地士人免于和流亡士人竞争,则并不明确。流寓试起初的录取比例定为每 20 名考生取 1 名举人⑥,这个比例在 1136 年放宽为 15 人取 1 人⑦,

---

① 潜说友:《咸淳临安志》一〇〇卷(1268 年版)11/32a—b。
② 1124、1128、1132、1135、1138 及 1142 诸年都曾授予进士学衔。
③ 关于遗失档案问题参见《宋会要·选举》16/2a—4b。
④《宋会要·选举》16/2a—4b。
⑤《宋会要·选举》16/2b—3a。这项要求是在 1130 年发出的,在极严重的女真族入侵被挡回后不久。
⑥《宋会要·选举》。这是在 1130 年。
⑦《宋会要·选举》16/5a。

141

但据地方史志的史料记载,在12世纪50年代曾用过100人取1人的配额比例,从而使流寓试的竞争程度与州试相似。① 引人兴趣的是,参加流寓试的士人为数颇少;在我已发现参考资料的11个流寓试配额中,有6个是取举人1名,3个是取举人2名,2个是取举人3名。② 因此,至少从数字上看,北方流亡者对南宋科举的影响是极小的。

对举行考试的后勤问题也需要采取非常措施。1127年末,高宗在长江北岸的扬州下令规定次年春的省试不在开封举行,而将配额划分,举人在各路的转运司应考。③ 各路的考试(类试)也在1132年举行过④,直到1135年才恢复省试。而且当时的省试并没有四川的举人参加,他们在成都参加他们自己的考试,从那时直到宋末都是如此。⑤

所以,南宋的科举是以完全分散的方式开始的,而且在恢复和平以后仍然如此,不过分散的程度较小。尽管临安是南方的宝地,并且很快就成了帝国当然的政治和经济中心,但它的493名南宋进士的考试成绩是不入的,在全部州、府中仅列于第十一

---

① 《景定建康志》32/1b—2a关于这一点写得最明确,说明这个比例是由政府下令规定的,但徐硕《至元嘉禾志》三十二卷(1288年手写本)7/6a—b提到南宋初期秀州有75名流亡士人取1人的配额。
② 配额为1名的是江南东路的建康府、太平州和广德郡,两浙西路的秀州、湖州和苏州。配额为2名的是两浙西路的常州和严州,两浙东路的明州。临安府和两浙东路的台州有配额3名。据《宋会要·选举》16/3b;徐硕:《嘉禾志》7/6a—b;谈钥:《吴兴志》二十卷(1201年版)11/2b;龚明之《中吴纪闻》一卷(《丛书集成》本),第6—7页;朱昱《咸淳毗陵志》三十卷(1268年版)11/4a—5a;刘文富:《严州图经》三卷(《丛书集成》本)1∶101—102;《宝庆四明志》2/19b;陈耆卿:《赤城志》四十卷(明万历本)4/10b;《咸淳临安志》56/16b。
③ 《宋会要·选举》4/17b—18a。
④ 《宋会要·选举》4/23a—b。
⑤ 参见第六章关于四川科举的讨论。

位。① 也许这是中国的官僚政治第一次不受以首都为基地的大城市官僚贵族所支配,而是较广泛地从许多繁荣的州中吸收人才。②

为什么临安不像开封那样在科举中占优势呢?伴随着秩序的恢复而来的权力分散是基本原因。在南方的许多地区,官僚贵族家庭只是靠维护其地方势力、组织民兵、为北方难民提供庇护所等等,才得以幸存于12世纪的20年代和30年代。这种安全的保障,特别是和位居高官的危险对比起来,无疑地减少了定居在临安的吸引力。而且,对南方的士人来说,临安比开封近得多,那些在大城市任官的人就不大必要把他们的家庭安置在首都了。

但临安之所以不在科举中占优势,至少部分是政府所推行的政策的结果。像开封一样,临安也吸引了大批士人住下来参加考试,但南宋的士人和早先的士人不同,他们参加的是个别的、竞争极激烈的考试。既称为同文馆试又称为两浙转运司附试或简称为附试的考试,开始举行于1144年,是为家在千里(约合333英里)外的士人而设。③ 到12世纪70年代,这种考试演变为对在临安府的府学和县学就学的外地学生的考试。然而,它的配额的狭小(参见表14)意味着它并未提供对州试的竞争优势;的确,它比少数州试更加困难。北宋的伪造居住地的办法也不能提供很多希望,因为临安的府试配额在1156年只有17名,1234年只增加到19名,1264年只增加到22名。④ 既然政府能够很容易地使

---

① 参见附录三。
② 然而,正如郝若贝曾经指出的那样,京师官员中有显著的地区成分,在1127—1162年,约有41%的高级政务官员来自他称之为长江下游的大区,参见"Transformations of China", p. 404, p. 415。
③《宋会要·选举》16/7a—b。
④《宋会要·选举》15/22b;《咸淳临安志》5b/16b。

143

这两种考试的配额宽大得多,我们必须设想配额是故意地压低的。

表 14 对住在临安的外地考生的附试

年份	考生数	配额	举人/考生比例
1174	87	1	1/87
1177	400	2—3	1/133—1/200
1189	1 311	10	1/131
1195	1 562	10	1/156
1198	1 667	10	1/167
1201	1 449	10	1/145
1204	1 389	10	1/139
1207	1 384	5	1/277
1210	1 069	4	1/267
1213	1 924	7	1/275
1216	1 671	6	1/279
1219	1 993	7	1/285
1222	2 493	10	1/249

资料来源:《宋会要·选举》16/19a—b,21b,25b,28b—29a。

首都在科举中所占位置的这种变化,不论其原因是什么,影响是巨大的。正当科举更加普及从而更有竞争性时,官僚家庭曾经用以促使其子弟通过这种制度——京师考试——的一条主要途径已严重地受到限制。作为对这种情况的反应,他们越来越多地利用荫补,使用各种巧妙的欺骗方法,他们求助于特殊的初级考试并为达到他们自己的目的而暗中破坏这些考试。结果,曾经支持北宋科举的公正性的主张已越来越没有实在意义了。

特殊的初级考试

像一座老房子的增建部分向不固定的方向伸展一样,科举制度在宋朝一代中带来了许多特殊的初级考试。有些特殊的初级考试如上述的流寓试和附试,是为有限的和临时的目的而设置的,虽然附试也具有它自己的生命力。然而,另一些特殊的初级考试是在宋代初期出于对公正性和应选机会的同样关心而建立的,这对科举制度的发展有很大的影响。

人们最担心的是怕试官们偏袒其家族或熟人而使那些没有亲戚关系的人不能考取。997年,监察御史王济(952—1010年)曾警告说:"贡举不严,则权势争前,而孤寒难进。"①他提出的解决办法是在科举中设置两条分开的上升渠道,一条是对朝官的子孙、弟侄,通过国子监的渠道;另一条是对低阶官员的子弟和平民出身的士人,通过解试的渠道。他继续说道:

> 然后升于礼部,第其可否,亦两分之。若然,则权势异途,孤寒自进矣。②

王济的建议使人联想到唐代科举中曾有"校举"考生和"乡贡"考生的区分。这个建议本身从未实施,但把有亲属关系者分开的原则却被接受而体现在为官员和为某些官员的亲属所举行的考试中。遗憾的是,分开的考试证明是助长了不公平的待遇,为平等而制定的把官员的亲属分开考试的政策最后竟造成了显

---

① 《长编》42/5a—b。
② 《长编》42/5a—b。〔按:即《长编》至道三年(997)九月,监察御史王济"上疏陈十事"条。〕

著的不公平。

然而,创设于10世纪80年代的、称为"锁厅试"的对官员举行的初级考试,情况就不是这样。① 看来,政府对那些只是为考中后获得声望或仕途利益而参加考试的官员有些不赞成。1018年的一份奏折中说:"如有官者,则不得与孤寒竞进。"②

锁厅试往往和对官员亲属所设的回避考试联合举行,但锁厅试和回避考试不同③,在锁厅试中,考生如不符最低的检定标准,是要受惩罚的。起初这会带来丢官,但以后减轻为私罪,接着又减轻为只处以罚款。④ 此外,据认为参加考试的官员不应享有名列榜首的荣誉。例如在1148年,一个考中锁厅试的举人的小官董德元,虽然被称赞为写了最好的试卷,却被移到榜上第二名。⑤ 最后,并没有史料表明,锁厅试使它的考生比参加州试者享有很大的竞争优势,而且事实上它的竞争也许更为激烈。⑥

---

① 对官员授予学衔的最早的事例发生于980年,包括4名官员,但最早提到锁厅试是在985年。见前书14/8b。
②《宋会要·选举》14/9a。
③ 1039年和1070年曾下令在开封和各路首府将这两种考试一起举行。参见前书14/11a—b;《长编》125/10a—b;《宋史》155/18a。
④ 丢官(撤职)是在985年规定的。见《宋会要·选举》14/8b。私罪被认为比公罪严重,这是起初在1018年规定,随后于1034年废除的。见前书14/10b,《长编》114/12a—b。罚款额为铜币十斤,规定于1024年。见《宋会要·选举》14/10a。
⑤《宋会要·选举》2/18b;余之桢:《吉安府志》22/17a。
⑥ 侯绍文认为锁厅试的竞争程度要比州试大得多。参见《唐宋考试制度史》,第85页。但我所发现的锁厅试唯一的配额比例是1039年的3/10,这比当时的州试配额比例2/10和1061年的州试配额比例1/10要宽得多。1061年的配额比例在理论上是较有约束性的,但实际上也许不是这样,因为各州虽然根据规定的配额执行,但实际的竞争程度或许大于1/10。见《宋会要·选举》14/11a—12a;《长编》125/10a—b。

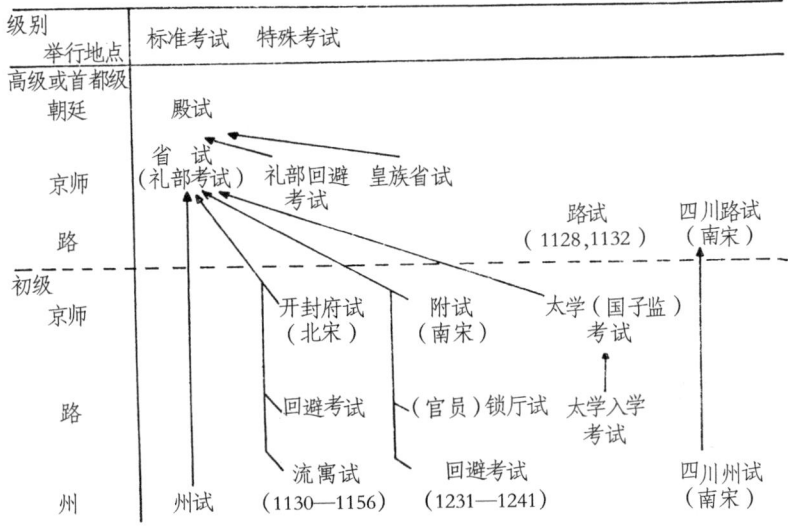

图3 宋代的科举制度

回避考试的出现只稍后于锁厅试。998年对那些同开封和国子监初级考试的考官有关系的考生举行了"别试"(分开的考试)。① 从这个简单的开端起始,具有各种各样名称的回避考试②,扩大到把越来越广的考生范围都包括进去。1037年,规定以下三类人适合参加回避考试:考官的亲属;在原籍州任职的知州的亲属;在离家两千里外任职的官员随带的子孙。③ 1069年,把在考试、监试官家里服务的门客也包括了进去。④

在南宋时期,随着科举竞争的空前激烈和不断加剧,回避考试的规模继续发展,考生人数的记录从两浙1192年的50人和

---

① 《长编》43/9b。
② "别试"和"别头试"是北宋时的标准名称;在南宋时,"牒试"是正式名称,但转运司试和漕试也常见。
③ 《宋会要·选举》15/9b—10a;《长编》112/2b。"亲属"被规定为五服以内的人,实际上,具有共同的高祖的亲属也常包括在内。
④ 《宋会要·选举》15/20b。

147

1195 年的 337 人①,发展到成都府路(四川)1153 年的 3 500 人②和两浙 1241 年的 5 000 人③。早在 12 世纪中叶,人们对回避考试考生人数的庞大就一再表示关切,关于考生的资格问题引起了争论。④ 1165 年有一个建议者抱怨说:

> 且牒试之法,川广之士用此可也,而福建则密迩王都,亦复牒试;见(现)任官用此可也,而待阙得替官一年内亦许牒试;本宗有服亲用此可也,而中表缌麻⑤之亲亦许牒试。(或宛转请求,或通同托嘱,至有待阙得替官一人,而牒十余名者,倘不稍加禁约,窃恐冒滥太甚!)⑥

最后提到的姻亲问题在重视婚姻关系的地方士绅社会里是特别紧要的问题,它曾是 1168 年到 1189 年间相互矛盾的不下四次诏令的主题。⑦

当 1168 年编成回避考试的法规时⑧,符合应试资格者的名单大大长于 1037 年的名单。名单中包括了五类人:(1) 来自四川或广南的官员随带的亲属(不论是父系亲属或母系亲属)⑨,无户籍或去户籍两千里以外者;(2) 四川或广南的有品军官在别处

---

① 《宋会要·选举》1b/29b—30a。
② 《建炎以来朝野杂记》1.13:172—173。(按:见甲集卷十三《避亲牒试》。)
③ 《宋史》156/19b—20a。
④ 参见《宋会要辑稿·选举》4/36b;1b/12b—14a。
⑤ 按:缌麻为古时丧服名,五服中最轻的一种。其服用细麻布制成,服期三月。凡本宗为高祖父母、曾伯叔祖父母、族伯叔父母、族兄弟及未嫁族姊妹,又外姓中为中表兄弟、岳父母等,皆服之。
⑥ 《宋会要辑稿·选举》16/13a—b。
⑦ 1168 年允许这种亲属参加牒试,1180 年禁止参加,1182 年又允许参加,1189 年再次禁止参加。参见前书 16/14b—15a,22b—23a,24b—25a。
⑧ 《宋会要·选举》16/14b—15b。这本法规汇编称为《牒试条法》或《乾道新法》,至少在随后 30 年中用作权威性的法典。
⑨ 从 1171 年以后,还包括福建。见《宋会要·选举》16/17a,22b—23a,24a。

任职者,或别处的有品军官在四川或广南任职者(如上),其子孙;(3)在原籍州任职的知州和通判,其亲戚;(4)路的官员任职的路包括其原籍州者,其亲属,不过必须在相邻的路参加回避考试①;(5)在监察御史(从七品)以上官员家中服务的门客,不过每个官员只限一个门客应试②。回避考试的配额比例定为 1/40。最后一类官员的三等丧服(大功)以内亲属③④,只要由两个京朝官员担保,准许参加太学的初级考试(解试)。

欺骗也在回避考试中起着作用,因为关于士人非法地参加这些考试的控诉很多。⑤ 1163 年的一份奏折中遗憾地说:

> 科举之制,州郡解额狭而举子多,漕司所解其数颇宽。士取应者,往往舍乡贡(按:即州试)而图漕牒(按:即回避考试),至于冒亲戚,诈户籍,而不之恤。⑥

到 1231 年时,这个问题变得非常严重,以致路的回避考试被废除,而将其配额给予配额极有限的各州。⑦ 然而,这个措施被一项附带的规定有效地否定了。那项规定允许有资格参加回避考试的人分别在各州参加考试,并以 50 名取 1 名的宽大配额比例选拔。⑧ 这项即使是修正的措施,执行的时间也很短暂,因为

---

① 受到这种影响的路的各种官员在法规条文中有规定。
② 关于这项规定的较早参考资料参见《宋会要·选举》16/13a,所属时间为 1165 年。
③ 这一等丧服的亲属包括某个人的祖父、伯叔、堂兄弟、所有的孙子,并当然包括父亲、兄弟及儿子。
④ 按:古时丧制,以斩衰、齐衰、大功、小功、缌麻为五服,以亲疏为差等。习惯上以五服以内为亲,五服以外为疏。
⑤ 参见《宋会要·选举》6/47a—48a;1b/13a—b,23b—24a;《夷坚志》1.19:152—153。最后一项参考资料将在第八章中讨论。
⑥《宋会要·选举》4/36b。并参见同书 16/13a—b。
⑦《宋史》156/16a—b。刘宰曾于 1207 年提出类似的改革建议。参见《漫塘文集》13/10a—b。
⑧《宋史》156/16a—b。

1241 年重新设置了回避考试。①

问题的根源在于配额和竞争的差异,因为回避考试的配额比例虽然并不宽裕(在南宋时期,其配额比例为 1/20、1/40 及 1/50 不等),但和州试的 1/100 或更紧的比例相比,是很有吸引力的。这同北宋时期的情况形成鲜明的对照,那时这两类考试的配额比例是大致相等的。② 因此,在有关回避考试的一些奏折和诏令中,主要关心的是怎样限制参加,防止考官偏袒;而回避考试的正式名称已由"别试"改为"牒试"。③ 尽管这种考试继续利用回避的概念以示考试的公正,但其主要职能已变为提供一条科举进路,循这条进路是比较容易的,享有特权的,甚至是光荣的。在 1213 年江南东路的回避考试新试场落成时,受人尊敬的学者兼官员真德秀(1178—1235 年)写道:

> 江东地大人众,才隽间出,数十年间由转运司之试,擢高科登贵仕者数数有之。④

最后一类特殊的初级考试——国子监解试或太学解试⑤,经历了不同的演进过程,但特权也在其中起着主要作用。我们在第三章中已经知道,宋朝初期的国子学是供七品以上官员的子弟读书的,只是在 11 世纪 40 年代创建了四门学和太学以后,才作了容纳低级官员和平民子弟的规定。后来在改革家们的推动下,太

---

① 《宋史》156/19b。
② 林大中(1131—1208 年)很了解这一点,他于 1192 年曾建议使回避考试和州试的配额比例相等,他说:"但比本州取解无异,彼非甚不得已者,亦各归赴乡举。"据《宋会要·选举》16/26b。
③ 按:由官府用公牒送到别处贡院考试,故称"牒试"。参见《中国大百科全书·中国历史·辽宋西夏金史》。
④ 《景定建康志》32/6—7。
⑤ 在建立太学后,这两个名词交替使用。

学成了帝国的首要教育机构,并通过考试对一切士人开放,不过供官员子弟就学的国子学仍然作为太学的附属部分保留着。

太学对它的学生提供了两条入仕的途径。一条途径随着1071年在太学建立三舍法而设置,是在太学内的提升。上舍学生可以参加上舍考试,如果考上了,可直接获得学衔。这种提升称为"释褐"(脱去粗毛编织的衣服),是极有声望而很困难的。除了徽宗时期曾授予300多个这种学衔以外①,很少人能获得它②。

另一条途径是通过考试,而正是在这一条途径上,至少在南宋时期太学生们得到了极大的好处。在北宋的大部分时期内,政府力求使国子监解试的竞争与州试和回避考试的竞争大致相等③,但南宋时太学解试的配额比例保持在1/4与1/5之间,而当时州试的竞争性则急剧增强④。而且,有些太学生还完全免除了省试。在南宋初期,内舍生和上舍生过去曾参加过一定次数的考试的准许免予参加解试和省试。⑤ 一个世纪以后的规定更加宽大,凡在内舍或上舍入学三年以上的学生,可以不参加省试,因而可以有把握地取得进士学衔。⑥

这些好处证明对在正规考试中受挫的士人具有强大的吸引力。朱熹曾写道:

---

① 《文献通考》32:306。
② "释褐"学衔的声望类似一甲进士。参见赵升:《朝野类要》五卷(《丛书集成》本)2:23。
③ 例如,当1042年国子监解试的配额比例为3/10时,州试的配额比例为2/10。见《宋会要·崇儒》1/29a—30a;《长编》111/9a;《宋会要·选举》15/13a—b。
④ 《宋会要·崇儒》6/6b—7a。
⑤ 《宋会要·崇儒》4/23a。这是1131年的事,并显然是为一小群随高宗南渡的太学生所作的规定。但由于它只是对已确定的科举特权的增加而并非新的特权,所以有理由认为这些规定在重建太学于临安以后仍然有效。
⑥ 陈元靓:《士林广记·宋代太学九规》(1699年日文版)。陈元靓的生活年代约为1200至1266年;此书未注明日期。

> 今之士子不安于乡举而争趋太学试者,以其本州解额窄而试者多,太学则解额阔而试者少;(本州只有解试一路,太学则兼有舍选之捷径,又可以智巧而经营也。)①

但正是由于太学的吸引力,也使大多数学生极难获得允许入学。

太学入学考试通常每三年举行一次,每次都在省试后举行。这种考试在南宋时经历了相当大的变化,因为曾经试用过各种不同的确定应考资格的方法。② 在部分时间内曾用"混补"法,允许符合一定条件(如住校或由州学推荐)的任何士人参加考试。由于用这种办法后参加考试的人数过多,导致了在1177年采用一种新的办法,叫作"待补"法。按照待补法,只有举人和州试刚落选的前百分之三(1183年增加到百分之六)的考生可以应试。③ 但是待补法面临着管理问题,并因限制过严而有人抱怨不公正,于是在1202年重新采用"混补"法。④

不管应试的条件怎样确定,太学的入学考试证明是极其普及的。参加的人数从1143年的6 000人⑤发展到1175年的16 000人⑥,1196年的28 000人⑦,以及值得注意的1202年的37 000

---

① 程端礼:《程氏家塾读书分年日程》3/42a。(按:此处原文系直接根据朱熹《晦庵先生文集》卷六十九,《学校贡举私议》校定。)
② 对南宋太学入学考试提供最多信息的资料是专门论述宋代太学的《宋会要·崇儒一》。现代对宋代科举的最佳论述是李弘祺的《宋朝教育》,第22—25页。
③ 《宋会要·崇儒》1/42b。参见《游宦纪闻》2/5b 所述因实行待补法而被排除在考试之外的士人们的意见以及士人对官方认为新办法"比较公正"的论点的嘲笑。
④ 《宋会要·崇儒》1/39a。1163年曾实行第三种方法,即由州直接对太学提出入学学生名单,但这种办法在1166年停止使用。参见前书1/38a—b。
⑤ 《宋会要·崇儒》1/35b。
⑥ 《宋会要·崇儒》1/41a。
⑦ 《宋会要·选举》5/26a—b。

人①。这些考试的持续时间内显然使临安的人数骤增,很难管理,以致1251年在各路的首府分开举行入学考试,不过这种考试显然不能令人满意,因为它以后没有再举行过。② 但是竞争的不断加剧是考试普及最明显的后果。每三年录取入学的人数为两三百人③,在13世纪初的录取比例为1/100或更低,从而与州试的录取比例相等。

但是并不是一切士人都必须费力地通过曲折的入学考试之路以求参加太学解试的,因为那里也像一般考试一样,特权起着极重要的作用。正如我们前面所指出的,在1168年的回避考试法规中,监察御史以上官员的某些亲属允许参加太学解试。这项规定并不是新的,因为允许高级官员的亲属参加国子监考试的类似规定在1130年和1137年曾经有过,并且在1192年还将有这种规定。④ 这些法令的具体要求各不相同:1130年宣布京师的职事官和厘务官的亲属有资格参加⑤;而在1192年,虽然也提到同类官员,但他们的亲属符合条件的较少,厘务官如果是文职,至少必须是京师品官,如果是军职,至少必须是朝廷品官,并且重申了

---

① 《宋会要・崇儒》1/39a;《建炎以来朝野杂记》1.13:179—180。《宋会要・选举》5/26a—b提出的数字为39 000多人。
② 余之桢:《吉安府志》22/42a。
③ 录取的人数视存在的空额数而不同,但我所发现的具体数字都在这个范围内:1143年为300人,1169年为133人,1184年为268人,1214年为247人。见《宋会要・崇儒》1/35b,39b,44a—b,《宋会要・选举》6/22a。
④ 1130年见《建炎以来系年要录》33/11a及《宋会要・选举》16/2a;1137年见《宋会要・选举》15/5a—b及《宋史》156/4b;1193年见《宋会要・选举》16/26b—27a。
⑤ 职事官和厘务官是两个很少见到的名词,其意义和重要性很不明确。二者似乎都是高级现任官员的概括分类,而以职事官更为重要。例如,荒木敏一认为二者都概括地指京师的官员。参见《宋代科举制度研究》,第177—178页。从已经提到的1165—1168年允许有监察御史以上职事官的门客参加回避考试的法规中,可以获得关于职事官的重要性的某些概念。见《宋会要・选举》16/13a,15a。

1160 年的担保规定①。

此外还有"国子学"中的"国子生"。国子学一直是专为官员子弟服务的。在 13 世纪中叶,它的 200 个名额都是留给在朝廷任职官员的子侄或兄弟的。② 一份南宋末期的史料叙述了国子牒试的录取比例为 1/5,大致与太学的录取比例相同。③ 国子牒试或许和值得注意的 1261 年的诏令所涉及的对"胄子"的牒试是同一种考试,这道诏令规定了各种官员可以应试的亲属人数。其中列明了从宰相的亲属 40 人直到临安府通判的亲属 8 人的定额,其他未明确列出的官员有资格应试的亲属为子或孙一人。④不论是这些定额的形式和规模都使人联想到有关荫补的那些诏令。参加这种特殊考试的途径显然是高级官员的特权,它不论和回避或学生过去的成绩简直没有什么关系。

总之,在南宋末期以前,凭特权参加竞争性较小的初级考试有 3 个不同之点:对最高级官员的人数很多的亲属举行类似荫补的国子牒试,并允许主要在京师任职的高级官员的亲属参加太学解试,二者都有很宽的 1/5 至 1/4 的配额比例;对大部分为中等官位的外地官员的亲属举行的考试⑤,使用 1/40 的配额比例,按州试的标准来看,这个比例仍然是宽的。除了对于来自或服务于四川、广南(1171 年后再加福建)的官员以外,构成官僚的大多数

---

① 关于亲属符合应试条件的规定很复杂。就职事官来说,五等丧服以内的同辈亲属和他们同住在一起者及三等丧服以内亲属和他们分开居住者为合格。就釐务官来说,只有四等丧服以内亲属与官员同住者可参加太学考试。见《宋会要·选举》16/26b—27a。
② 陈元靓:《士林广记·宋代太学九规》。《咸淳临安志》11/33b 对咸淳时期(1265—1275 年)举出了 80 名的较低定额。
③ 吴自牧:《梦粱录》4/5a。(按:据《汉书·礼乐志》颜师古注,胄子即国子。)
④ 《宋史》156/21b。在两个极端之间,所列的官员有定额 27 名、20 名、15 名和 10 名。
⑤ 即路的官员、知州、通判和考官的亲属(学衔获得者往往是知州或通判)。

的低级官员的亲属无权参加特殊的考试。那么,从社会观点来看,把州试与那些提供竞争优势的考试分开的界线,并不是官员与平民之间的区分,而是官僚本身之中的区分。官职的报酬是不平等的,特别是当我们考虑到(正如我们现在将要做的那样)在高级考试中特权也起着作用时,更可以看出这一点。

高级考试

当一个举人从他本州来到京师后,大约要花 3 个月的时间应付官僚政治的各种要求、礼仪上的一些场合,而最重要的是两次考试。这两次考试的第一次为省试,是直接从唐朝的礼部考试一脉相传下来的,在宋朝也常常称为礼部考试。第二次考试是皇帝主试的殿试,为宋朝的开国皇帝太祖所创设。殿试较省试时间短并稍微容易,在 1057 年后基本上流于形式,不过那是具有重大象征意义的形式,因为从那年以后,所有参加省试及格的人保证能在殿试中及格,从而使殿试的作用缩小为给预选及格的考生定职位。① 因此,省试成为举人面临的唯一竞争关口。

省试的竞争情况随时期而不同,它取决于两个因素:参加考试的举人数和授予的学衔数。我们已经知道,举人数本身决定于许多解试和不断改变的关于考试的规定。而授予的学衔数则是由皇帝或其主要大臣决定的问题。他们用以下两种办法之一决定授予的学衔数。

宋朝初年,重新确定了每类考试的学衔数,我们已经说过,这曾引起了各类考试之间的很大波动。这种情况逐渐发生了变化。

---

① 《宋史》155/13a。

在关于1005年的考试的记载中,曾提到"大约十取其一"之例外推荐办法,但这个比例或许应该看作是对过去考试结果的叙述,而不应把它看作是规定。① 然而,1034年曾为省试规定2/10的配额比例。② 省试及格者还必须通过殿试。1055年,以400名进士学衔和400名诸科学衔的定额代替了配额比例。③ 此后,曾以这些办法中的一种或另一种来决定授予的学衔数。④ 学衔数仍然发生变动;定额在变更,有时甚至对特殊的考试也要变更定额。⑤ 但总的来说,在高级考试中,学衔数和竞争情况一样保持着稳定。应试举人数和授予学衔数的比例在1086年至1093年为1/9.5,在1109年为1/10。⑥ 南宋时期,配额比例在1127年定为1/14,1163年降到1/17,然后在1175年提高到1/16,从此保持不变。⑦ 省试中竞争程度的这种适度增长与州试的竞争程度形成强烈的对比。我们已在第二章中看到,在南宋时期,州试的录取比例从类似北宋的比例降到1/200或更低。显然,竞争最紧张的地点已从京师移到了各州。

说州试的竞争情况比京师考试更紧张并不是说京师考试16人取1人的机会是好的。如果真的有可能,是有着充分的刺激促使举人们避开省试的,而事实上这对某几类考生是可能的。我们

---

① 《宋会要·选举》3/8b;《长编》67/16b—17a。这个用语出现于真宗与他的一个大臣进行磋商时正当真宗询问通常推荐多少人之后。他们关心的是参加省试考生的庞大人数(在13 000人以上),而不是比率本身。
② 《宋会要·选举》3/17a。
③ 《宋会要·选举》3/8b;《长编》181/10a—11a。
④ 一般地说,在北宋的其余时期都用定额,而在南宋时期则用配额比例。
⑤ 例如,1124年是12世纪以来第一年有公开的解试以代替由学校选拔举人,由于大量举人前来参加省试,而将学衔名额提高了100名。见《宋会要·选举》4/14a;《宋史》155/22a。
⑥ 洪迈:《容斋随笔》4:8/3a;《宋会要·选举》4/6b。
⑦ 《宋会要·选举》4/17b—18a,36:5/3a。

第五章 公正性的破坏——南宋的科举

在上面已经指出,太学中的内舍生和上舍生有时可以直接参加殿试,还提到四川在南宋时期有它自己的省试,不过应该指出的是,四川的配额比例在 1183 年以前为 1/14,此后为 1/16①,很接近正规省试的配额比例。

对皇族(宗子)也给予特殊的省试,至少在南宋时期是这样。在宋朝一代,赵氏皇族的人数成倍地增加,到北宋末年已达数千人②,怎样最好地对待他们这个长期存在的问题,曾引出了不同的政策。根据李攸在北宋末所写的著作,北宋初期大多数皇族中人还是皇帝的相当近的亲属,当时很少准许他们进入行政机构,对他们只限于地位能升高到什么程度。③ 然而,在神宗和徽宗时期,对待他们比较宽大。和皇帝有戴孝的亲属关系者(即在五代以内有祖先当过皇帝者)可以或者通过荫补获得官职,或者参加进士考试。④ 那些关系较远的人根据法令应该住在京师以外,没有荫补的特权,但可以参加称为量试的考试。考生由礼部测验,或考经义,或考法律,及格者获得方便的进士学衔。在徽宗时期,这种考试比进士考试容易,即使是落选的人,经礼部个别训练后仍可获得官位。⑤

在南宋初期,皇族可以通过量试或进士考试上进,但如果他们参加进士考试,是作为特殊和单独的一类来对待的。1145 年,命住在临安的皇族考生参加太学解试,如果他们是官员,按 3/7

---

① 《宋会要·选举》5/3b,5a—b。
② 李攸:《宋朝事实》二十卷,台北:商务印书馆 1975 年版,8:128。
③ 李攸:《宋朝事实》8:127—128。
④ 就北宋来说,在 1049 年、1053 年,以及在 1079 年与 1085 年之间的四次,都有皇族参加进士学衔考试的记载,但参加的人数极少。见《玉海》116/27b—28a。
⑤ 李攸:《宋朝事实》8:128—129。量试在反改革的元祐时期曾被废除,徽宗时加以恢复的主要理由是缺乏上进的机会正在使皇族中不断增加的成员贫困。

的配额比例录取,如不是官员,则按 4/7 的配额比例录取;住在京师以外的皇族考生要参加转运司的回避考试,和官员的亲属一起选拔。① 这种特殊的待遇也扩大到省试。根据宋代历史学家李心传的记载,不论在解试和省试中,对皇族都适用 1/7 的配额比例,不过在淳熙时期(1174—1189 年)省试的比例曾改为 1/10。② 因此,皇族考生主要是并且往往完全是在他们自己之间进行竞争。

虽然我们没有关于南宋大部分时期的量试的资料,但有一套描述 1162—1172 年的量试工作的文献。③ 量试大致与殿试同时举行,其考试科目与正规考试的科目非常相似。每次举行时录取 40 至 50 名,对录取者均授予低级军衔。这些录取者尽管被授予军衔官职,但都称进士,不过他们的地位或许像他们的北宋前辈们那样是方便考试的进士地位。④ 我们曾在第二章中提到,大约从 1190 年开始到 1256 年,皇族进士的人数急剧增长,在 572 名进士中有 76 名是皇族。⑤ 虽然我没有发现有关这种变化的史料,但它完全可能是由于把量试及格的进士作为正规的进士而不是作为方便的进士。

最后还有一种对省试官员的亲属所设的回避考试(别试或别院试)。这种考试起源于 1007 年的考试,当时有一个监考官张士逊(964—1049 年)发现有些应试者与考官有亲属关系,在皇帝的

---

① 《宋会要·选举》16/7b—8a。
② 《建炎以来朝野杂记》1.13:179—180。(按:此处为甲集卷十三《宗室锁试迁官》。)
③ 《宋会要·选举》18/21a—25a。
④ 《宋会要·选举》18/21a—25a。1163 年授予学衔 50 名,1166 年授予 39 名,1169 授予 38 名,1172 年授予 41 名。此外,对过去落选的考生重考了两次,并授予低于对正式量试录取者所授的空衔官职。这种考生在 1166 年有 221 名,1169 年有 8 名。
⑤ 1256 年另有 19 名赵姓进士未确定为皇族。见《宋元科举三录》各处。

支持下,他坚持应将他们分开考试。① 在宋代的大部分时期里,这种考试似乎只起保证回避的作用,但在13世纪时,它有1/7的配额比例(或稍低于省试配额比例的一半)②,那时就有人试图把其他几类举人包括进去。1190年,对担任官职的举人也分开考试③,而在1230年左右,还包括了其他几类人,《宋史》1243年的记载详细叙述了所发生的情况:

> 别院之试,大率士子与试官实有亲嫌者,绍定(一二二八至一二三三年)间,以漕试、胄试④无亲可避者亦许试,或谓时相徇于势要子弟故也;端平(一二三四至一二三六年)初,拨归大院,寒隽便之;淳祐元年(一二四一年),又复赴别院,是使不应避亲之人抑而就此,使天下士子无故析而为二,殊失别试之初意。至是,依端平厘正之,复归大院。⑤

关于使天下士人分裂的评论是揭露性的,因为使宋朝对公正和公平的关心遭受损害的没有比特殊考试更甚了。由于定额上的差别,特殊考试使享有特权的少数人在考试中占竞争优势,事实上确已使士人分为两类或两部分。

特权的范围

我们已经知道,特殊的考试盛行于南宋并为那些有地位高的亲属者提供了一条中进士的比较容易的途径。但特殊考试的重要

---

① 《长编》68/18b—19a。
② 《宋史》156/15b。
③ 《宋史》156/15b。
④ 参见以上"特殊的初级考试"一节中关于类似的胄子牒试的论述。
⑤ 《宋史》156/19b。(按:即《宋史·选举志二》。)

性怎样？它们所占的学衔获得者的比例是多少？这个问题不能精确地回答，因为不论是传记或科名录通常都不详细说明人们参加的考试种类。不过现存的记载可以提供有关这个问题的相当多的资料，特别是如果我们把问题反过来，而问正规考试的重要性如何。

最能说明问题的州试资料是 3 份宋代的举人名录。这 3 份名录中，两份是州的，一份是县的。两个州是：两浙西路的苏州，是个人口稠密、富饶文明的州，具有宋帝国最大的城市之一；江南西路的吉州，是位于赣江畔的繁荣的州，为宋代出进士最多的地方之一。一个县是南剑州的顺昌县，位于福建西部山区。这些名录的时间跨度各不相同：顺昌县是 1126—1174 年①，苏州是 1148—1274 年②，而吉州是 1058—1274 年，加上它的一个县是 979—1052 年③。然而它们同样都只列州试中考取的举人。④ 把这些名录与同一些地方的进士名录相比较，我们可以确定曾经通过州试而不是通过某种特殊考试的进士的人数和百分比。表 15 表明这种比较的结果，表中所列吉州的数字只利用其名录的南宋部分。

进士在州试举人名录中所占的百分比是巨大的，并且有理由认为它在实际上还要大。顺昌县在 1127 年登科的 4 名进士中有两名未列为举人，完全有可能是 1126 年以前的举人。如将这两名进士从进士总数中除去不算，表 15 最后一栏中的百分比应为 83.3。当然，

---

① 《闽书》103/15 及以后各页。
② 《江苏金石志》二十四卷(1927 年版)10/6a—13a。
③ 陶成编：《江西通志》一百六十二卷(1732 年版)第四十九至五十一卷；刘绎：《吉安府志》五十卷(1876 年版)第二十二卷。前者是我用于以下各表的资料来源。
④ 每次考试的姓名数极其接近各州配额。就苏州来说，这种符合的程度几乎是精确的，而吉州的名单列数一般略低于配额，但仍然接近。参见 Chaffee, "Education and Examinations in Sung Society(960 - 1279)", p. 255.

第五章　公正性的破坏——南宋的科举

顺昌县的数目太小,没有很大的意义,但吉州和苏州的情况就不是这样。表16给出了各个时期中进士数对州试举人数的百分比,我们从中可以看到,在12世纪的大部分时间内,吉州的百分比比得上顺昌县,但它在南宋末期急剧地降低了。相反,苏州的百分比远低于吉州,但从12世纪末期起持续上升。

表15　列入州试举人名录中的进士所占百分比

	包括的时期	举人总数	进士总数	曾经是举人的进士	占全部进士数的百分比
顺昌县(a)	1126—1169*	85	14	10	71.4
吉州(b)	1127—1279	2 798**	661	406	61.4
苏州(c)	1147—1259	475***	252	57	22.6

资料来源:(a)《闽书》103/16b及以下各页。(b)陶成:《江西通志》第四十九至五十一卷。19世纪刘绎所编《吉安府志》有较长的进士和举人名录,但利用它们产生了类似的结果。从举人一栏起横读,其数字为3 013;759;466;58.8%。(c)进士数据范成大《吴郡志》第二十八卷,举人数据《江苏金石志》10/6a—13a。卢熊《苏州府志》五十卷(一三七九年版)第十二卷对相同年份列有较多的进士数。利用该书资料得出的数字为475;297;58;19.5。

*顺昌县的举人名录实际上一直延续到1174年,但进士名录则于1169年截止。因此这里用了这个截止时期。
**举人名录中共有2 872名,但其中67名是太学入学考试及格者;4名是流寓试及格者,3名是回避考试及格者。这些人都未包括在内。
***其中包括了8名未注明录取的确切时期但在1147年前的绍兴年间(1131—1162年)考试的举人。由于原文脱漏,475名举人中只有402名可以肯定地认出。所以,曾经是州试举人的进士数,无疑地大于所列的57名,但即使有疑问的举人都已成为进士,百分比仍然只有51.5%。

关于州试的重要性变动的地区特征,将在下章论述。这里我们只能指出使苏州和吉州形成这种迥然不同的经历的社会政治差别。苏州不仅是极富饶的城市中心,而且在政治上也很重要,它在宋朝一代产生了不下12个宰相和副宰相。① 但与东南部的

① 周藤吉之:《宋代史研究》,第10—25页。

其他各州相比,它的进士人数并不特别多,而更重要的是,它在南宋时的12—13名配额及考生总数(据记载在13世纪时为2 000人)都是非常少的。① 这种情况似乎表明少数有权势的地位很高的官僚贵族的成员基本上都能参加特殊的初级考试。郝若贝曾根据苏州的例子论证新建立的地方官僚贵族家庭因有限的州试定额而增强了势力,因为它们"控制着那些狭隘通道的进路"②。我倒认为苏州官僚贵族的势力最明显地表现在它的不断参加特殊的初级考试,它在这方面是独特的。

表16 列入吉州和苏州州试举人名录的南宋进士所占百分比

时期	吉州		苏州	
	进士数	曾经是州试举人的进士所占百分比	进士数	曾经是州试举人的进士所占百分比
1127—1162	72	79.2	33*	9.1
1163—1189	44	79.5	79	21.5
1190—1207	55	61.8	61	16.4
1208—1225	88	67.0	56	19.6
1226—1240	96	74.0	36	22.2
1241—1264	172	54.9	32**	28.1
1265—1279	130	42.0		

资料来源:见表15。

* 仅为1148—1162年的数字,因为举人名录只从1148年的考试开始。

** 仅为1241—1159年的数字,因为举人名录到1259年的考试截止。

---

① 龚明之:《中吴纪闻》,第6—7页。
② Hartwell, "Transformations of China", p. 417.

相反,吉州的进士比苏州多一倍以上,州试配额比苏州大得多[1],读书人的总数也远多于苏州[2]。然而它只产生了8个宰相和副宰相,而且其中半数都是南宋时期的。[3]

表17 吉州和苏州,1148年和1256年按父系背景分类的进士中的州试举人

父系背景	列为州试举人的进士	未列为州试举人的进士
现任朝廷或京师品官*	1	5
吉州	(1)	(2)
苏州	(0)	(3)
其他官员	8	5
吉州	(6)	(3)
苏州	(2)	(2)
平民(无官员列入)	13	9
吉州	(13)	(8)**
苏州	(0)	(1)***

资料来源:《宋元科举三录》中各处;陶成《江西通志》第四九至五一卷;《江苏金石志》10/6a—13a。

* 法规中没有关于死亡官员的亲属参加回避考试的规定。在这方面它与荫补不同。

** 其中两人是太学生,两人是皇族。

*** 是太学生。

在这两州中,高级官员的亲属都力图避开州试。因此,在分析苏州和吉州的41名列入州试名录和1148年与1256年省试名录的进士的表17中,大多数与高级官员有亲属关系的进士都未通过州试,而大多数其他进士则通过州试。而且,在未出现于州

---

[1] 青山定雄的《唐宋时代の交通と地志の研究》所附舆地图列为68名。
[2] 例如,据王庭珪所述,1144年有5 000人参加州试。见《卢溪文集》45/2a。
[3] 周藤吉之:《宋代史研究》,第10—25页。

试名录中的 9 个"平民"内，5 个是太学生或皇族。但我们还应指出，8 名苏州进士中的 7 名都有做官的祖先，而 33 名吉州进士中只有 12 名的祖先做过官。因此，得出吉州士人总数大于苏州而有特权者少于苏州的结论并不是不合理的。

不论我们怎样说明这两个州之间的差别，应该明确特殊考试在整个南宋时期都起着重要作用。在南宋帝国文化比较发达的各州，参加过特殊考试的进士约占其进士总数的 20%—80%。因为变动的幅度很大，所以不可能估计占全国的总百分比。但我们在下一章中可以看到，对东南部的许多州来说，这个数字或许相当于苏州的数字的 80%。

幸而关于高级考试的史料能提供较多的信息，因为《宋会要》提出了从 960 年到 1224 年的每次省试及格者的人数。当我们把它们和实际的进士数相比时（表 18），就会形成一幅有趣的图表。在开头这一世纪，即直到 1057 年不再以殿试取士为止，省试及格人数比进士数多得多。从那时起直到北宋末，实际上所有的省试录取者都获得进士学衔，而且只有他们得到这种学衔。然而，在南宋时期，进士人数大大多于省试录取者，超过的人数大致为直到 1225 年为止的所有南宋进士数的三分之一。①

---

① 在 1163、1166、1172、1190 和 1193 诸年的考试中，省试录取者实际上等于进士，其原因我尚未发现。如果把这几年除去不计，其余时期的数字是接近这种估计的：

时期	省试录取人数	进士数	每三年的差额	进士与省试及格者的比率
1135—1162	2 069	3 319	−138	1.60
1175—1189	1 295	2 052	−151	1.58
1190—1207	1 226	2 793	−140	1.46
1208—1225	1 698	2 941	−207	1.73

表 18 宋代进士总数与省试及格者总数的比较

时期	省试及格人数	进士	每三年的差额	进士与省试及格者的比率
993—997*	1 641**	1 492	+17	0.91
998—1021	2 672	1 615	+132	0.60
1022—1063	5 274	4 255	+73	0.81
1064—1085	2 971	2 845	+17	0.96
1086—1100	2 682	2 679	0	1.00
1101—1126	5 495	5 495***	0	1.00
1127—1162	2 069	3 319†	−138	1.60
1163—1189	3 126	4 066	−104	1.30
1190—1207	2 179	2 793	−102	1.28
1208—1225††	1 698	2 941	−207	1.73

资料来源:见附录二。

* 直到 973 年开始殿试为止,省试及格者全部获得学衔。

** 未包括 980、983、992 诸年省试的及格者人数。如果把那几年的进士除去不计,进士的总数为 779,每三年的差额为 95,比率为 0.46。

*** 不包括无考试的几年中直接从太学提拔的 336 名进士。

† 因为 1128 年和 1132 年未举行省试,那两年的进士总数未包括在内。1135—1162 年包括特别选拔的 328 名四川进士在内。

†† 1223 年的考试是《宋会要.选举一》提供省试及格人数的最后一次考试。

这三分之一的人是通过哪些考试的呢？关于礼部的回避考试,我们完全没有定量的资料。四川路试的及格者在 1127—1162 年可能占这超过人数的一半(38%中的 18%),但在 1190—1225 年下降到少于三分之一(32%中的 9%)。① 其他许多人是

---

① 这些估计数或许是过高的,因为在省试录取者等于进士的那几年里,四川路试的及格者一定是或者已包括在省试录取者中,或者未算入进士内。四川的百分比来自第五章中的表 18。

通过太学而来。除了上述免除上舍生和内舍生参加省试的规定以外,1169年发布的诏令规定对那年考试中的133名太学生"授官",即授予了那年592个学衔中的22%。① 但这肯定包括了许多参加省试的太学生,或许甚至还包括某些方便学衔的接受者。我们还知道1148年的考试中有皇族16人(4.8%),1256年的考试中有皇族76人(13.3%)。② 因此,四川、太学、皇族,或许还有礼部回避考试的及格者,在未通过省试的进士中都很可能有其代表。

总之,在南宋时期,进士至少参加过一种特殊考试是常见的,他们的人数甚至可能超过那些只通过正规考试的人。这似乎同11世纪60年代的情况没有很大差别,正如我们在第三章中所看到的那样,当时开封和国子监考试的及格者占进士总数的40%—50%。但是开封的考试至少从表面上看是正规的州试。使南宋具有特色的是特殊考试的激增和普遍。由于这类考试为享有特权者提供了许多途径,使他们能够避开几乎没有希望的州试,从而使北宋初期那么认真地制定的科举制度遭到了破坏,贬低了价值。

衰落中的科举

寻求好处并不止于参加特殊考试。对许多士人来说,成功之路是通过欺骗、舞弊和行贿而达到的,并且这些情况以无数往往

---

① 《宋会要·崇儒》1/39b。这592个学衔数系根据《文献通考》第四十二卷。《宋会要·选举》所列的数目为391名,即只比省试录取人数多两名。假使那样的话,133名占全部进士的34%,确实是一个很高的数字。
② 《宋元科举三录》各处。这些人只是那些被明确鉴定为属于皇族的姓赵者。

很巧妙的伪装出现。这些情况包括：让别人顶替应考；偷偷拿进夹带去考试；抄袭别人的答案；对职员和考官行贿①，以及像我们在第三章中看到的那样，伪造居住地或家庭情况②。

　　夹带的使用特别使人感兴趣，因为它与书籍和印刷有关系。1112年，有人控诉学生偷带"蝇头小楷之线装小册"进考场。这些书包括王安石的《三经新义》、老子和庄子的著作（道家书籍当时是课程的一部分），而书店曾奉命停止印刷和出售这些书籍。③但是禁令并没有持久的效力，因为1223年重新出现的控诉中叙述了当时有人印行具有一切试题的小册子，专供偷带进试场之用，并据说在士人中售得高价。④

　　也像特殊考试一样，科举腐败的主要受益者是那些有钱和有关系的人。洪迈曾详细叙述了关于一个湖州人沈枢的故事，这人应他的在临安做官的妇兄范彦辉邀请，于1144年秋季去参加太学试。他一到临安就知道由于他和范彦辉不属同一世族而没有资格应试。于是范彦辉为他设法冒充登记为临安户籍，从而使他有资格参加临安的流寓试，同时又花了25 000个铜钱找到一个官员作为他的保证人。在考试之前两天夜里，沈枢梦见"室中长人数十，皆如神祇"，警告他说："此非尔所居，宜速去。不然，将杀汝。"沈枢受惊后急忙回去。在神灵的主动帮助下，他通过了湖州

---

① 例如，《宋会要·选举》16/32b—33a描述了四川的一件丑闻，其中涉及贿赂、冒名顶替、在试卷上作特别的识别标志，以及一个官员在某考生的试卷上写明他与某官有亲戚关系。
② 《宋会要·选举》6/48a—49b列举了12种科举弊端。刘子健曾对科举中的种种欺诈和腐败的情况作了简要而有用的分析，可参见他的《宋代考场弊端——兼论士风问额》一文，载《庆祝李济先生七十岁论文集》，台北：1965年版，第189—202页。
③ 《宋会要·选举》4/7b—8a。我发现最早提到夹带的是1005年，当时有17名考生被发觉有挟带而被禁止参加以后两次考试。见前书3/7a。
④ 《宋会要·选举》6/49b—50a。

州试和省试。①

不管我们对神灵的这种干预做何解释②,1148年揭露的关于前一年两浙回避考试的丑闻使人联想到范彦煇乐意采取行贿的手段并不是罕见的情况。如《宋会要·选举》中有这样的记载:

> 就试举人内有势力之家多输贿赂,计嘱应试人换卷代笔起草并书真卷,或冒名就试,或假手程文自外传入,就纳卷处誊写。③

八年后出了一件案子,其中有8个实际上缺乏语文知识但出身于官宦家庭的子弟获得了进士学衔。一位上奏折的人说:"科举虽存,公道废绝。"这个人成功地使那8人的学衔取消而把他们的名额添加到即将来临的那次省试的配额中。④

刘子健教授曾说宋代科举的弊端首先在北宋末期成为值得注意的问题,只是在南宋时期趋于严重而已。⑤ 关于科举弊端的大多数意见都属于南宋时期;某些评论家又把士人数量的庞大、竞争的激烈和腐败现象联系起来,这两个方面都支持了他的结论。⑥ 但我们不应认为那时的科举已一团糟,因为尽管存在这一切问题和腐败现象,在整个南宋时期,科举还是按期举行,并且一般没有发生麻烦的事件。而且,对科举规章还是非常注意。1177年在临安印刷了一套州试规则并颁行于全国各州。这套规则是几年前由史浩(1106—1194年)制订的,当时他必须监督规模庞

---

① 《夷坚志》1.19;152—153。(按:此处为甲志卷十九《沈持要登科》条。)
② 参见第七章关于这些梦和鬼神的讨论和讲述鬼神的故事。
③ 《宋会要·选举》4/28b。关于这件丑闻的其他参考资料见同书4/29a—b,16/8a。
④ 《宋会要·选举》4/30b—31a。
⑤ 《宋代考场弊端》,第201页。
⑥ 《宋史》156/15a;《文献通考》32;300。

第五章 公正性的破坏——南宋的科举

大的福州(在福建)州试。他说：

> 臣守福州尝为规画数十事。宿弊既去，场屋整齐，试者二万人，无一喧哗。(臣当时措置晓示，编类成书，似与今来指挥符合。谨以上进礼部国子监看详，乞下临安府雕板印造成册，遍诸州。)①

正当皇族和高官的亲属尽可能避开州试的时候，政府对州试却如此关注，这说明科举制度自北宋初期以来已发生巨大的差异。我们会记得，宋代初期的几个皇帝执行"公"的政策，旨在压抑有权势者而吸收才智之士，特别是从南方士人中吸收。南宋的作家们也呼吁"公正"，但是那一时代迥然不同的社会条件赋予"公正"一词以不同的意义，它强调的是公正的观念而未必是公正的实际。1156年，南宋政府决定，甚至对皇族也要执行禁止使用挟带的命令，以"示天下至公"②。然而更能说明问题的是前述许及之对科举中使用糊名办法的辩护，即认为"虽未足以尽得天下之英才，其间老师宿儒穷年皓首，见摈有司而不怨者，服场屋之至公也"③。因此，正当特殊考试的不公正仍然未减弱的时候，公正被用来抚慰有推翻科举制度的危险的广大士人。

---

① 留正：《皇宋中兴两朝圣政》(宛委别藏影宋钞本)55/14；被刘子健引用于《宋代考场弊端》一文，载《庆祝李济先生七十岁论文集》，第200页。关于稍微不同的说法，参见《宋会要·选举》16/21a—b。
② 《宋会要·选举》4/31a。
③ 《宋会要·选举》4/31a(按：此处出自《宋会要·选举》五之十三)。引文已见第四章中《改革遗留的影响》一节。

第三篇

第六章 登科者的地域分布

南方的兴起

在构成宋代中国的地方经济和社会结构的这幅巨大的百衲被上,科举制度是宋帝国赖以支持的等级制度之一。科举实际上推广到每一个州,在促进政治稳定和帝国统一方面起着重要作用。通过规定共同的教育课程并使士人们定期地聚集在各州、各路转运司(就回避考试而言)和京师,科举培育了一种遍及全国的文士文化。因为由做官而得到的地位、财富和权力上的报酬,不仅能使考试及格者受益,而且也使他们的家属、世族和地区得到好处,所以亲属和社会对有前途的学生的支持是普遍的,正如地方上常以本地士人们的成就而自豪一样,这些例子在地方史志中是很多的。

科举也会引起不和,因为既然学衔的名额有限,一个集团或地区的所得往往是另一集团或地区的所失,从而地方上的自豪感容易变成反感。这个问题似乎在北宋时期特别尖锐,当时中国的政治文化中心正在迅速南移。① 这种迁移与早在汉代就已开始

---

① 关于这一过程的文献资料很多且是确实可靠的。见余镁:《宋代儒者地理分布的统计》,《禹贡》1 (1933): 170—176;何佑森:《两宋学风的地理分布》,《新亚学报》(1955): 331—379;Kracke, "Region, Family and Individual", pp. 251-268;张家驹:《两宋经济中心的南移》。其他值得注意的研究成果包括:周藤吉之:《宋代官僚制と大土地所有》,第9—29页;孙彦民:《宋代书院制度之研究》,台北:"国立"政治大学1963年版。

173

而在晚唐和五代以及南宋初期的大规模迁移中达到高潮的经济和人口向南移动有关。在晚唐和五代时,许多人向南迁移,以逃避北方的皇朝斗争;在南宋初期,则各种职业的人向南逃避女真人。① 这种长期的变迁无疑是南方在政治上兴起的主要推动力,而宋代初期诸帝实行的通过科举广泛而公平地录用人才的政策则为南方的兴起提供了工具。南方士人通过科举上的成功而崛起于微贱之中,到11世纪末期已逐渐在行政机构中占统治地位。② 因此,宋朝在1127年从开封的溃退并接着作为南方的皇朝而重建,并未引起权力的南移。

并不出人意料地,南方所起作用的不断增长,激起了南北方之间的地区对抗情绪。③ 北宋的改革家、开封人宋祁关于西北与东南、权力和文化的传统中心与新兴中心之间的差异的论述,并不是没有代表性的:

> 东南,天地之奥藏,宽柔而卑。西北,天地之劲方,雄尊而严;故帝王之兴常在西北,乾道也。东南,坤道也。东南奈何?曰:"其土薄而水浅,其生物滋,其财富,其为人剽而不重,靡食而偷生,士懦而少刚,笞之则服。"西北奈何?曰:"其土高而水寒,其生物寡,其财确,其为人毅而愚,所食淡而勤

---

① 关于从北往南的长期迁徙,参见青山定雄:《隋唐宋三代に於ける户类の地域的考察》,《历史学研究》6 (1936): 411—446。Shiba (斯波义信) 在 "Urbanization and the Development of Markets in the Lower Yangtze Valley"(《长江下游流域的都市化和市场的发展》)一文 (in *Crisis and Prosperity in Sung China*, pp. 13-20)中对青山定雄的许多资料作了有益的概括。关于宋代这些变化的广泛研究参见张家驹:《两宋经济中心的南移》,特别是第41—66页。
② Hartwell, "Transformation of China", pp. 414-415.
③ 见周藤吉之:《宋代官僚制と大土地所有》各处;金中枢:《北宋科举制度研究》第237—247页;Aoyama Sadao(青山定雄), *Newly-Risen Bureaucrats*。关于地区在北宋政治中的作用,刘子健在 *Reform in Sung China* (pp. 27-29)一书中有简明的论述。

生,士沉厚而少慧,屈之不挠。"①

撇开这种成见不论,南方士人日益增长的声望提出了关于科举政策的一个基本问题:科举的公平应施于地区还是施于个人? 如果以保持官僚政治中地区基本平衡为目标,那么实行地区配额是必要的,没有地区配额,落后地区的士人就不能与最先进地区的士人竞争,因为后者有雄厚得多的经济资源和教育资源可以利用。然而,如果完全根据选拔大多数才智之士的原则行事,从而考虑到地区发展程度的不同,那么地区配额不但起相反的作用,而且对那些比较先进地区的士人也是不公平的。

这两种相反论点的最明确表述出现于1064年司马光与欧阳修之间的著名论争中。司马光是西北地区一个历史悠久的家族的后裔,而欧阳修出身于江西的一个小官僚家庭。这场论争具有重要意义,因为那时有很多关于科举的讨论和活动。全国范围的州试解额已于1058年设定,1060年对某些地区作了调整,并在1066年重新安排。② 也在1066年,考试期间从两年延长到三年,以便给予远方各州的士人在两次考试之间的较长时间。③ 而且,这场论争发生于11世纪下半叶之初,我们将会看到,在那时,来自中国南方的学衔获得者人数急剧增加,从而向北方人对官僚机构的长久统治地位提出了挑战。最后,我们应当指出,这两个人都是根据权威性的经验来讲话的。(事实上是写作,因为这场"论争"由司马光的一份奏章和欧阳修进行答辩的奏章组成。司马光的奏章实际上是写来支持现已逸失的

---

① 转引自金中枢:《北宋科举制度研究》,第244页。(按:此处原文引《宋景文杂说》。)
② 《宋会要·选举》3/35b—39a,15/15b,17b。
③ 《宋会要·选举》3/38a—39a;15/17b;《长编》208/15a—b。

另一份奏章的。①)欧阳修曾经是1057年的主考官,而司马光是1063年的代理副主考。②

司马光在他的奏章中坚持认为当时的科举制度歧视来自遥远的欠发达地区特别是西北和西南的考生。他们由于缺乏京师和东南地区的受教育机会并须忍受长途跋涉来京师应试的巨大困难,在省试中处于不利地位而成绩不良。为了支持这一论点,他提出了根据嘉祐三年(1059)、嘉祐五年(1061)和嘉祐七年(1063)诸年省试得出的统计数字,证明来自北部和西部的考生的成绩与京师考生的成绩相比是不佳的(参见表19)。为纠正这种不公平的情况,他提议在省试中按路规定配额,这种配额根据解试中那样的解额比例(他建议十中取一)制定。因此他将修改评分标准,以保证进士学衔的较为公平的地域公布。③

欧阳修明确指出几点作为回答。④ 首先,他论证在考虑西北和东南时拿产生的进士数来比较是会使人误解的。西北一向长于经义,因此其考生往往在诸科考试中占优势,而东南长于文学,因而产生许多进士。其次,他指出有些边远地区如远南的广南东路和广南西路的教育水平低下。他说:"今广南东西路进士,例各绝无举业,诸州但据数解发,其人亦自知无艺,只来一就省试而归冀作摄官尔。"⑤再次,欧阳修指出,东南举人已在州试中经过比其他地区的举人所经历的要剧烈得多的竞争,因而已经遭受歧视。照他看来,通过地区配额进一步限制东南考生将是极不公平的。

---

① 原来的建议出自封州(广南东路)知州柳材,关于他的情况我们毫无所知。见司马光:《司马公文集》30/1b。(按:即《贡院乞逐路取人状》。)
② 《宋会要·选举》1/11a,11b。
③ 司马光:《司马公文集》30/1b—5a。
④ 《欧阳公文集》113/8b—13a。(按:即《论逐路取人札子》。)
⑤ 《欧阳公文集》113/11a。

表 19 1059、1061 和 1063 年各路举人对进士的比率

	1059 年			1061 年			1063 年		
	进士	举人	进士/举人	进士	举人	进士/举人	进士	举人	进士/举人
国子监	22	118	1/5	28	108	1/4	30	111	1/4
开封府	44	278	1/6	69	266	1/4	66	307	1/5
河北	5	152	1/30	—	—	0	1	154	1/154
河东	0	44	0	0	41	0	1	45	1/45
京东	5	157	1/31	5	150	1/30	—	—	
陕西	—	—		1	123	1/123	2	124	1/62
梓州	2	63	1/32	—	—		—	—	
利州	2	26	0	—	—		0	28	0
夔州	1	28	1/28	0	32	0	—	—	
荆湖南	2	69	1/35	2	69	1/35	2	68	1/34
荆湖北	—	—		0	24	0	1	23	1/23
广南东	3	97	1/32	2	84	1/42	0	77	0
广南西	0	38	0	0	63	0	0	63	0

资料来源：司马光：《温国文正司马公文集》30/2a—3b（贡院乞逐路取人状》。

注：举人数包括参加省试的所有举人（即包括通过解试的和免于解试的），其中不包括各州选拔而未赴京应试者。

最后,欧阳修激烈地反驳了不是由司马光提出而是由支持地区配额的其他人提出的一个论点,该论点认为除非在科举中对西北地区更加宽大,否则该区的士人会造反。他指出西北并没有对造反的垄断权,东南已产生过像汉朝开国皇帝刘邦的对手项羽、隋朝的萧铣、唐末的黄巢和王仙芝等这些著名的例子。但他的中心论点是:包藏着潜在的叛乱之源的是不适当地利用科举。他说:"矧贡举所设本待材贤,牢笼不逞,当别有术,不在科场也。(惟事久不能无弊,有当留意者,然不须更改法制,止在振举纲条尔。)"①

最后这一主张之所以更加值得注意,在于它对问题的坦率陈述,而不在于它作为正式声明的效力,因为科举的主要职能之一显然在于保持有反抗可能的杰出人士的支持。② 不论欧阳修的论点的原则性如何,对他的出生地区——东南地区——却有巨大的利益。司马光的主张和建议没有受到重视,因为尽管有我们不久就将论述的某些例外情况,省试仍然没有地区配额,结果使东南地区能够在科举和官僚政治中占有统治地位,这种情况在中国历史上是无与伦比的。因为在随后各个朝代,对进士学衔的分配都用地区配额,在元朝和清朝时甚至有民族配额。③

这个结论虽然重要,却是不明确的,因为"东南"一词在宋代包括各种各样的地区经济和地方文化。即使要着手了解科举的地理因素——一个地方或地区取得成功的原因和科举成绩分布图式——也需要做详细得多的研究分析。遗憾的是,迄今关于这

---

① 《欧阳公文集》113/11b。
② 12世纪时有一个遭受挫折的士人转而反叛,后来这人浪子回头并通过了为被赦免士人举行的考试。这个例子参见《桯史》1:6—7。
③ Kracke, "Region, Family and Individual", pp. 262 - 265.

个题目所作的研究很少讨论地区差异或提出假说来说明它们。这种疏忽部分地是由于资料不足。各种研究至今所利用的资料根据,其范围包括从几百人到1 500人不等。这些虽是很大的数量,但如果分布到整个朝代或其一半,就不足以做很详细的分析。而且,由于这些研究大多数都以传记集为根据,在选择传记方面产生地域偏见的可能性就不能避免或解决。① 幸而科名录在这方面为我们提供了方便,因为它们反映的选拔过程具有比较客观的和确定的标准。因此,柯睿格关于1148年和1256年科举的地区特征的简要而卓越的研究,避免了其他研究中所固有的许多问题。② 但是他又面临着另一个问题,即仅仅根据两次考试的成绩得出概括性的结论,特别是对于在这两次考试中成绩不佳的那些地区来说,这是不够全面的,因为各个地方可能确实有成绩特别好和特别坏的年份。

本章所利用的资料防止了大多数这些问题的发生。这些资料包括整个宋代在宋朝控制下的所有各州按州和考试编列的进士数一览表(金朝的考试成绩不作研究)。它们是从宋朝直到清朝的各州和各省的地方史志中收集来的,通常都利用每州现存的最早名录。所汇编的考试成绩是不均衡的。在华北,继北宋之后的连续的毁灭性战争浪潮使科名录非常残缺不全,以致几乎无可利用;还有关于明清时期所列名录的可靠性问题。这将在附录四中详细论述,并可得出以下结论:华北,特别是开封的学衔数列得太低;东南地区,特别是江南二路的学衔数列得稍高;华南的某些边缘地区的学衔数列得稍低。然而,即使有这些限制,华南的资

---

① 参见 Ping-ti Ho, *The Ladder of Success in Imperial China*, pp. 92 - 96,关于传记集中固有的偏见的论述。
② Kracke, "Region, Family and Individual", pp. 253 - 256.

料看来一般是可信的。

有两个因素使历史学家对这批资料特别感兴趣。第一是它的完整性和广泛性。因为它包含有大约 35 000 个人的资料,其规模之大应能使对登科者的地区分布和分布情况的变化所作的概括比至今可能做到的达到更高的程度。第二是它利用州为单位。理想上应该利用县为单位,但汇集 1 100 多个县的名录工作量很大,困难很多,不是这项研究所能实行的。然而,像科举中那样利用州作为基本单位,不仅能与利用较大单位的其他研究作比较,而且还能让我们检验关于地区在考试成绩中所起作用的假说。

地域上的偏向

虽然宋代的科举未曾使用地区配额制度,但绝不是无视地域上必须考虑的问题。所有的考生在相同条件下竞争的理想在两个重要的方面受到限制。

第一个方面涉及各州解额的调整。读者可能已注意到欧阳修关于东南地区一些州试竞争情况的陈述是与第二章中所述州试解额在 1009 年以后按照相同的解额比例设定有分歧的。州试竞争情况之所以存在巨大的差异,部分地是由于全国范围内调整各州解额隔着相当长的时间,在此时期内,各州教育发展程度的差别引起了考试竞争程度的差别。在欧阳修写奏章时,离最近一次根据考生数和统一的解额比例设定解额差不多已有 20 年[①];上述 1058 年解额的设定事实上是对现有解额减半,而不是利用新的考生数重新计算。但这至多不过是部分的解释,因为有证据

---

① 这是在 1045 年。见《宋会要·选举》15/13a—b。

表明，那时有一项一贯的政策：限制先进各州的解额而允许比较落后的各州有比法定解额比例所许可的较多解额。

1045 年的重新决定解额或许为这种限制提供了最好的例证。新定的州试解额定为 1037 或 1041 这两年州试中考生较多一年的考生数的十分之二，但每州的新解额不能超过多于旧解额的百分之五十。① 这防止了比较发达的各州过分地增加解额，但也意味着竞争程度的差异依然存在。后来在 1156 年根据 1/100 的解额比例设定解额时，有"三州"，或许是温州、台州和婺州（均在两浙东路），据说使用了 1/200 的比例。② 这样做的明显目的仍然是防止巨大解额增加，因为我们将会看到，两浙东路在教育上是南宋发展最迅速的路。如果没有这种解额限制，它在科举中的成绩肯定比那时还要惊人。

给予不大先进地区的比较宽大的待遇，主要可在为特定地方设定新解额的诏令中明显地看出。显然对东南各州也有这种诏令，但往往以"就试人多，解额少"作为基本理由。③ 相反，对北方和西南各州的诏令则表明与它们的解额小有较多的关系，竞争之有无并不是一个要素。例如，1020 年曾允许陕西（即永兴路和秦凤路）、四川和广南诸路把全部合格考生作为举人解送，而不管以

---

① 《宋会要·选举》15/13a—b。
② 《建炎以来系年要录》172：2833 和《宋会要·选举》16/10a 都指出了解额的增加，但对"三州"（三郡）的特殊限制只在前一种资料中提到。认为这三个州是温州、台州和婺州有两点理由。首先，它们是增加解额多于两名的仅有的几个州。其次，我们从其他资料中知道，温州和台州在 13 世纪初期都属于全国竞争最激烈的州之列。温州有 8 000 人竞争 17 个解额，台州有类似的人数竞争 11 个解额。见刘宰：《漫塘文集》13/10a—b；陈耆卿：《嘉定赤城志》4/10a。（按：据上述《漫塘文集》卷十三《上钱丞相论罢漕试太学补试札子》及《嘉定赤城志》卷四《贡院》所载，多次提到温、福二州，亦提到台州，而未见提及婺州。）
③ 例如可参见《宋会要·选举》15/15b。

前的解额限制。① 这种办法由于有许多伪造居住地的控诉案而于 1024 年废除②，但 1026 年又给这同一些地区增加解额，并于 1029 年给四川和陕西各州额外增添解额③。在以后时期，这种诏令没有这么多，但我们仍然可以发现 1126 年对京西南路（或其仍然受宋朝控制的部分）的诏令这类例子，该诏令允许京西南路用 1/20 的解额比例，以代替普遍行用的 1/100 的比例。④ 然而，南宋时期对人们奔赴"远处"并在考试竞争比较缓和的地方伪造居住地的许多控诉，表明欧阳修所描述的解额差别依然存在。⑤

第二个方面，在南宋时期，有时某些地区有它们自己的省试。在那些场合，地区间的竞争当然是不可能的，对参加这些省试的考生来说，只是相互竞争一些预先决定的学衔数。我们已在第五章中看到，1128 年和 1132 年危急的军事形势曾迫使省试在每路的首府举行。同样，在宋朝的最后几十年中，对蒙古人的持久战又导致了在淮南、京西、荆湖北和广南举行它们自己的省试。⑥ 最重要的是四川的省试（四川类试），它开始于 1134 年，并在南宋的大部分时期（或许是整个南宋时期）继续举行。⑦

---

① 《宋会要·选举》15/4a；《长编》95/7b。
② 《长编》102/2a—b。
③ 关于 1026 年见《长编》104/10b 和《宋会要·选举》15/5b—6a；关于 1029 年见《宋会要·选举》15/4a 和《长编》108/2b。
④ 《宋会要·选举》16/11a。
⑤ 1178 年的一项控诉很清楚地指出了这一点。见《宋会要·选举》16/21b—22a，并见同书 6/11b—12a 和 16/17b。
⑥ 《宋史》15b/20a—b。这是 1252 年的一项请求，其中要求允许广南西路仿照淮南、京西和荆湖北的前例分开举行考试。这项请求获得了允准。对京西和荆湖北分开举行考试的起因与战时的破坏有关，这已在《宋史》156/18a 中阐明。
⑦ 关于四川省试的起源见荒木敏一：《宋代科举制度研究》，第 238—242 页。关于它延续了多长时间，我所发现的最晚参考材料是 1256 年考试中的一个四川省元（即四川省试中的第一名）的资料。这人在殿试中名列四甲第九十六名。见《宋元科举三录》。

第六章 登科者的地域分布

这种特殊的省试有些什么影响呢？如果我们看一看上述各地区在创设特殊考试以前和以后的考试成绩，它们在进士总数中所占比例的变化会告诉我们这些地区是否从分开考试中受益。

由于四川举人参加分开的省试开始于1128年，这与北方丧失的时间相同，所以在衡量分开的省试的影响时，四川在华南进士总数中所占的百分比是比它在包括北宋北部在内的全国进士总数中所占的百分比更好的尺度。在表20中，我们可以看到四川在华南进士总数中所占的百分比实际上从北宋到南宋略有降低。

然而，得出四川没有从这种特殊省试中得到好处的结论是错误的。因为尽管它在南宋时期与华南的其余地区相比缺少增加的登科者，但它的情况也许比不举行分开的省试要好些。也像正规的省试一样，四川省试的录取人数是按配额比例决定的。在南宋的大多数时期内，这两种省试的配额比例相同。但在12世纪的二十年内，四川省试的配额比例较宽，它的比例为1/14，而正规省试的比例为1/17（在1163—1175年）和1/16（在1175—1183年）。①②

这种优待是四川在南宋所处的独特地位的结果。四川构成南宋帝国的西侧，它的四个路遥远、孤立，对帝国的国防极其重要。在整个南宋时期，四川在按察使的统治下，起着半自治地区的作用。按察使的职权扩大到行政机构和科举。③ 1157年曾经企图取消四川的省试。这种企图受到了反对，理由是强迫举人长途跋涉赴京应试

---

① 按：据《宋会要》记载，自1183年起四川类试亦以1/16为率。
②《宋会要·选举》5/5a—b，4/17b—18a，23a—b。
③ 林天蔚：《南宋时四川特殊化之分析》，《东方文化》18（1980）：225—246。

183

给四川的寒士造成很大困难。① 尽管这种理由无疑是正确的,但是没有说服力,因为从四川旅行到临安要比旅行到开封方便得多,而且比从广南到临安容易,至少不是更困难。然而,四川的辩护人恰巧是杨椿(1094—1166 年),他是成都府路眉州人,并且是 1124 年的进士,曾在省试中名列第一。杨椿在那时是代理兵部尚书,他赢得了胜利。显然,四川人感到特殊的省试是有利于他们的。②

表20 四川的进士数及其在华南和全国进士总数中所占的百分比

时期	四川进士数*	在全国进士总数中所占的百分比	在华南进士总数**中所占的百分比
960—997	46	2.9%	18.2%
998—1021	45	2.9%	8.9%
1022—1063	333	7.8%	15.6%
1064—1085	220	7.7%	12.8%
1086—1100	197	7.4%	14.6%
1101—1026	495	8.5%	15.5%
北宋	1 336	7.1%	14.6%
1127—1162	748	17.6%	17.6%
1163—1189	524	14.9%	14.9%
1190—1224	508	8.9%	8.9%
1225—1256***	598	10.3%	10.3%
南宋	2 378	13.2%	13.2%

资料来源:见 Chaffee(贾志扬):"Education and Examinations in Sung Society"(《宋代社会的教育与科举》)的附录二。
* 包括成都府路、梓州路、利州路和夔州路。
** 包括除秦凤路和京西南路以外的全部南宋领土。
*** 在 1258 年蒙古人入侵后,四川实际上在考试中已无代表。因此,所计算的南宋进士数是 1127—1158 年的数目。

① 《建炎以来系年要录》177/2b—3a;《建炎以来朝野杂记》1.13:169。
② 关于别人对四川特殊地位表示不满的证据见《宋会要·选举》1/20b 所载的一项控诉,其中声称四川不严格的考试程序使它的考试容易通过。

第六章　登科者的地域分布

在比较落后的淮南、京西、荆湖北和广南西诸路,分开举行的省试对考试成绩有显著的影响。虽然在 1190—1224 年时期内,这几个路的进士数合起来只占进士总数的 1.1％,但在开始分开举行省试的 1251—1271 年,它们已占进士总数的 2.9％。① 这种变化也反映在 1148 年和 1256 年的科名录中,它们在这两年分别占进士总数的1.2％和 8.5％。② 事实上,这正是广南西路的官员们所希望的。和其他的路不一样,广南西路未曾卷入对蒙古人的战斗,在其官员利用其他各路的先例时,他们要求举行特殊的省试的理由是提高考试的录取人数,因为他们说:"(所部二十五郡,科选于春官者仅一二,)盖山林质朴,不能与中土士子同工。(请援两淮、荆襄例别考。)"③

总之,这些路的省试对有关各路提供了确实的利益。这种利益在淮南等路表现得很明显,在四川则表现得较为适度。并且,除四川以外(或至少是除科举中很成功的成都府路及梓州路以外),这些考试同前述政府的州试解额政策相结合,有助于考试成绩最差地区科名份额的提高。

区域单位问题

在以下各节的研究中,将使用以行政活动的等级制为基础的路和以经济活动的等级制为基础的自然地理区,因为这二者对于

---

① 这是我们知道的所授全部进士学衔数。如果采用我们有档案记载的所有进士数,这两个时期的百分比应分别为 1.4％和 4.0％。
② 我利用了 Kracke 在"Region, Family and Individual"一文中所列的各路进士总数。
③《宋史》156/20a—b。〔按:此处原文见《宋史·选举二》淳祐十二年(1252)广南西路条。〕

宋代科举都有重要意义,但我认为二者都不足以说明科举的成绩。

官僚政治的路具有明显的吸引力。按定义来说,它符合我们的基本统计单位——州的组合,并且它在统计上具有重要意义,因为宋代的某些资料是只按路分类的。① 回避考试和南宋的特殊省试都在路的省府举行,并且,各种各样旨在促进落后地区的措施都按路确定那些地区。然而宋代的路具有很弱的地缘政治特性。与其他朝代的省不同,宋代的路监督州的行政,但并不管理它,因为那是由京师直接管理的。② 而且,正规考试是绕过路而在各州和京师举行的。

相反,自然地理区则描绘出由地形而结合的统一市场系统。按照施坚雅的意见(他的地区化模型我们将加以修改后利用)③,小区域或分区首先通过市场和商业的发展而形成统一的经济系统。这些系统终于让位给地区系统,最后让位给大地区系统。他确定这种大地区系统为9个。④ 它们有两个显著的特征。首先,

---

① 最重要的是南宋的人口资料。1162年和1223年有路的人口数,但在1100年和1290年之间没有全国各州的人口数。见《宋会要·食货》69/71a—b;《文献通考》11:116—117。

② Kracke, *Civil Service in Sung China*, pp. 50-51。

③ G. William Skinner(施坚雅), "Introduction: Urban Development in Imperial China"(《中华帝国的城市发展》), in G. William Skinner, ed., *The City in Late Imperial China*(《中华帝国晚期的城市》), Stanford: Stanford University Press, 1977, pp. 3-31; "Regional Urbanization in Nineteenth Century China"(《十九世纪中国的地区城市化》), in *The City in Late Imperial China*, pp. 211-249; "Cities and the Hierarchy of Local Systems"(《城市与地方体系层级》), in *The City in Late Imperial China*, pp. 275-351。郝若贝在他的论文"Transformations of China"也利用了施坚雅的模式而经过修改。

④ Skinner, "Introduction: Urban Development in Imperial China", p. 12。这9个大地区系统是:中国西北部,中国北部,长江上游,长江中游,长江下游,东南沿海,岭南,云贵,满洲。这最后两个地区系统在宋朝控制的区域以外。

"每区的特征是一切资源——可耕地、人口、资金投资——集中于中央地区,而向外围逐渐稀疏"。这些地区中心大部分是"河谷低地,几乎一定有较高水平的农业生产率和决定性的运输有利条件"①。其次,每个大地区都是具有特色的地区循环的地方:

> 我决心要论证……如果首先用自然地理区来具体说明资料,那么中国帝制时代经济和社会史中的许多变动,包括城市现象在内,都属于富有意义的短暂形式。总之,我好像觉得,每一地区的经济发展、人口统计记录以及社会政治动态,都表现出独特的有规律的循环运动。在帝制时代的中世纪时期及晚近时期,这些地区循环与一个以特别繁荣的城市为中心的城市系统的建立及其随后的衰落(至少是部分地)相联系。②

把这种区域理论用于科举研究的吸引力在于它提出了大地区发展与科举成绩之间的关系,而且宋代科举由于没有路或省的解额,很适合验证这种关系。施坚雅本人曾利用清代的资料来证明地区中心比外围区域远为成功,并证明城市中心,特别是经济等级制中的高级城市,也不均衡地取得成功。③ 虽然我们将考虑到同样的分布情况来研究宋代的资料,但我们将更多地注意这样一种主张——自然地理区本身构成科举研究的富有意义的单位,从而使科举成绩的分布图式由于应用自然地理区而获得条理性。

---

① Skinner, "Mobility Strategies in Late Imperial China: A Regional Systems Analysis"(《中华帝国晚期的灵活性策略:地区系统分析》), in Carol A. Smith, ed., *Regional Analysis*(《地区分析》), 2 vols., New York: Academic Press, Inc., 1976, p. 330.
② Skinner, "Introduction: Urban Development in Imperial China", p. 16.
③ Skinner, "Mobility Strategies in Late Imperial China", pp. 342-343.

尽管这种方法很适用于经济高度一体化的地区,但它对宋帝国比较落后区域的适用性却有问题,正如施坚雅曾经论证,到宋朝末期,大地区的经济一体化曾出现于华北、西北、长江下游和东南沿海,但未出现于其他地区。① 在经济一体化程度低的地方,恐怕不可以用大地区,像广南西部和荆湖北路这些区域,甚至不可以用地区来提出一个并不存在于宋代的地区统一体吧? 而且在这些地方,行政等级制的社会和经济作用或许比较明显,特别是关于科举方面。在那些地方,如我们所知道的那样,落后地区的路常常得到特殊的照顾。

因此,我们的研究将应用路和自然地理区二者。我们将应用前者于全国范围的比较,那里对标准的可比单位的需要最大;也把它用于对科举成绩最差地区的讨论。但当我们研究宋帝国科举成绩最佳地区即四川和东南的考试成绩分布图式时,我们将用自然地理区。

进士的分布

表21利用年号时期和合并的年号时期分期,按路列出宋代进士在全国的分布状况。我们应当重申,这些数据是有偏差的,最严重的是中国北部的列数不足。就北宋来说,我们已知的所授进士学衔总数中只有一半有现存的记载。如果像附录四中所论证的那样,中国南部的数字是相当可靠的话,那么大多数缺少的进士学衔当是北方的,如果把这些缺少数加进去,会使北方的成

---

① Skinner,"Introduction: Urban Development in Imperial China", pp. 13 – 17. 我在这里采用施坚雅的意见而没有采用郝若贝的意见。郝若贝概述了7个大地区从8世纪到16世纪的发展周期,见"Transformation of China", pp. 367 – 383.

绩比表上所表示的要大得多。在有一场合,我曾力图矫正这种状况;开封在北宋科举中占优势的证据是无可辩驳的,因此我把它的进士数估计为 3 000 人以上。①

关于科举成绩的一般趋势,我们通过图表可以得出几点观察结果。首先,图 4 中以图解法表示的进士南北分布情况,证实了我们所作的关于北宋时期南方人在政治上的优势不断增长的概括。这不仅与陆游(1125—1210 年)认为仁宗统治时期南方人初次被允许自由进入官僚机构而不受歧视②的论断相一致,而且符合郝若贝的研究结论,即认为只有在神宗统治时期(1067—1085 年),南方人在制订政策的官员中所占的比例才与南方在人口中所占的比例相当,因为我们料想大约要在一代以后,人员录用方式的变化才会反映在政府的最高层中。③

其次,南宋对金和后来对蒙古的一系列战争,对卷入战斗地区的考试成绩具有相当有害的影响。尽管南宋各路的进士数大体上要比它们在北宋时期所有的数目多一倍以上,但淮南东、淮南西、荆湖北和荆湖南等四个边境的路在南宋时的成绩较差,而唯一的另一个边境路利州路,在所有其他各路中增加的百分比最低。这是并不出人意料的,因为这些战争不仅造成破坏和人口的向南迁移,而且我们还可以设想,它们使当地文士的注意力从教育转向军事。

---

① 在 1059、1061 和 1063 年,光是开封就占全部进士的 26.7%、37.7%和 34.2%(见表 8)。按最低的百分比 26%推算,在北宋 18 812 名进士中,开封应占 4 891 名。
② 陆游:《渭南文集》四十一卷(《四部丛刊》本)3:46。
③ Hartwell, "Transformation of China", p. 414. 周藤吉之也发现神宗时期是南方的宰相最初占优势的时期,见《宋代官僚制と大土地所有》,第 16 页。

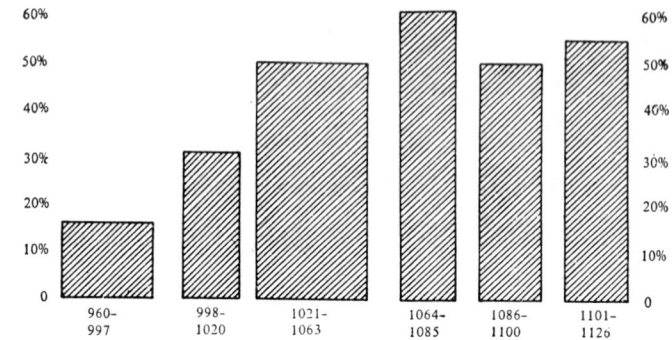

图 4 中国南方的进士* 在北宋科举中的代表（柱的宽度依时期的长短而不同，时期是年号时期或合并的年号时期。）

* 包括两浙东路和西路、江南东路和西路、福建路、淮南东路和西路、荆湖南路和北路、广南东路和西路、成都府路、梓州路、利州路和夔州路。

最后而最重要的是，南宋各路科举成绩的变动幅度是如此之大，以致我们可以把它们分成两类：成功的路和不成功的路。成功的路每个都有1 500多名进士，它们主要在东南（福建、两浙东路和西路及江南东路和西路），其次在四川（成都府路和梓州路）。这些路的优势很大，它们在南宋总共16个路的全部进士数中占84%。① 不成功的路是在南部和中部的诸路（京西南路及广南、荆湖各路），在四川边缘的路（利州路和夔州路）以及长江以北的淮南东路和西路。除了荆湖南路以外，这些路的进士数没有一个在400名以上。

在分别研究这些成功和不成功的地区然后论述成功的因素以前，研究一下宋代学校的地理分布也许是有益的。表22和23分别列示了官学和私学的分布，这些学校按年代先后的发展情况已在第四章中论述。我们必须再次承认地理上的偏向。像科举资料一样，中国北部的学校资料和四川的学校资料同样是残缺不

---

① 而且，如果我们只算列入地方史志的进士，这个数字为93%。

表21 根据地方史志中的名录编列的宋代各路进士数

路		960—997	998—1020	1021—1063	1064—1085	1086—1100	1101—1126	北宋	1127—1162	1163—1189	1190—1224	1225—1279	南宋	未注明时期	宋代总计
东南部	两浙东	10	33	198	173	144	353	911	587	660	1 029	1 624	3 900	47	4 858
	两浙西	12	61	297	351	210	513	1 444	517	497	533	655	2 202	0	3 646
	江南东	21	34	161	124	130	388	858	399	240	399	700	1 738	49	2 645
	江南西	53	92	325	218	180	357	1 225	422	303	525	1 386	2 636	0	3 861
	福建	67	183	623	497	370	860	2 600	743	869	1 367	1 546	4 525	19	7 144
中部	淮南东	6	7	52	44	21	58	188	45	20	20	21	106	14	308
	淮南西	7	3	35	15	17	47	124	14	10	17	62	103	43	270
	荆湖南	19	27	29	35	47	43	200	55	48	96	217	416	48	664
	荆湖北	4	7	30	15	3	22	81	8	6	7	59	80	32	193
岭南	广南东	4	8	35	20	18	39	124	50	20	37	152	259	0	383
	广南西	5	6	24	9	7	20	71	57	15	19	84	175	0	246
四川	成都府	25	24	197	128	131	283	788	479	227	127	300	1 133	91	2 012
	梓州	16	12	111	87	49	172	447	316	315	334	273	1 238	19	1 704
	利州	5	6	22	5	10	25	73	15	13	29	38	95	14	182

(续表)

路	960—997	998—1020	1021—1063	1064—1085	1036—1100	1101—1126	北宋	1127—1162	1163—1189	1190—1224	1225—1279	南宋	未注明时期	宋代总计
夔州	0	3	3	2	7	15	30	19	9	18	27	73	0	103
北部														
京西	15	12	23	13	3	7	73	0	0	0	0	0	0	73
京东东	2	3	0	0	0	0	5	0	0	0	0	0	27	32
京东西	7	8	12	3	3	2	35	0	0	0	0	0	16	51
京西南	1	0	6	0	5	0	7	0	0	0	0	2	7	16
京西北	17	11	17	18	5	5	73	1	0	0	0	1	2	76
河北东	21	8	7	5	3	1	45	1	1	0	0	2	43	90
河北西	4	5	8	2	9	4	32	1	0	0	0	1	47	80
西北部														
河东	14	10	16	8	3	10	67	0	0	0	0	0	62	129
永兴	27	20	33	40	4	2	126	0	0	7	1	8	22	156
秦凤	0	1	2	0	0	0	3	0	0	1	0	1	7	11
地方史志所列进士总数	362	584	2 266	1 812	1 380	3 226	9 630	3 729	3 253	4 565	7 147	18 694	609	28 933
全国授予进士衔数	1 587	1 615	4 255	2 845	2 679	5 831	18 812	4 238	3 525	5 680	9 102 *	20 793 *		39 605 *

资料来源:关于地方史志参见附录四或 Chaffee,"Education and Examinations in Sung Society",附录二。关于授予进士衔数参见附录二。

* 各包括 1253 年,1265 年及 1271 年的估计数 500 名。

全的。并且,宋代的地方史志通常对书院不作记载,因此,许多书院或许已消失得无影无踪,然而由此造成了什么地理偏向是不能说明的。①

这些表大体上反映了我们在科举方面所注意到的同样的一分为二的情况。成功的路(至少在东南部)在所有的州都有州学,在大部分县都有县学,还有大量书院及其他私学。不成功的路虽然在大多数州都有州学,它们的许多(往往是大多数)县却没有县学,并且它们很少有书院或其他私学。然而这些差别的程度远比科举中的差别为小,例如,在科举方面,福建路的进士数为相邻的广南东路的19倍。这一部分是由于官学数受到路内州县数的限制,但也使人联想到宋代学校的分布确实是全国范围的现象。并且,科举成绩与学校发展之间的这种一般的相互关系也有例外情况,最显著的是荆湖南路,它的学校数与东南诸路是不相上下的。显然,正规教育的高度发展并不能自然而然地保证科举上的好成绩。

表22 官学的地理分布

路	州		县		科举成绩名次**	
	州学	有州学的州所占百分比*	县学	有县学的县所占百分比*	北宋	南宋
东南部						
两浙东	8	100+%	38	90%	5	2
两浙西	8	100+%	37	97%	3	4

---

① 我在宋代的地方史志(都属南宋晚期)中,只发现严州(两浙西路)、寿昌军(荆湖北路)和建康府的3个书院的参考资料。见方仁荣:《景定严州续志》3∶27—28;《寿昌乘》14a—15a;《景定建康志》28/5b—6a。

(续表)

路	州		县		科举成绩名次**	
	州学	有州学的州所占百分比*	县学	有县学的县所占百分比*	北宋	南宋
江南东	9	100%	31	82%	6	5
江南西	11	100%	57	100+%	4	3
福　建	8	100%	48	100+%	2	1
中　部						
淮南东	11	92%	10	26%	10	11
淮南西	8	80%	11	33%	13	12
荆湖南	10	100%	36	92%	9	8
荆湖北	13	93%	29	52%	16	14
岭　南						
广南东	15	100%	25	58%	13	9
广南西	23	82%	26	40%	20	10
四　川						
成都府	11	69%	26	45%	7	7
梓　州	13	87%	18	33%	8	6
利　州	8	80%	9	24%	18	13
夔　州	5	36%	7	22%	23	15
北　部						
京　畿	0	0%	3	19%	1	
京东东	8	89%	11	29%	22	
京东西	7	70%	12	28%	21	
京西南	8	89%	7	23%	25	16

(续表)

路	州		县		科举成绩名次**	
	州学	有州学的州所占百分比*	县学	有县学的县所占百分比*	北宋	南宋
京西北	6	60%	10	16%	17	
河北东	7	37%	7	12%	15	
河北西	9	47%	24	37%	19	
西北部						
河东	11	41%	18	22%	12	
永兴	8	44%	12	14%	11	
秦凤	9	56%	4	14%	24	
总计	234	72%	516	44%		

资料来源：Chaffee,"Education and Examinations in Sung Society",附录二。

* 百分比以1080年左右所有的州、县数为基础。以后州、县数的变化是百分比大于100的原因。

** 在排列科举成绩名次时，北部和西北部各路未注明登科时期的进士除京西南路外，均加入北宋总数中。此外，由于正文中说明的理由，京畿的成绩列在北宋科举中。

不成功的地区

根据科举上的成功程度而有明显区别的华南两类地区的存在，对这项研究的许多基本结论提出了一个重要问题。像官学和私学的巨大而持久的发展、读书人的多倍增长等这样一些情况真正是全国范围的吗？还是我们实际上所描写的只是少数先进地区的教育史？我要论证，这些发展事实上扩大到所有的地区，或者至少是扩大到华南各路,或许也包括华北各路,虽然我们对后者的证据是极其残缺不全的。但是这并不是说这些发展扩大到所有的县甚至州;科举成绩在最不成功的各路的分布情况几乎会使人联想到那是儒学分布在未受教育的、往往是非汉族人居住的海洋中的一些岛屿。

表23 私学的地理分布

路	书　　院			其他私学	私学总数
	书　院	精　舍	每州书院数		
东南部					
两浙东	43	3	6.6	5	51
两浙西	20	0	2.9	6	26
江南东	46	3	5.1	4	53
江南西	90	3	9.0	2	95
福　建	52	15	8.4	18	85
中　部					
淮南西	7	0	0.7	1	8
荆湖南	36	0	3.6	0	36
荆湖北	17	0	1.2	0	17
岭　南					
广南东	34	0	2.3	1	35
广南西	14	0	0.5	0	14
四　川					
成都府	10	0	0.6	0	10
梓　州	8	0	0.6	0	8
利　州	2	0	0.2	0	2

(续表)

路	书　院*			其他私学	私学总数
	书　院	精　舍	每州书院数		
夔　州	3	0	0.2	0	3
北　部					
京东东	2	0	0.2	0	2
京东西	3	0	0.3	2	5
京西北	6	0	0.6	0	6
河北西	3	0	0.2	0	3
西北部					
河　东	1	0	0.04	0	1
永　兴	4	0	0.2	0	4
总　　计	401	24	1.2**	39	464

资料来源：Chaffee,"Education and Examinations in Sung Society",附录二。

* 起初是精舍但以后变为书院的学校归入精舍类。

** 包括宋代全部州数，不仅仅包括我们有私学记载的各路内的州。

从某种意义上说，最能说明科举的广泛影响的证据是：所有的路都出进士，而且，事实上除了京西南路的进士数不全外，所有南方的路都产生100名以上进士。取得进士学衔毕竟是很大的成就，不仅对个人是这样，而且对于那些曾经长期进行教育投资使能达到这种成就的地方或世族来说也是这样。那些出身文化落后地方的人既没有家庭关系，又缺少丰富的书籍（因为大多数印刷商都在东南）和一流的教师，能取得这种成就则尤为感人。

学校也可在帝国的每一地区发现。尽管像我们在以上指出的那样，学校的分布反映出科举上成功与不成功的两种情况，但其差别要比科举成绩的差别不明显得多。除了夔州路和成都府路以外，所有南方的路，80%以上的州都有州学。（成都府路州学之少是含有讽刺意味的。)虽然在不成功的各路中,书院和县学的数目要比州学少得多,但有县学的县所占的百分比也达到 22% 以上,有的甚至高达 92%,并且,除了淮南东路以外,所有其余各路都至少有几个书院。

这些数字很难使人理解,也许比其他任何情况反映得更多的是现存的原始资料多寡不等。对具体了解一个不成功的路的教育发展情况,我们幸而有一部作者不详的关于寿昌军(属荆湖北路)的地方史。寿昌军是在 1222 年由鄂州的武昌县改建的,位于今武汉以下的长江边。① 作为一个县,它早在 1045 年庆历改革时就曾有一所学校,该校在以后的年份中(1106 年和 1174—1189 年)曾被迁移两次。在县改为军后,这所学校曾被扩大,随后在 1227 年、1237 年、1250 年和 1253 年曾进一步扩充或整修。在 13 世纪 50 年代,它有 50 间房屋,一笔巨额的基金,6 个宿舍,12 个教职员,一个藏书 250 多册的图书馆,并且经营着用于科举的学产。② 寿昌军还以拥有南湖书院而自豪。这个书院建于 1242 年,拥有 50 间房子,一笔独立的基金,以及一个差不多和该军军学图书馆同样规模的图书馆。③ 13 世纪的这种教育活动对士人总数的增长有惊人的影响;科举曾在 1222 年吸引了 100 名考生,在 1252 年吸引的考生约为 400 名。④ 然而尽管有这种活动,在那 30 年中只出了 5 名进士。⑤

寿昌军有多少代表性呢？我们根本不能确实地估计,因为我

---

① 《寿昌乘》4b—15a。
② 《寿昌乘》4b—7a,13b—14a。
③ 《寿昌乘》14a—15a。
④ 《寿昌乘》7b。
⑤ 《寿昌乘》7b,11a—12b。

们没有其他地方的可比资料。但看来它至少在不成功的各路中最成功的各州中是有代表性的。作为一个军,它的州试解额是两名,所以它的选拔比例是从50人取一人到200人取一人。如果把这些数字同图2所示的其他各州诸如利州路的龙州和兴州、夔州路的万州(它完全未产生进士)以及广南西路的化州相比,我们可以看出,不成功诸路的所有数字或者属于这一竞争程度范围,或者竞争更为激烈。如果我们进一步把它们的竞争程度及参加州试人数(图3)与成功的各路相比,可以看出它们虽然在南宋时期落后于成功的各路,但它们在南宋时的水平显著地高于成功的各路在北宋时的水平,不过这并不意味着它们的教育水准完全是类似的。

  这种教育活动并没有可证明的普遍性。如果我们看一看不成功的诸路中比较成功的各州所在的地方(见附录三和图1),我们会发现一些极有趣的分布情况。在长江中游地区,成功显然是分区化的,并且只限于中心地区。除了我们将在以后研究的赣江流域以外,湘江流域的各州是最成功的(不过远不及赣江盆地的各州)。然后是长江走廊地带,包括洞庭湖周围低地在内。最后,沅江流域和汉水流域几乎没有代表。

  我们还在别处发现,即使只有中等科举成绩的一切州也都或者位于中心地区,或者沿着主要的商队路线,或者兼有这两种地理位置。在广南,在整个宋代各有30名以上进士的7个州中,潮州、化州、广州和柳州都占有重要的沿河位置,它们或者位于河口,或者位于重要的河流交汇处,而韶州则在进入沅江流域①的重要商队路线上。在淮南,我们有记载可查的进士数的69%也

---

① 按:此处应为湘江流域。

都来自长江或大运河沿岸各州。①

中国南部有40多个州完全没有进士。可以预料到,这些州大多数都在地区边缘,远离主要河流或商队路线。它们还集中在某些路:广南东路(八州),广南西路(十六州),利州路(三州),夔州路(三州),以及京西南路(七州),不过这最后一路也许只反映了缺乏科举档案。而且,在这些州中,广南西路的五州,利州路的二州,夔州路的三州以及京西南路的二州,在我们拥有的档案记载中都没有学校,表明教育发展的缺乏。②

所有这些路除了京西南路以外,都在边境地区。宋代的南方和西南方,像其他王朝一样,汉族与少数民族混居,地区间并非始终处于和平状态。例如,1051年的南方战乱,迫使政府在江南西路和荆湖南路为来自广南东路和西路的考生举行特殊的解试。③这些边境地区的士人在当地社会中至多构成了一个人数很少的阶层。甚至曾在宋朝产生过不少进士(163名)、地处江南西路最南部的赣州,一位南宋的官员也把它描述为"(赣)于江西为穷绝之处,其地逼广,其俗逼蛮"④。广南本身曾被张次贤(1193年进士)在1222年形象地描述为:

> 一气常燠,四时如夏。草木实于穷冬,蛇虺游于既蛰。人之冒瘴得疾者,鲜克自全。其风气之异如此。茅苇弥漫,居民鲜少。业儒之家既疏,能文之士益寡,阖郡应举多者三

---

① 我们也许会注意到,在长江或大运河边的一些州的178名进士中,有110名是出自淮南东路南部的泰州,该州虽接近长江或大运河,但实际并不濒临二者。
② 然而即使在这些情况下,我们也不能认为没有教育活动。我们以上提到的夔州路的万州没有进士或学校(就我们所知),但它在1163年有500名考生。见《宋会要·选举》4/37a—b。
③《宋会要·选举》15/14a—b。
④ 曾丰:《缘督集》17/5b。(按:原文引自此书卷十七《送江鹏解元赴省序》。)

四百人,少者不满百人。(其士子之稀如此。)①

然而,他们的人数之少,并不意味着读书人或考试无足轻重。我们早先曾经提到过,一些特殊的规定怎样允许广南的举人成为非正式官员(摄官)。② 这样做有双重效果:既能使可以得到的官职多得多,又可使广南文士在地方政府中起重要作用。

学校和科举也可能在这些地区少数民族的汉化方面起着重要作用。人类学家华德英曾很有说服力地论证清朝是这种情况:

> 通过限制官员的权力,坚持官员的教育资格,并规定一切有志担任行政务的人都必须花许多年时间研读同样的课本而使教育资格标准化,这一制度保证了一个强有力的并极有威望的充分汉化了的阶层迅速分布于各地甚至中国最偏远的领土上……科举是竞争性的并对一切应考者公开的这一事实,将给予新统治地区的有抱负的人最强大的潜在推动力,让他们的子孙接受中国方式的教育,不论他们的种族血统如何。③

我们的史料太贫乏,因而不能确定这一过程是否在宋代发生过,但我们所拥有的少量史料是有启发性的。1105 年,允许在陕西新建立的边境各州开办"蕃学","选通蕃语识文字人为之教授,训以经典,译以文字,或因其所尚,令诵佛书,渐变其俗"④。1171 年还有成都府

---

① 曾丰:《缘督集》16/33b。(按:此处原文引自《宋会要·选举》十六之三三,宋嘉定十五年二月十九日左司谏张次贤奏言。)
② 参见本书第二章中《太学生与举人》一节。
③ Barbara Ward(华德英),"Readers and Audiences: An Exploration of the Spread of Traditional Chinese Culture"(《读者与听众:关于中国传统文化传播的探索》), in Ravindra K. Jain, ed., *Text and Context: the Social Anthropology of Tradition* (《题目与范围:传统的社会人类学》), Philadelphia: Institute for the Study of Human Issues, Inc., 1977, pp. 184 - 185.
④ 《宋会要·崇儒》2/10b—11a。关于南方的两个类似的例子参见同书 2/12a,14a。

官员们所上的一份引人兴趣的奏章,其中表明了非汉人在正规的基础上参加考试。这份奏章要求增加解额,因为许多考生是来自西北部的流亡者,还因为"西南大蕃举人率常增添"①。

不论科举是否有助于汉化的进程,不管士人阶层在各地区的人数怎样稀少,我们关于学校广泛分布和考生人数甚至在帝国最不成功的各地区也在不断增加的研究结论,表明我们所关心的教育发展确实是全国范围的现象。这不只对这项研究具有重要性,因为它暗示着地方文士与全国文士文化的结合正在飞速进行。人们曾论证中国在宋代以后之所以没有持久的政治上的不统一,是由于全国经济一体化的不断发展。② 尽管这无疑是事实,但我们在这里的研究结果表明,在很大程度上由学校和科举所造成的文化上的统一,是晚期帝制中国的政治统一的重要促成因素。

科举成绩的分布图式

四川和中国东南部在科举中的成功是不出人意料的,因为它们在经济上都属中国宋代最先进的地区,只有以开封为中心的华北平原地区系统可与它们相比。它们不但是米、茶、盐和木材等主要商品的领先生产地区③,而且还在纸、墨、砚、笔及印刷书籍

---

① 《宋会要・选举》16/17b—18a。
② Ch'ao-ting Chi(冀朝鼎),*Key Economic Areas in Chinese History, as Revealed in the Development of Public Works for Water Control*(《中国治水公共工程的发展中所显示的中国历史上的主要经济区域》),London: Allen & Unwin, 1936, p. 132。
③ Shiba, *Commerce and Society in Sung China*, pp. 103-111;张家驹:《两宋经济中心的南移》,第 6—28 页。

等学习必需品的生产方面在全国领先。① 在东南地区,贸易(包括国内贸易和对外贸易)的高度发展已形成了一个值得注意的城市网络,这个网络在长江三角洲最为完整,并且沿长江而上延伸到江南地区,沿海岸延伸远及广州。② 四川的发展程度稍低,但红色盆地的肥沃使它成为全国最富饶、人口最稠密、文化最发达的地区之一。它的成就中值得注意的是10世纪中两项先驱印刷事业:首先印行佛教的《三藏经》和印刷儒家经典的最早两个版本。③

然而,说明经济发展水平与科举成绩之间存在着一般的对应关系并没有告诉我们财富变成有用知识的复杂过程或这一过程如何必然会发生。这种一般化的说明也没有考虑到四川和东南地区在财富、商业活动、教育发展和科举成绩方面的重大变化。因此,我们需要更有鉴别力的分析形式。

我们将利用的自然地理区大体上符合施坚雅所提出的那些区域,但有一些不同之处。第一,由于组成宋代四川的4个路的举人在南宋时期有分开举行的省试,我已把它们合在一起作为一组,而施坚雅的长江上游大区比这要稍微小一些。但是由于有争议的几州事实上在科举中没有代表,所以实际差别是极小的。第二,赣江盆地将作为一个独立的地区来处理,其规模和重要性比得上长江下游和东南沿海,而不是把它作为长江中游的分区。第

---

① 张家驹:《两宋经济中心的南移》,第 6—28 页;Shiba, *Commerce and Society in Sung China*, pp. 103 - 111;张秀民:《南宋刻书地域考》,《图书馆》3 (1961):52—56。
② Shiba, "Urbanization and the Development of Markets", pp. 24 - 33; Kracke, "Sung Society: Change Within Tradition"(《宋代社会:传统中的变化》), in *Enduring Scholarship*, pp. 65 - 69。
③ Carter, *The Invention of Printing in China and Its Spread Westward*, pp. 56 - 62。

三，我已仿照斯波义信不把长江以北的地区包括在长江下游大地区内。① 虽然淮南东路和淮南西路的南部在经济上是被结合到长江下游地区之内的，但金国入侵战争所造成的档案散失和教育破坏，会使把它们同长江下游的其他地方作比较令人产生错误的印象。第四，明州（宁波）已被归到东南沿海区而不是归到长江下游区。作为地区间贸易和国际贸易的中心，它的地区定位是可以有两种解释的。它的一些主要的县是在环绕杭州湾的沿海平原上并向北形成长江三角洲；它向西由运河与临安相连接。② 但它的首府也是一个重要港口③，它的河流小而腹地有限，这一切都是东南沿海区的特征。鉴于海上贸易在宋代所起的重要作用，明州的沿海特征看来在那时是占支配地位的。

我认为各个地区可以天然地形成整体或天然地分割为其特征。形成整体的地区或者有一个主要的河系，或者有谷地或盆地形成一个相当一致的中心，四周为山地所环绕。赣江盆地和四川（后者在较小程度上）是这种地区的例子。以四川为例是有问题的，因为红色盆地因其河流而稍稍分区化，而且我们将看到，这在科举成绩方面形成了差别。但四川的主要自然地理特征是有一个单一的中心，即红色盆地，它与多山的周围明显地分开，因此，我把它归类为形成整体的地区。相反地，分割的地区由显然分立的一些分区——通常是由小的河系组成，每个分区通常有它自己的中心和周围。东南沿海是典型的分割地区。

---

① Shiba, "Urbanization and the Development of Markets", p. 15.
② Linda Walton-Vargo, "Education, Social Change, and Neo-Confucianism in Sung Yuan", p. 31.
③ 关于宋代明州在商业上的重要性，参见 Shiba, "Ningpo and its Hinterland"（《宁波及其腹地》）, in *The City in Late Imperial China*, pp. 396–397.

我们的第四个地区,即长江下游,是比较难以归类的,因为它的大部分是由三角洲陆地组成的,用施坚雅的话来说:"对社会经济分区发展的自然地理约束是微弱的。"①然而我要论证,即使是微弱的约束也产生了3个看得清的分区:与钱塘江流域相一致的自然分区;长江三角洲,这是个比较不自然的分区,因为它的统一水路是人工开掘的大运河;江左,即江南东路的北部,它有一个向西北流注长江的水系,经济上以建康府城(南京)为中心。因此,即使长江下游不是严格地符合分割地区的标准,我还是这样把它归类了。

现在转到这些地区内各州的科举数据上来,我们可以区别出科举成绩的不同分布图式。在赣江盆地,中心区和边缘区的成绩难以区分,因为许多州是跨越这两个区的。但值得注意的是,在每三年每百万户有20多名进士的8个州中,有7个州或者就在鄱阳湖周围,或者在沿赣江和抚河下游到中游的富饶的栽植稻米区域。②赣江盆地科举成绩按时间的分布图式(图5)也值得注意,因为它的增长出现于3个阶段:在宋代的最初一百年中稳定地增长约10%;在南宋初的猛增比其他任何情况反映得更多的或许是中国北部的丧失;在宋朝末期激增到20%。这最后一个阶段的增长同长江下游和东南沿海的相对下降适相抵消,它是一个教育上和政治上蓬勃发展时期的开始,这个时期延续到以后两个世纪,因为在明代的最初一百年中,江西所出的进士比中国任

---

① Skinner, "Introduction: Urban Development in Imperial China", p. 13.
② 例如吉州是个极繁荣的州,它由于稻米生产而有全国最高的赋税配额。见 Shiba, *Commerce and Society in Sung China*, p. 65. 关于相邻的抚州的类似特征,参见 Hymes, "Prominence and Power in Sung China"之引言。

何其他省份为多。①

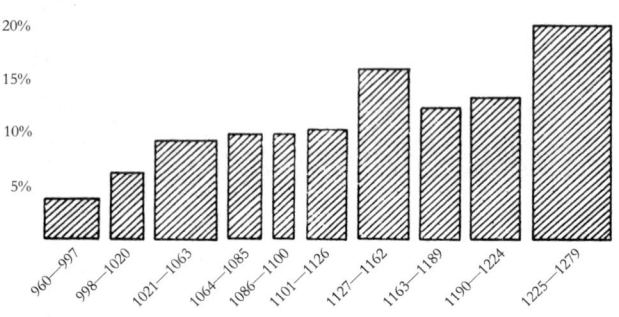

图5 赣江盆地的科举成绩：全部进士的百分比

中心区拥有压倒优势的现象在四川更加明显，那里的边缘地区（即在红色盆地以外）在整个宋代没有一个州曾获得9名以上进士学衔，而中心区的绝大多数州获得的进士学衔都在9名以上。我们还可以看到大多数成功的州都集中在红色盆地的西部，那里几世纪来都是四川的经济和文化中心。

在长江下游和东南沿海，科举成绩的分布图式是不同的。大多数州都非常成功，但成功程度的重大差异往往是沿着分区界线划分的，而不是按照中心区和边缘区划分。对这最后一点必须加以限制，因为在闽分区，福州和兴化军要比仍然很成功的内地各州成绩好得多。并且，其他的沿海分区很小，只有县级的分析才能揭示存在或不存在中心区与边缘区的差别。然而，在长江下游，边缘区（江左南部和整个钱塘）的成绩即使不比中心区更好，也和中心区同样好。

---

① Ping-ti Ho, *The Ladder of Success in Imperial China*, p.227. 吉州（明代的吉安府）在两个时期中都处于重要地位，因为在1225—1275年间，它共出进士499名，仅次于福州（福建）的865名；而在明代它共出进士1 020名，非其他任何州可比。见同书第246—248页。

至于分区的差别,我们从表 24 可以看出,科举水平显然不同于其他分区的两个分区是韩分区和江左分区。鉴于前者人口稀疏而后者在农业上比较贫瘠①,并且两者都不位于其地区的中心,或许它们只是最低限度地结合到它们的地区中。如果我们撇开这两个分区,我们会发现在长江下游和东南沿海这两个地区中,每一个在科举成绩水平上都有高度的一致性;长江下游有 64% 的州每三年每百万户有 20 至 39 名进士,而东南沿海有 73% 的州每三年每百万户有 40 多个进士。

根据这一按人口对照每次考试所得进士数的尺度,我们发现在分区一级和地区一级都有很大的变化。当然这只是几种可能采用的尺度之一,但它也是三百年间固定的平均标准。图 6 比较了各地区和分区在各个时期的考试成绩并揭示了显著的类似之处和差异。最大的相似处是长江下游和东南沿海这两个地区的科举成绩存在着平行的变动:在宋朝最初一百年间所得学衔数迅速增长,继 11 世纪晚期的下降后,接着是在 12 世纪晚期增长达于顶点,最后是在 13 世纪长期降低。这个图式在每个地区的主要分区(闽分区和长江三角洲分区)也很明显,在九龙分区和钱塘分区则明显的程度较小。但差异还是引人注目的。不但东南沿海 14 个州的进士数一贯超过长江下游 16 个州,而且两者的差距在宋朝最后一百年间大大变宽。同样地,闽分区在宋朝晚期的下降比长江三角洲分区的下降较晚也较缓和。然而最值得注意的是浙沿海分区的成绩。这个分区在北宋科举中只有极少的代表,而在南宋初期,它的进士所占比例增长到三倍,并在以后继续增长。

---

① Shiba, *Commerce and Society in Sung China*, pp. 63-64.

表24 长江下游和东南沿海各州按每百万户每三年所出进士数的分布情况

地区/分区	0—19	20—39	40+
长江下游			
江左	5		
长江三角洲	1	5	1
钱塘		2	2
地区合计	6	7	3
东南沿海			
浙沿海		1	3
闽		1	4
九龙		1	1
韩	3		
地区合计	3	3	8

资料来源:附录三;赵惠人:《宋史地理志户口表》第19—30页关于1102年左右的各州人口数。

由这些研究结果所提出的众多问题中,我们将集中研究两个问题。第一,长江下游和东南沿海这两个地区的最早的登科者是怎样出现的?因为他们实际上是从帝国官僚政治中几乎没有代表的历史情况下产生出来的。第二,我们怎样能说明浙沿海分区在南宋的非常突出的成绩?

虽然北宋初期的科举从南方各地吸收有成就的考生,但很少的几个州所产生的进士数远远超出了它们的份额。在宋朝的最初一百年间(960—1063年),福建的建州共出进士282名,在南

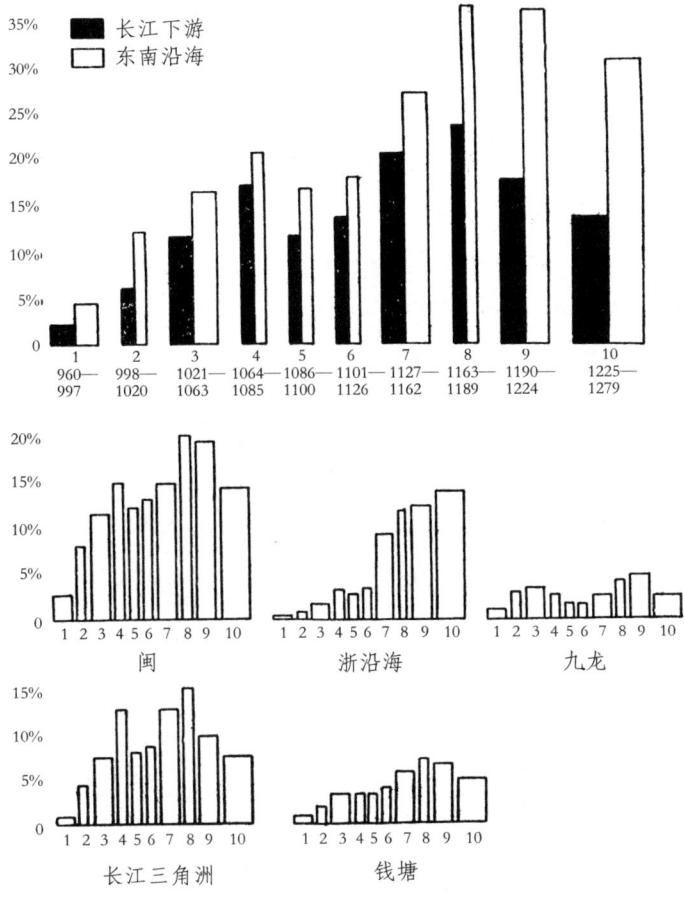

图6 长江下游、东南沿海和它们的主要分区的科举成绩

方其他各州中占领先地位,随后是它的福建的相邻军、州:泉州(194名)、兴化军(152名)、福州(142名)。成绩最好的10个州中的其他6个是:长江下游地区的常州(108名)、苏州(75名)、衢州(73名);赣江盆地的吉州(115名);四川的成都府(121名)和眉州(88名)。①

---

① 在那些年中,这10个地方在中国南部的进士总数3 078名中占44%。

福建的成绩特别值得注意，因为它在唐代是个落后的边境地区，在帝国的国家大事中所起的作用即使有的话也是很小的。① 但在晚唐和随后在闽王国时期(879—978 年)②，它受益于持续的外来移民，成为重要的农业区，而且由于泉州而作为主要对外贸易中心脱颖而出。③ 柯胡曾经论证，伴随着唐宋之间的"政权空白期"而来的自治，使泉州不受阻碍地发展为一个港口，并为当地文士提供了在政府中服务并撷取商业利润的机会，这种活动以前曾是非本地官员的特权。这样就为泉州文士在宋代的兴起作好了充分的准备。④ 这是颇有说服力的。我想对这项论证所作的修改只是指出泉州在科举上极早的成功(它在并入宋帝国版图的一年内就开始出进士)不仅表示了在政府服务的传统，而且还体现了在闽王国时期对经典教育的非常支持，和当地人士普遍愿意采取读书人的生活方式和价值观。⑤ 一位元朝的作家正是把这

---

① 例如，泉州在唐代只产生了 13 名进士和 9 个明经学衔。见 Hugh R. Clark(柯胡)，"Quanzhou (Fujian) During the Tang-Song Interregnum, 879-978"(《唐宋政权空白期内的泉州，879—978 年》)，*T'oung Pao* (1982), p.144.
② 按：据翦伯赞主编《中国史纲要》第 3 册(人民出版社 1979 年版，第 9 页)，闽王国系于 945 年为南唐所灭。
③ Hugh R. Clark, "Quanzhou", pp.145-147. Shiba, "Urbanization and the Development of Markets", pp.16-19. 关于进入福建的移民，参见 Aoyama, *Newly-Risen Bureaucrats*, 及 Hans Bielenstein (毕汉思), "The Chinese Colonization of Fukien Until the End of the T'ang"(《唐末以前中国人在福建的移民》), in Soren Egerod(易家乐) and Else Glahn(埃尔斯·格拉亨), ed., *Studia Serica Bernard Karlgren Dedicata: Sinological Studies Dedicated to Benard Karlgren on his Seventieth Birthday*, *October Fifth*, 1959(《汉学研究论文——纪念高本汉七十诞辰》), Copenhagen: Ejnar Munksgaard,1959, pp.98-122.
④ Hugh R. Clark, "Quanzhou", pp.145-149.
⑤ 这种支持像以下描述的东南沿海后来的教育文化一样，可以看作是"灵活性策略"。按照施坚雅的意见，"灵活性策略"涉及职业专门化和输出其技术的地方系统。见 Skinner, "Mobility Strategies in Late Imperial China", p.327. 士人在以后时期的普遍存在，并没有使择业自由受轻视，特别是经商和从军这二途，在 10 世纪时是对优秀人士开放的。

样的先驱作用归之于泉州的文士:

> 闽人之贵进士,自泉之人始。由是文物浸盛,波流及宋之季,闽之儒风,甲于东南。①

虽然我们缺少篇幅对各州作个别的研究,但看来大多数在科举上很早就有杰出成绩的州很可能都有这些特征:经济繁荣;有在南方诸王国以及在某些情况下在唐代担任官职的历史;很早就扶助教育。这些州大多数都在地区中心,四川和长江三角洲的那些州并有历史悠久的好学传统。大多数州都因其发展早而获得巨大利益,因为这些州正是郝若贝所描述的在职业官僚贵族中有着极多代表的地方,那里的一批世族在11世纪的官僚政治中占有统治地位。② 因此,直到北宋末年,这些州在开封有着充分而强有力的代表。

正是在相邻的闽分区和长江三角洲分区在科举上长期取得成功的环境下,产生了浙沿海分区科举成绩的显著上升。无疑地,浙沿海分区的文士也像其他地方的当地文士一样,曾受益于因职业官僚贵族瓦解而造成的上升机会的增多。他们也肯定得益于东南沿海的经济繁荣,因为东南沿海区在南宋时期借助于泉州的继续占有商业优势③以及南宋海军的优越地位提高了航运

---

① 引自斯波义信:《宋代商业史研究》,东京:风间书房1968年版,第424页。(按:此处原文直接引自元吴澄《吴文正公集》(《四库全书》文渊阁本)卷二十八,《送姜曼卿赴泉州路录事序》)
② 这一论点的根据是郝若贝对我在1978年9月匹兹堡大学关于现代中国的三国讨论会上的论文所作的评论,他在其中说这些世族集中于北方四京、四川的成都府和眉州、赣江盆地以及长江三角洲的常州和苏州。
③ 在1086年建立市舶使(对外贸易主管机关)后,情况尤其是这样。见Laurence J. C. Ma(马润潮),"Commercial Development and Urban Change in Sung China (960-1279)"(《宋代的商业发展和城市变迁》),密歇根大学博士学位论文,1971年,第33—37页。

环境的安全性①,其经济繁荣在位置上更靠近沿海岸一带。明州知州胡榘在 1227 年还必须这样写:

> 本州僻处海滨,全靠海舶住泊、有司回税之利(十五分抽一),居民有贸易之饶。②

三十年后的 1260 年,另一个知州以帆船税的收入为明州州学的重建工程筹集了大量资金。③ 然而,对南宋时期沿海繁荣最有说服力的证据来自科举本身,因为长江下游和东南沿海地区的进士数增加达 50% 以上的大多数州都位于海滨,并且通常都有一个重要的港口。事实上,单是东南沿海的 7 个滨海的州的进士数就累计增加了 239%,并占南宋进士数的 28%。可资比较的是,浙江和福建两省共占明代进士总数的 23%,清代进士总数的 16%。④

但是单是沿海的繁荣还不足以说明浙江沿海在南宋时期的科举成绩,因为这样会使其他沿海各州和一个非沿海的州(处州)失去光彩。大部分荣誉必须归于本区非凡的教育文化。浙江沿海的教育文化事业在北宋中期渐趋显著,而在整个南宋时期达于鼎盛。13 世纪时,王应麟以庆历时期(1041—1048 年)为开端论

---

① Jung-pang Lo(罗荣邦),"The Emergence of China as a Sea-power During the Late Sung and Early Yüan Periods"(《中国在宋末元初时期作为海军强国的出现》), in *Enduring Scholarship*, pp. 92 – 93.
② 张其昀:《宋代四明之学风》,载《宋史研究集》第 3 辑,台北:"中华丛书"编审委员会 1966 年版,第 63 页。〔按:此处原文直接引自《(光绪)鄞县志》卷七十《市舶门》。〕并注意苏轼的下述论点:福建全省赖海运贸易谋生。见 Shiba, *Commerce and Society in Sung China*, p. 187.
③ 《宝庆四明志》12/7b—8b。
④ Ping-ti Ho, *The Ladder of Success in Imperial China*, pp. 227 - 228. 可资更准确比较的数字是:位于明清两代浙江和福建境内的宋代各州共占南宋进士总数的 47%。

述明州的文化史,他说:"吾邦自庆历诸老淑艾后进,干、淳大儒阐绎正学,孝弟修于家而仁逊兴,齿德尚于乡而风俗厚,理义明于心而贤才盛,善信充于己而事业显。"①正是在那一时期,明州的第一批著名教师——"庆历五师"积极从事教育活动②,并且也正是在关于这一时期前后的记载中,我们首先发现了地方官提倡县一级教育的参考资料③。明州的一位作家在1090年描述了当时文士活跃的气氛,并且说"善人以不教子为愧"④。

虽然我们缺乏浙江沿海其他各州的类似资料,但看来它们很可能都经历了同样的教育发展过程,因为在南宋时期它们不仅在科举上有巨大成就,而且都有显著的、生动活泼的智力活动。在12世纪60年代,明州的4个学生——杨简(1140—1226年)、袁燮(1144—1224年)、舒璘(1136—1199年)和沈焕(1139—1191年)——在临安的太学中跟陆九渊的兄弟九龄(1131—1180年)学习。他们都成了陆九渊的"心学派"的主要拥护者,并通过在他们所创建的书院中的教学,使明州成为那一学派的主要中心之一。⑤ 在地域上更加集中的是以温州的叶适(1150—1223年)和婺州的陈亮(1143—1194年)为首的功利主义或实用主义思想

---

① 《延佑四明志》13/7b。(按:此处原文引自该书卷十三《王应麟重建大成殿记》,又同卷《王应麟重建学记》中亦有类似记述。)
② 庆历五师是杜醇、杨适、王致、王说以及最著名的楼郁。楼郁曾在州学任教三十多年。见 Linda Wallon-Vargo, "Education, Social Change, and Neo-Confucianism in Sung Yuan", p. 58;张其昀:《宋代四明之学风》,载《宋史研究》第3辑,第48页。
③ 地方官是指曾在1048年任慈谿知县的王安石和十至二十年以后任象山知县的笃行两人,他们当时曾在促进教育方面做了很多工作。见张津:《乾道四明图经》9/13a—16b;王辟之:《渑水燕谈录》十卷(《丛书集成》本)3:22。
④ 张津:《乾道四明图经》9/16b—18a。作家李阅是在概述宋代的教育,但我们可以认为明州的情况是符合他的描述的,因为他随后以很赞许的语言论述了明州的情况。
⑤ 张其昀:《宋代四明之学风》,载《宋史研究》第3辑,第52—57页。

家。① 实际上,这批人中那么多都是温州的永嘉县人,以致他们逐渐以永嘉学派闻名。最后,张家驹曾经把在《宋史》的道学(新儒学)和儒林部分中列有传记的那些人的原籍列成了表格。按照该表,在北宋时期,44 人中有 7 人是现在的浙江省和福建省人;在南宋时期的 45 人中,这两省占 25 人。② 尽管由于浙江的大部分属于长江下游区,因而使这些数字缺乏说服力,但它们仍然反映了智力活动的活跃肯定是浙沿海在南宋科举中取得巨大成就的基本原因。

还有别的证据。浙江沿海分区是大约 30 个书院的集中之处,即每州有 7.5 个书院,尽管不及闽分区(那里有 56 个书院,即每州有 11.2 个书院),但远远超过长江三角洲分区(那里有 19 个书院,即每州有 2.7 个书院)。更加引人注目的是州试考生数记录的比较。虽然闽分区的建州有考生 10 000,福州有考生 20 000,在人数上仍然领先③,但台州和温州记录的 8 000 人④远远超过长江三角洲的润州、苏州和徽州记录的 1 000 至 3 000 人⑤。凭比较泛泛的印象来说,当时关于地方文化的一些论述也使人想到,学习和取胜的"学术战略"在闽分区和浙沿海分区比在长江三角洲分区有更广泛的吸引力。11 世纪时的杭州(临安)知州陈襄(1017—1080 年)把杭州的科举成绩之差归咎于沿海贸易的影响和追逐财利的欲望:

> 岂非濒海之民,罕传圣人之学,习俗浮薄,趋利而逐末,

---

① Schirokauer, "Neo-Confucians Under Attack", pp. 184-188.
② 张家驹:《两宋经济中心的南移》,第 138—139 页。
③ 《闽史》32/9b;《宋会要·选举》22/6b;刘宰:《漫塘文集》13/10a—b。
④ 《宋会要·选举》22/6b;陈耆卿:《赤城志》4/10a。
⑤ 《至顺镇江志》11/35b—36a;龚明之:《中吴纪闻》1:6—7;罗愿:《新安志》十卷(1888 年版)8/2a—b。

第六章 登科者的地域分布

顾虽有良子弟,或沦于工商释老之业,曾不知师儒之道尊,而仁义之术胜也。①

相反地,曾丰则在 1184 年把他的出生地福建描述为这样的一个地方,在那里,竞争驱使人们不论是作为读书人或从事比较卑微的职业都能取得成功:

> 居今之人自农转而为士、为道、为释、为技艺者在在有之,而惟闽为多。闽地褊不足衣食之也,于是散而之四方。② 故所在学有闽之士,所在浮屠、老子宫有闽之道释,所在阛阓有闽之技艺。(其散而在四方者固日加多;其聚而在闽者率未尝加少也。夫人少则求进易,人多则求进难。少而易,循常碌碌,可以自奋;多而难,非有大过人之功,莫获进矣。故凡天下之言士、言道释、言技艺者,多惟闽人为巧。何则?多且难使然也。)③

随着沿海各州在南宋科举中不断取得成功,发生了一项对于这些州未来的成功和它们的士绅社会都具有重要影响的变化:它们的进士中曾经参加过州试者所占的比例减少了。图 7 绘出了东南一些州在各个时期中每次考试所取的进士数与各州举人解

---

① 施谔:《淳祐临安志》,现存五—十卷(《武林掌故丛编》本),6/4b—5a;潜说友:《咸淳临安志》56/3b。(按:此处原文引自陈襄《杭州劝学文》。)

② 人口压力也是柯志文用来说明清代绍兴士人和吏员外迁的牢固传统的理由。见 James Cole(柯志文), "Shaohsing: Studies in Ch'ing Social History"(《绍兴:清代社会史研究》),斯坦福大学哲学博士学位论文,1975 年,第 8 页。

③ 曾丰:《缘督集》17/11a。英译文部分地采用 Mark Elvin(伊懋可)所译 Shiba(斯波义信)Commerce and Society in Sung China 一书第 186 页的译文。斯波义信还引用了方大琮(1183—1247 年)的文章。方大琮以诗一般的豪放笔调描写他的原籍福州永福县:"吾邑家尽弦诵,人识律令,非独士为然,农、工、商各教子读书,虽牧儿馌妇,亦能口诵古人语言。"〔按:此处原文引自方大琮《铁庵方公文集》(《四库全书》文渊阁本)。〕

额的比例。在现存的宋代举人名录中,成进士的州试举人所占的百分比都在13%到20%的范围内。① 因而看来有理由认为,超过解额20%(即图中的0.2)的进士曾通过特殊的初级考试。在浙江沿海所有3个州中,进士对各州解额的比率从北宋末期的0.2或0.2左右提高到超过1.0,意味着大多数进士都曾参加过特殊考试。这些人有许多是在州试的激烈竞争中受挫而参加并通过了临安的太学入学考试的士人。朱熹曾对太学入学考试作了如下描述:

> 所以今日倡为混补之说者,多是温、福、处、婺之人,而他州不与焉。非此数州之人独多躁竞而他州之人无不廉退也,乃其势驱之,有不得不然者耳。②

然而,除了这些太学进士以外,其他的一定是皇族或者通过家庭或私人关系而能参加回避考试或取得进入太学的特权的人。

这是由成功引起成功的典型事例,因为浙沿海所出的官员越多,具有录用其亲属的特权的高级官员就越多。因此必须把运用特殊考试加到浙沿海取得成功的原因中去。同时,特殊考试的运用一定曾使成千上万在州试中为争取极少的成功机会而奋斗的人与那些照例参加特殊考试的人之间扩大了社会鸿沟。

再看图7所示的其他分区中,长江三角洲各州都表明在北宋时有很多参加特殊考试的机会,这种机会在南宋时大致保持稳定

---

① 见表15。我曾对抚州(江南西路)的3个县的举人名录无法进行分析,但按照韩明士的意见,其中20%都成了进士,参见 Hymes, "Prominence and Power in Sung China", p. 58.
② 程端礼:《程氏家塾读书分年日程》3/42a—b。〔按:此处原文直接引自《晦庵先生朱文公文集》(即朱熹文集,《四部丛刊》本)卷六十九《学校贡举私议》。〕

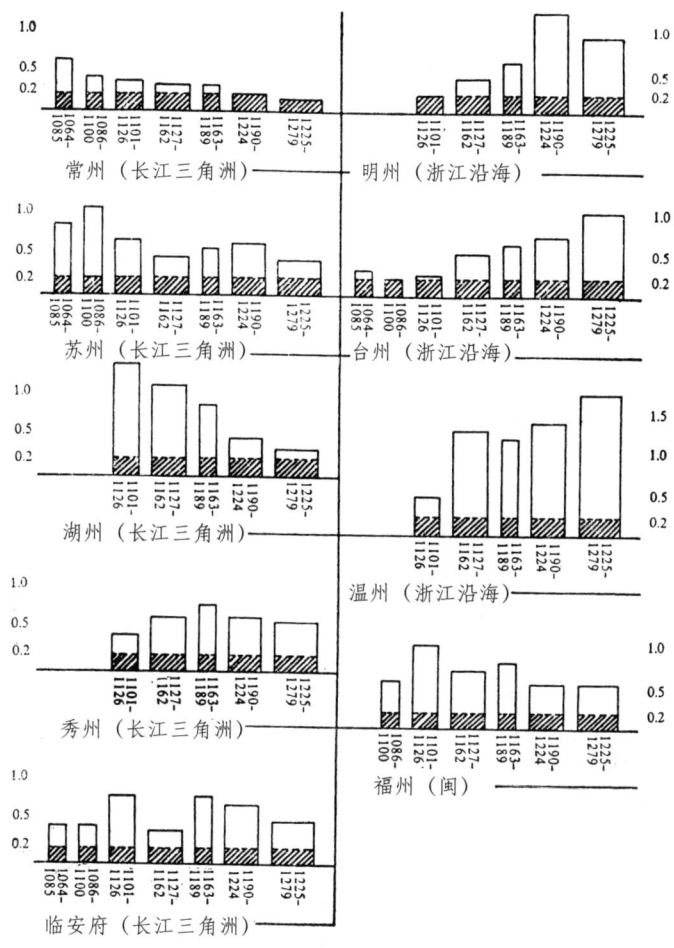

图7 长江下游和东南沿海各州每次考试的进士平均数对州举人解额的比率(阴影部分表示通过州试的进士)

(秀州、临安府)或趋于减少(常州、苏州、湖州)。此种情况大体上符合我们在第五章中对苏州的描述,该州的士人总数较少,但有强有力的官僚贵族,他们参加特殊考试的机会虽然减少了,但仍然有这种机会。它也表明士人家庭与富有而非士人家庭之间的社会界限在长江三角洲比在东南沿海划分得较为严格,或许这是由于北宋职业官僚贵族后裔们留下的影响。

闽分区的例子福州是另一个职业官僚贵族的中心,那里出现了不同的图式。部分地由于南宋时两次解额的提高使福州的解额增至3倍而达到90名,成为全国最高的解额,因而使依靠特殊考试的人数从北宋末期的峰值1.0降到0.6。但比起长江三角洲分区来,这个数值仍然是高的,它表明甚至在13世纪时,福州每三年平均产生的50多名进士中,还有三分之二之多的人曾经通过特殊考试。然而,对于福州这样一个州来说,这种情况是在意料之中的,因为它在官僚政治中所处的地位在北宋时期是很突出的,而且它在南宋时又以士人总数最多而又极为多种多样而自豪,这正是它不同于浙江沿海和长江三角洲诸州的地方。

根据以上分析,应该明确科举成绩的图式是既按地区又按分区形成的,而且没有一个变项足以单独说明这些图式。经济发展状况、地方官僚贵族历史的特征、教育传统,以及特殊考试,都是极重要的因素,并且每个因素都有它的地域范围。因此,虽然海上贸易或许在科举方面有助于所有沿海各州,但东南沿海不同的社会结构和教育传统以及福建和长江三角洲的早期发展,都促进了东南每一分区独特的科举史的形成。

但最有趣味的是在宋朝对各个地区约束极少的条件下,揭示某些地区能在科举中占优势的程度如何。富有者的学术战略,教育,以及特殊考试都起了作用,难怪以后各朝在北方的统治势力都力图抑制曾经为完善其统治出力的东南人。

第七章　通过棘闱——科举文化

考试术语

　　宋代科举制度最引人兴趣的特征之一是往往用丰富多彩的词汇来代替比较枯燥乏味的制度术语。这些词汇有时强调的是古代的先例和皇帝在选举中的作用。科举本身往往被称为"大比"，这是周朝时三年一次的人口普查的著名名称，那时各地常常选举贤能贡送朝廷。① 类似地，"贡院"是指考生参加考试的厅堂，"乡贡"或"贡士"是指在贡院中选拔的"举人"。在另一些场合中，通俗的术语强调的是成功的光荣：殿试第一名"状元"，有时称为"大魁"或"龙首"；列出及格者姓名的"榜"，有时也称为"桂籍"。但另一些名词强调的是通过考试的困难，例如当时的试院被称为"棘闱"。

　　这些可以容易地增多的语言创造的例子，是科举在宋代优秀分子社会中具有文化上的重要意义的证明。作为许多人（或许是最上层阶级的人）生活中的重要因素，科举已成为当务之急，而逐渐影响到人们的行动方式和思想方式。当然，这种影响在宋代以

---

① 魏了翁：《仪礼要义》五十卷（《四库全书》本），8/3b。

前和以后都是存在的,但恰恰在宋朝发生了两项极重要的新情况。首先是明显地开始形成了普遍的科举文化,这种文化当然是植根于占优势的优秀分子文化中的,但它有自己的礼仪、象征、建筑物和支持机构。这些东西不像以前那样只限于京师,而是遍布于全国,最明显的是在南方各科举成功的地区。其次,为应试而做的努力,尽管能否成功是不确定的,还带有不安全性,却吸引着作家们和说书人的注意,从而使我们至少能说明科举与优秀分子文化之间的某些关系。这一章所论述的正是这两个基本上被忽视的课题。

礼仪的普及

京师的考试一向有很多礼仪。其实,当隋文帝在587年创立科举制度的时候,他就把它交给礼部办理,而不是交给吏部去办,从而表明科举在礼仪上的作用是作为重要的事情来考虑的,从考生因参加省试来到京师,一到就呈递文件开始,接着是省试放榜,参加殿试,榜出最终名次,举行庆宴,以及皇帝接见,盛典一个接着一个。最后是取得胜利的平民由平民转变为官员而受到"天子"的注意(虽然是短暂地)。12世纪时有人对这种情况作了如下描述:

> (上饶龚丕显,绍兴十七年得乡贡。明年省试后,梦)入大官局,立廷下,与其徒数百人皆着白袍居西边。王者坐于上,吏一一呼名讫,引居东。……丕显随呼且东矣。①

---

① 《夷坚志》4.12:89。这一段实际上是根据龚丕显的梦所写,这梦大概后来是实现了的。但洪迈于1145年考中进士,是了解所写的情况的。(按:原文见丁志卷十二《龚丕显》。)

第七章 通过棘闱——科举文化

尽管京师的复杂礼仪早在唐代就已充分形成①,但是关于地方考试的礼仪从北宋或北宋以前起就几乎没有记载。"乡饮酒礼"是一个例外,这是周朝的一种著名仪式,在这仪式中乡人聚会饮食并聆听音乐,一切都极为隆重。② 据后来的注释者说,这种仪式有若干变形③,但唐代采用的一种与"大比"(见上述)时选举当地杰出人才相结合,选出的人才供各州每年贡送货物和士人时使用。《唐摭言》中有这样的记载:"(所宜贡之人)解送之日行乡饮礼,牲用少牢(按:献祭猪、羊),以官物充。"④

在宋朝的一个短暂时期内,乡饮酒礼曾经是科举制度的组成部分。在1143年与金国缔结屈辱的和约后,政府渴望获得南方优秀分子的支持,要求所有考生或者曾在官学入学半年,或者曾参加两次乡饮酒礼。⑤ 十三年后的1156年,这项规定被废除,或许是由于使这种礼仪普遍推行有困难的缘故。⑥

然而,在明州,可能还有其他的地方,这种礼仪有长得多的历史。根据南宋末期的记载,在北宋时期,乡饮酒礼是每年在新年期间举行的事。进行这种典礼时,由知州率领士大夫,按年龄为

---

① 例如可见《唐摭言》3:24—27。
② 主要的资料来源是西汉时的名著《仪礼》。参见 The I-li (《仪礼》)1:51—73。
③ 见魏了翁:《仪礼要义》8/2a—b 及朱熹:《仪礼经传通解》三十七卷(《西京清麓丛书》本)目录 9a。(按:即目录《士相见礼》第九。此书另有《经学辑要》本。)
④《唐摭言》1:1。(按:原文见卷一《贡举釐革并行乡饮酒》条。)
⑤《宋会要·选举》16/6a。
⑥《宋会要·选举》16/10a。又见 6b 及 8b—9a。

序排列,向"先圣先师"呈献食物祭品。① 这种典礼随着12世纪20年代末州学在战争中被毁而停止,后来于1137年恢复,1140年获得106亩田地以供应经费,并在上述1143年的诏令中起了示范和激励的作用。② 此后,这种已形成的礼仪模式被废弃不用,只在有时由知州在一些士绅的帮助下加以恢复。在已知的1165—1173年、1214年、1227年和1246年这几次恢复中,最后两次由于分别有1 500多人和3 000多人参加而值得注意。③

但是,不能因为它的突出的科举成绩(如我们在第六章中所看到的那样)和生气勃勃的优秀分子文化,而认为明州是有代表性的。明州,与其说它是文化发展的追随者,不如说它是文化发展的带头者。④ 不过明州的例子在说明宋代社会仪式的倾向和显示官学在这种倾向中所起的重要作用方面,还是有启发性的。的确,学校极其古老而彻底的儒学的"教化"目标,在很大程度上为科举文化提供了发展的环境。但是作为士人生活最显著的象征,学校对于科举却存在着一种悬而未定的关系,因为科举要求它们担负的是不同的任务:训练学生通过考试。特别是在徽宗时实行学校与科举相结合的三舍制试验以后,官学往往被看作是考

---

① 《宝庆四明志》2/16a。又见经朱熹校勘的吕大中:《乡约》(按:即《增损吕氏乡约》),因其中规定的礼仪很像《仪礼》中的乡饮酒礼。载《朱文公文集》74/25a—32a。已由 Monica Übelhör(余蓓荷)翻译,题为:"Mr. Lu's Community Pact, With Additions and Deletions by Chu Hsi"(《吕氏乡约,经朱熹增删》),系提交1982年7月在夏威夷大学举行的朱熹国际讨论会的论文。
② 《宝庆四明志》2/16a。最后这件事是由于一位明州的官员林保(1079—1149年)奏明朝廷而发生的。〔按:李心传《建炎以来朝野杂记》甲集卷十三《乡饮酒》条载,这是绍兴十三年四月由林待制(林保)奏请而行的。其后十三年开始改变,不复讲。〕
③ 《宝庆四明志》2/17a—18a。还包括一份到1246年为止的维持仪式的财务资产的一览表。
④ Linda Walton-Vargo, "Education, Social Change and Neo-Confucianism in Sung Yuan".

试的准备阶段。(这种倾向在明代达到了合乎逻辑的结果,当时官学已成为科举的纯粹附属物,成为供养低级学衔获得者的场所。)但是关于学校的真正任务的争论还在继续着,因为新儒学家们尤其认为传播文化和"道"的教导是学校的真正任务。正是在这一点上,应该了解一下明州的乡饮酒礼,因为尽管它在1143年的科举规章中起了示范的作用,但是它的规定目的是:振兴士风民心。正如一首诗中所说:"人心天理顿兴起,士习民风悉变更。"①

然而,南宋的另一些仪式都特别集中在科举上。最引人兴趣而又异乎寻常的仪式又是在南宋末期的明州和四川发现的。这些仪式与宣布州试及格者的名单有关。② 在指定的这一天,考生和其他的人都集合在贡院门外,由一位官员下来揭示姓名。当揭示第一名及格者时,那人就被领入贡院,在那里,他的姓名、籍贯、父名、祖名和曾祖名都题写在一块长约21英寸、宽约8英寸的绿底金花的小牌子上,那时就将这块小牌交给他。③ 离开贡院后,他把小牌交给跟随他的人们。他们那时就可摇着铃出来宣布这项消息。这标志着正式宣布考试成绩。

在江西吉州有一个"期集"仪式。州试成绩公布后,举人们集合举行这个仪式,以示庆祝并期待省试。杰出的周必大是吉州人,他在1198年曾经高兴地写到"期集",因为那一年空前地有50名举人参加仪式。

> 选士于里、登名天府为之首者,期集同举之人礼也。庐

---

① 《宝庆四明志》2/17b。这是1246年的规定。
② 梅应发:《开庆四明续志》十二卷(《宋元四明六志》本)1/16a—17b。
③ 梅应发:《开庆四明续志》1/17a。按中国的尺寸为长一尺五寸,宽六寸。

陵号士乡,故此礼尤盛,而今岁特盛焉。①

遗憾的是周必大除了说明曾收集宾客们所写的诗以外,对典礼进行的情况没有记述。事实上,这可能是极著名和普遍的地方科举仪式——为成功的举人们举行的称为鹿鸣宴②的庆祝宴会在当地的变形。出席这种仪式的有地方官和退职官员、过去的举人,以及州试和特殊解试的新举人,这使它成为科举成绩较好各州的一件大事。这种仪式的一个特征是向新举人们赠送礼物,其中最重要的是赴京应省试的旅费津贴,但至少有一个地方还包括大量毛笔、纸张和瓶酒。③

洪迈在他的12世纪的奇闻轶事集《夷坚志》中叙述了学术空气很浓厚的福建福州长乐的一个士人的故事。这人在一天夜里梦见来到一个大殿参加集体接见,殿上有一牌子,上面写着:"官职初临,朝仪未熟"。这士人叫陈茂林,他醒后深信这是皇帝接见,照他的解释,这预示着他不仅能考取,还能名列第一。这人的确在绍兴十七年(1147年)的州试中居第一名。鹿鸣宴来临了,举人们将由知州在大成殿接见。按照既定的先例,接见时举人们应按年龄为序排列。陈茂林对这项先例提出异议,他说:"吾为举首,应率先多士。"没有人和他争论,于是由他领先。但在仪式结束而焚香时应行二鞠躬礼,没有经验的陈茂林却行了三鞠躬礼。那些知道他的梦的人笑说,梦的意义现在清楚了,"此所谓官职初

---

① 周必大:《益公题跋》(《丛书集成》本)3;34。(按:原文见卷三《题戊午吉州举人期集小录》。)
② 在京师殿试后举行的庆宴称为"期集宴"。见荒木敏一:《宋代科举制度研究》,第343—345页。
③ 见《景定建康志》32/11a—12b。关于采用典礼盛宴的可资比较的有趣例子参见Richard C. Trexler, *Public Life in Renaisance Florence*(《文艺复兴时代佛罗伦萨的公共生活》), New York: Academic Press, 1980, pp. 539 - 540。

临,朝仪未熟也"。陈茂林感到很窘,也怀疑了自己对梦的解释,他终于没有获得进士学衔。①

这个故事虽然很简短,但使人想到社会礼仪在科举考生生活中的重要性。有关科举的梦,像我们将要看到的那样,据认为有不同的应验方式。在这个例子中,梦指出了陈茂林举止不合礼仪的倾向,这不仅表现在他的鞠躬上,而且更重要地表现在他不适当地坚持自己将名列榜首。

对举人的资助

旅费津贴的赠送可能是数额颇大的,这提出了科举生活的费用怎样筹措的问题。这项费用为数不小,尽管有些士人依靠进入供应膳宿的官学,或靠富有的庇护人的资助而解决了问题,但主要的费用来源一般是个人的家庭。洪迈曾讲到一位母亲在她儿子提出争取去参加考试的要求时回答说:"若素不学,徒有往返费,不可。"②在另一则故事中,我们知道有个年轻人感到内疚,因为他正在悠闲地准备考试,而他的家庭却极其贫困。③

尽管学习费用的支出是长期而数额很大的,但考试本身需要最大的经济负担。考生首先必须到州城去,如果在那里取得成功,他就面临着去往京师开封或临安的漫长和艰难得多的旅行。州试一般在8月份举行,省试是在次年2月,殿试是在次年3月,最后的结果则在次年4月唱名于集贤殿而揭晓。如果把回家的路程和大量的旅行包括在内,成功地通过一个考试周期实际上要

---

① 《夷坚志》1.17:135。(按:见甲志卷一《陈茂林》条。)又见《游宦纪闻》6/6b—7a。
② 《夷坚志》2.9:66—67。(按:见乙志卷九《黄士杰》条。)
③ 《夷坚志》4.5:37。

花一年。① 这种旅行花费很大，而且可能是折磨人的；我们以后将会看到它怎样驱使某些举人采取非常的策略。但由于这些费用，各个世族和地方在宋代都开始对它们的成员给予正式的资助。

世族对科举的资助实际上是起源于北宋的亲属组织的较广泛改革的一部分。1050年，政治家和改革家范仲淹（989—1052年）捐赠了约3 000亩土地给他的苏州的父系宗族。这些曾正式登记并为宗族所共有的土地，被组织成"义庄"，目的是为宗族成员提供经济援助，特别是对于婚丧大事的巨额费用的支援。② 1073年添加了对族内举人给予旅费津贴的规定，1196年增加了津贴数，13世纪末又建立了义学。③ 范氏宗族的例子是有影响的。中国东南部有关北宋晚期和南宋的义庄的参考资料很多，在其他地方也可以发现。不过，这些义庄看来很可能仍然是例外，而不是常规，甚至在东南地区的士绅世族中④，即使是那些模仿范氏宗族的例子的，如果有过世族组织的话，那也极少采用比较复杂的组织。

尽管对科举的支持并不是设立义庄的最初动机，但是由宋代的人员录用制度所提出的问题是义庄推广的原因之一。士绅家族正确地理解到，由于宋朝非常倚重科举以及由于教育的普及而使科举竞争更为激烈，已使他们世代保持其地位的任务更加重

---

① 《宋会要：选举》8/23b—24a。吴自牧：《梦粱录》2/2b—2a, 4/4b。这些是南宋时的标准日期。
② Twitchett, "The Fan Clan's Charitable Estate", pp. 105 - 107; "Documents on Clan Administration: The Rules of Administration of the Charitable Estate of the Fan Clan"（《范氏宗族管理文献：范氏义庄管理章程》），*Asia Major* n. s. 8 (1960), pp. 1 - 35.
③ 杨联陞：《科举时代的赴考旅费问题》，《清华学报》2 (1961)：116—130。
④ Twitchett, "Fan Clan's Charitable Estate", pp. 109 - 110.

了。虽然有些人主张恢复长子继承权制度作为维持家庭或世族的地位的手段①,但义庄已日益成为世族取得胜利的策略的基础。

13世纪初婺州(两浙东路)东阳县的一个士人陈德高是这方面的典范。当他的父亲死亡,需要他放弃读书应考而担负家务的时候,他说,由于他不能满足父亲要他攻取科名的愿望,他将效法范氏家族建立义庄来振兴他的世族。他建立的义庄有1 000亩土地和一个世族学校,曾经受到他以前的师长陆游(1125—1210年)的赞许。陆游写道:

> 制服不得不若是也。若推上世之心,爱其子孙,欲使之为士而不欲使之流为工商,降为皂隶,去为浮图、老子之徒。②

虽然陆游一心一意所关注的是,人们对远亲的责任怎样以孝顺为基础,但鼓励其男性成员"成士人"而准备科举考试的世族,显然比个别家庭有更多的机会产生官员和维持其较高的地位。当各个世族开始广泛撒网时,所有的地方也开始这样做,至少有优秀分子家族的地方是这样。在12世纪末,开始出现了县和州的科举产业。③ 这些产业一般叫作"贡士庄",但也用比较奇异的名词如"兴贤庄"和"万桂庄"。它们一般由捐赠的地产构成,其收入由官学的官员管理,并专门指定作为举人的旅费津贴,有时也

---

① 何炳棣提到新儒学家程颐(1033—1107年)和朱熹(1133—1200年)曾为长子继承权制度的恢复而辩论,认为这样可以永久保持祖产的完整,使家族在整体上不致衰落。见 *The Ladder of Success in Imperial China*, pp. 162-163.
② 陆游:《渭南文集》21:124(按:原文见卷二十一《东阳陈君义庄记》)。陆游于1207年(开禧三年)写这段文字。
③ 见杨联陞:《科举时代的赴考旅费问题》,《清华学报》2 (1961):116—130;及周藤吉之:《中国土地制度史研究》,东京:东京大学出版社,1954年版,第204—207页。

发给那些通过省试的人。

已知的关于科举产业的最早参考资料,是1184年(南宋淳熙年间)荆湖北路的一条资料:"俾诸郡售田,委郡文学董其入,以给计偕者。"①② 我所发现的关于实际产业的最早资料时间稍后,是1197年的③,但从那时起直到宋末,这种产业在中国中部和东南地区的大多数地方已普遍设置④。

就我们所知,科举产业一般由地方优秀分子家族和地方官员共同投资,中央政府不起任何作用。知州或知县差不多总是被认为这些产业的创设者,不过我们应该承认,地方史家们都有把主管官员任期内发生的任何积极的活动归功于他们的倾向。在某些情况下,官员的作用是明显的,例如在地方政府捐赠土地给科举产业的时候。⑤ 在另一些情况下,官员和当地优秀分子都起着作用。例如在1270年,吉州州学教授召开会议讨论对科举产业捐赠的问题,结果得到当地两个家族捐赠的大批土地。⑥

不管科举产业如何创设,当地优秀分子对它们的反应是很积极的,这应该是令人满意的事,因为科举产业对当地举人提供的帮助是很大的。在镇江府(即内浙西路的润州),1197年,新举人

---

① 《宋史》247/20b。又见杨联陞:《科举时代的赴考旅费问题》。杨联陞根据其他资料引用了这段文字的异文。(按:此处原文见《宋史》卷二四七《列传》第六《宗室》四,《善誉传》。)
② 按:据(南宋)楼钥《攻媿集》卷一〇二《赵善誉墓志铭》所载,此处原文作"在湖外,则率十四郡买田,各界郡文学之,每三岁则以给士之预计偕者"。("计偕"为举人赴省试者。)
③ 俞希鲁:《至顺镇江志》二十一卷,台北:文化书局1958年版,11/1b9。
④ 除了周藤吉之和杨联陞提到的6个科举产业以外,我已发现另外16个科举产业的参考资料,所属时期在1197年与1274年之间。
⑤ 见《至顺镇江志》11/19a—20a;徐硕:《至元嘉禾志》三十二卷(1288年手写本)7/6a—b;《延祐四明志》14/48b—49a。
⑥ 文天祥:《文山先生全集》9;291。〔按:此处《文山集》卷十二《吉州州学贡士庄记》(文渊阁《四库全书》本)。〕

每人可得 100 贯钱，另一些举人可得 150 贯，如果他们通过省试的话。① 在江宁府（即建康府），给予州试举人的数目是 50 贯，给省试及格者的数目是 200 贯。② 按照朱熹在 1190 年提供的、关于荆湖南路的岳麓书院给学生的膳食津贴数，50 贯钱可维持学生 250 天生活③，那么这样一笔钱或许已可应付往返京师的大部分费用，但绝不是全部费用。

涉及科举产业的文章也有很多表现地方自豪感的成分。当地方上准备给举人们送行的时候，已把州试中的竞争与不和忘掉了。对本州先进文化的颂词是很多的。例如，一位作家曾对明州之所以能比两浙其他各州产生较多的进士提出了一些看法："本府今为两浙衣冠人物最盛之地，当效而行之。一可以还前古之风流；二可以为乡党之美观；三可以杜捷子纷扰。"④

我们不久还要来谈这种社会团结的观念，因为它关系到宋代科举文化的发展。但我们首先必须研究这种文化的明显标志。

考选的标志

虽然科举仪式以及科举产业的成果只是每三年一次在与解试有关的活动中表现出来，但科举文化的其他特征则有比较持久的可见性。一种特征是服装，它在地位意识浓厚的宋代社会中起着重要的作用。尽管有禁止奢侈浪费的法令，但往往被违反，服

---

① 《至顺镇江志》11/19b。
② 《景定建康志》32/9a—10b。
③ 朱熹：《朱文公文集》一〇〇卷（《四部丛刊》本），100/14b。
④ 《宝庆四明志》1/16a—17b。（按：此处原文见《开庆四明续志》卷一《科举》。）

装还是很多。① 当然,最复杂的是对高级官员的朝服包括冠、袍、带及朝笏的规定,其材料和颜色都按品级规定得很详细。然而,对于地方优秀分子来说,不大高贵的特征却极其重要。士人的"深服"(长袍)或"儒服"使他们与未受教育的同时代人相区别。虽然举人与士人之间的服装区别比较小②,但中了进士就可穿"襕衫",它是官员的标志③。在洪迈所写的一则故事中,一个死后成了阴间的行政官员的士人说:

> 〔(黄)森〕平生苦学,望一青衫不可得。比蒙陈德广(按:即建康士人陈尧道)力,见荐于城隍为判官,有典掌,绿袍槐简,绝胜在生时。④

在宋代的传记记载中,我们也可看到以"布衣之时"这个用语来描述一个人在通过考试之前的时期。⑤

最明显和使人印象最深刻的科举象征是试院(贡院)——有志的考生必须通过的"棘闱"。这一宋代对传统中国城市景观所增添的东西出现于 12 世纪。在北宋的大部分时期内,考试一般是在寺庙、州学(儒学的另一象征),甚至衙门中举行的。1112 年,全国各州建立试院⑥,但照地方史志的记载,大多数试院都是

---

① 见《文献通考》卷一一三(第 1019—1027 页)关于宋代官员的服装。
② 按照 982 年的一项单独的法令,举人一方面与吏员、工匠、商人及其他平民类同,应系普通的铁角带,但另一方面又特许在住处穿黑袍。见前书卷一一三,第 1020 页。
③ 关于这种服装在地方典礼中的重要性,参见朱熹:《朱文公文集》74/27a—b, 28b; Übelhör, "Mr. Lu's Community Pact", pp. 7 - 8,16.
④ 《夷坚志》2.20:158。(按:此处原文见乙志卷二十《城隍门客》条。)
⑤ 《夷坚志》1.11:87;1.16:128。
⑥ 见荒木敏一:《宋代科举制度研究》,第 147—148 页。

在南宋时建立的①,当时的普遍规定是任何有100名以上考生的州都要建立一个试院②。

试院可以建造得很精致复杂。1261年重建的建康府贡院,是我们有图样的唯一宋代试院,它始建于12世纪30年代,在1168、1192和1223诸年经过整修。③ 该院位于建康城最靠东的文化区内,靠近州学、明道书院和先贤祠。④ 图样中(见图8)绘出了一个巨大的有围墙圈住的院子,前面有管登记的人、监考人和抄写人员的办公室,中间有无数考试小室,后面有考官的办公室、厨房以及职员的住房。最引人注目的是纵贯南北的庄严的主轴线,它把人从外门引入天井,通过巨大的中门,然后沿着一条两侧小室林立的很长的走道(绘图者已把它缩短),通过大厅或正厅,沿走廊最后抵达象征公平的衡鉴堂。

建造试院的原因主要是由于考生人数增加,因为当许多地方的考生数从数百人增加到数千人时,把寺院和学校临时改为试场已不能适应了。⑤ 但我们也应该注意到试院的直观效果。在只能看见围墙和外门的局外人看来,试院很可能是考试前途的有点神秘而持久存在的标志,这种神秘性或许由于它们只在每三年中的三天试期内使用而愈益加深。⑥ 对于那些进去的人来说,深邃

---

① 例如临安的试院建于1135年(绍兴五年),明州的试院建于1169年(乾道五年),润州的试院建于1177年(淳熙四年)。见《咸淳临安志》12/1a—18b;《宝庆四明志》1/29a—b;《至顺镇江志》11/35b—36a。
②《宋会要·选举》4/37a—b,16/26a。
③《景定建康志》32/2a,5a,13a。
④《景定建康志》29/14。
⑤ 例如可参见《景定建康志》32/5a;《宝庆四明志》1/29a—b;《至顺镇江志》11/35b—36a。
⑥ 试院中有时有常设的工作人员负责维修建筑物并保管档案,但考试区域仍然是空寂的。

复杂的院子和庄严的中央主轴线(它本身是庄严的乾坤之轴的反映)无疑地会起加强崇高威严之感的作用。

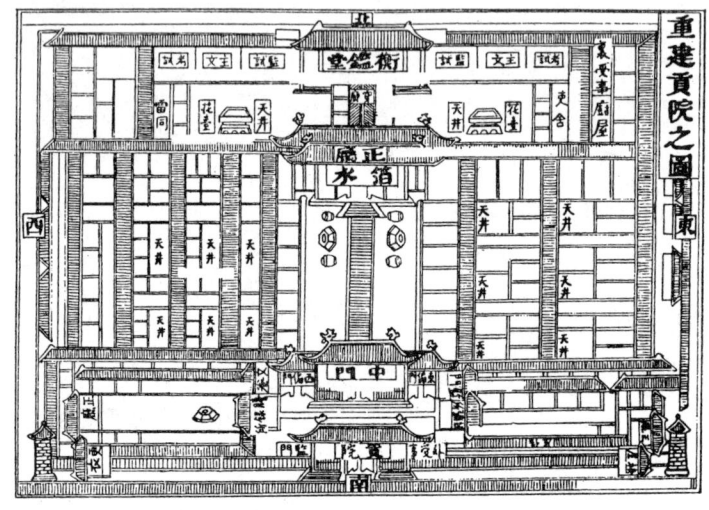

图8　建康府州试试院(贡院)

科举文化的早期阶段

上面提出的史料显然是很稀少的。不仅它无可辩驳地来自繁荣的东南地区,而且即使我们从提出的例子中引出结论,宋代的"科举文化"和帝制时代晚期的科举文化相比,还是有很大的差距,因为在帝制时代晚期,科举受到一大批学校、书院和州的寄宿舍的支持,并且争取科名一度为 100 多万人提供了一种生活方式。① 然而,看来很明确的是,至少在东南地区,普遍的科举文化

---

① 主要参见 Chang Chung-li(张仲礼),*The Chinese Gentry: Studies on Their Role in Nineteenth Century Chinese Society*(《中国绅士:关于他们在十九世纪中国社会中的作用的研究》),Seattle: University of Washington Press,1955.

及其自己的标志、仪式和机构正在形成。

为什么会发生这种情况呢?这有明显的实际上的理由。地方士绅在南宋时比他们在以前人数多、势力大,他们需要把自己同最高权力联系起来,因为作为文官统治阶级,他们是完全依靠帝制制度的。鉴于由成功的考生而成为官员的人能为他的家庭、姻亲、邻居以及一般地方优秀分子提供社会上、政治上和经济上的巨大利益,企图通过科举产业这类社会事业机构使登科者的人数扩大到最大限度是有突出意义的。通过标志和仪式提高科举的威望,使平民们特别是广大士人对州与帝国的联系的力量和光荣留下深刻的印象,也很有意义。① 因此,在有关科举的著作中,地方的自豪感是共同的成分。像前面引述的对于明州文化的自豪的话一样,周必大关于吉州"期集"典礼的文章中,在叙述了早先出现于吉州的一些大官以后,鼓励举人们继承当地为国家服务的传统:"诸君勉旃踵前贤之高躅,增吾邦之盛事,其在兹行乎!其在兹行乎!"②

科举的仪式和象征由于有良好的声誉,对于控制士人也很有用。

这种声誉不仅对于落选的考生接受考试结果很重要(尽管竞争激烈和不公正),而且对于阻止有时曾发生过的骚乱也是必要的。一位12世纪的作家曾经这样写建康试院扩大的原因:

(建康多士,异材辈出,曩有魁群儒、首异科而为名公卿

---

① 这使人想起克利福德·格尔茨(Clifford Geertz)的巴厘岛的"戏剧状况",在那里,举行复杂仪式的主要目的在于把参加演剧者的情况详尽地传达给人们。见 *Nagara: The Theater State in Nineteenth Century Bali*(《尼加拉:十九世纪巴厘剧场国家》),Princeton: Princeton University Press, 1980.
② 《益公题跋》3:34。(按:原文见《益公题跋》卷三《题戊午岁吉州举人期集小录》。

者,项背相望也。)故其子弟自勉应三岁之诏者,常数千百人。兵兴百事卤莽,有司不暇治屋以待进士,始夺浮图、黄冠之居而寓焉。①

这段话说明建康士人多,贡院拥挤,需要扩大,但因"兵兴百事卤莽",来不及做,只能占用佛寺、道观。其后,由于有识之士(包括地方官员和缙绅之家)筹措经费,得以扩建。一般说来,贡院房屋愈宽敞,愈能给人以深刻印象,则秩序和礼貌就愈好。②

报酬的向下普及也促进了控制的目的,因为推动科举文化发展的全部动力在于提高举人甚至考生的地位和声望。这虽然不能阻止对举人们的傲慢专横有讽刺的反应,但总的看来,或许会使那么多人长年辛勤而成果贫乏的生活过得比较惬意一些。

文化上的考虑甚至可能更加重要,因为科举构成了包括官学、私立书院和先贤祠(往往建立在校园中)在内的广泛的教育文化的一部分。宋代士人的特征之一是他们对于自己在文化中所起作用的崇高见解。他们生活在一个重文轻武,把文化、文学和文官的价值看得比军人的价值为高的朝代,看到他们自己通过科举提升到权势空前的位置上,因而他们把自己看作是儒家的优秀人物,文明的传播者,并且在传播文明的过程中,他们实现了极其出色的 11 世纪的儒学复兴。关于儒学应该采取的形式当然存在着不同的意见。是不是像苏轼等名流所论证的那样,体现在"文"中和明显地表现在进士考试中的诗赋,在人们接受的文学和文化

---

① 《景定建康志》32/3a。(按:此处原文见卷三十二《儒学五》贡院条,陈天麟所撰《记》。)
② 但这种结果未必总是会随之而来。参见岳珂关于成都在 1180 年发生的一次科举骚动的记载,那次骚动发生于成都试院刚整修之后。载《桯史》10:80—82。(按:即卷十《成都贡院》条。)

第七章 通过棘闱——科举文化

传统中,是接近"道"的最好方式呢?① 还是只能通过在经典中发现真理并按照这些真理行动才能理解"道"呢?后一种观点在南宋的新儒家中特别流行,他们把它看作是由失去北方领土而形成的政治和文化危机的解决办法。他们强调礼仪或日常行为规范的概念(礼)是能形成文明的。一位 13 世纪的学者曾这样描述先贤祠的重要性:

> 呜呼!一日无礼,则沦入于夷狄,甚可惧也。故始之创祠知礼也;后之迁祠废礼也。②

科举既重视"文",又讲究"礼",但也使这二者都受到破坏。诗赋和经义构成了课程的基础,然而在助长了写作形式的掌握的糊名评分办法下,要考虑一个人的文学声望或德行是不可能的。13 世纪时的一篇评论中说:

> (国家敦崇学校过于汉唐,所以寿斯文之脉者养士力也。)上不得不以科第取士,士不当以科举自期。自士之溺意于进取而道学废,自进取不在郡学而乡校衰。③

但这里所隐含的解决办法,即北宋的改革家们所曾提倡过的、考选应植根于学校的办法,是不切实际的。因为人们已看到,正是这种政策在徽宗时遭到了失败,并且还把它和北方领土的丧失联系起来,因而它在政治上是不能实施的。一种解决办法是像我们

---

① 参见 Peter K. Bol(包弼德),"Culture and the Way in Eleventh Century China"(《中国十一世纪的文化和道》),普林斯顿大学哲学博士学位论文,1982 年,特别是第一章和第二章。
② 鲍廉:《琴川志》十五卷(元代刻本的清代复印本)12/8a。(按:此处原文见台湾影钞本卷十二《教育言氏子孙记》。)
③ 《景定建康志》28/14a—b。文章的作者是建康府府学教授黄黼和章汝楫。(按:见卷二十八《题记》。)

在第四章所看到的那样,为寻求真正的学问而建立书院。但另一种办法是赋予科举以尽可能多的秩序、仪式和庄严性,总之,是使它带有"礼"的性质。我认为这是产生科举文化的主要动力。

尽管科举对于士人很重要,但它的影响有明显的限度。科举只是每三年举行一次,它是达到目的(随科名和官职而来的地位、财富和权力)的手段,它本身不是目的。科举往往被描写为"闱"(门)①,因为它构成了有志之士必须逾越的障碍,除非他们能以某种方式得到荫补。而且,大多数士人都没有能通过这些门,也没有参加以上所述的这些仪式,即使是那些能通过的,也只是在等待了几年后才通过。普遍的科举文化怎样影响到留在门外的大多数人呢?要回答这个问题,我们必须研究一种不同的史料,这种史料考虑到对科举生活的大众观点。

科举故事

虽然地方科举文化似乎在宋代已大量出现,但科举生活作为轶事文学中的共同题材,看来主要是宋代发展起来的新事物。在这方面的先驱是王定保(870—约954年),他的《唐摭言》对唐代的科举生活提出了前所未有的见解。② 然而,王定保所关心的主要是长安的科举,虽然他也关心地方的选举③,但他对这方面的偶尔叙述与宋代科举故事的数量、详细程度或社会深度是根本不

---

① 除了前面提到的"棘闱"以外,还有用于省试的"礼闱"和"省闱",用于州试的"贡闱",以及用于回避考试的"漕闱"。
② 部分英译文参见 Partricia Buckley Ebrey(伊佩霞), *Chinese Civilization and Society: A Sourcebook*(《中国文化和社会原始资料集》), New York: Macmillan Publishing Company, 1981, pp. 58 - 61.
③ 主要参见卷七,该卷专门记载出自寒微的登科者。

能相比的。

或者是由于有更多的优秀分子参加了考试,或者只是由于经济发展和印刷业普及,有比以前任何时候都多的士人在从事写作,使宋代关于科举生活的故事很丰富。有些作品如吕本中(1084—1145年)的《童蒙训》主要是从作者及其家庭的生活中汲取题材。更常见的情况是从别的书本或熟人那里搜集故事材料,并且往往注明出处,例如王辟之(卒于1096年后)的《渑水燕谈录》、何薳(1077—1145年)的《春渚纪闻》、岳珂(1183—约1243年)的《桯史》和张世南(卒于1230年后)的《游宦纪闻》等便是这样。然而,这类作品中的杰出著作要推多卷的《夷坚志》,这是洪迈(1123—1202年)在12世纪晚期四十多年时间中所编写的一部作品。① 虽然这些著作中没有一种是专门写科举的,但是科举和学校教育的人物形象在所有作品中都占有突出的地位。

轶事小说并不是历史学家的传统资料,必须谨慎地使用。它们的道听途说的性质意味着必须以怀疑的态度对待它们的说法。由于大多数故事都是由于不寻常而入选,显然不能把它们看作是有典型意义的。许多故事中出现鬼神等"怪异"的成分,也许会引起究竟可否利用它们的问题。然而,应当指出,这些故事是作为事实提出而不是作为虚构提出的,并且大多数宋代的中国人容易

---

① 这部著作是洪楩所编明代的著名文集《六十家小说》的主要原始资料。见 Patrick Hanan(韩南), *The Chinese Vernacular Short Story*(《中国白话短篇小说》), Cambridge, Mass.: Harvard University Press, 1981, p.56.

接受幽灵作为日常生活的一部分。① 比较概括地说,这些故事的巨大用途在于它们所描述的生活态度,在于其提供的资料和关于行为的细节,以及它们所描述的活动范围。这样,我们将在这里利用它们。

我们还应该认识到这些故事并不来自平民。相反地,它们总是出自优秀分子之手,所写的主要也是关于优秀分子的事,如果它们有时描写我们可以称之为"大众的"态度和大众关切的事,也不足以说明这是低层阶级的影响。在某种程度上,问题显然在于优秀分子文化过分狭隘的观点,这种观点是由正统的儒家学者所传播,而不是由我们的资料提供者传播的。的确,除了吕本中曾经受教于程颐以外②,我们的故事搜集者中没有一人是拥护新儒家的。王辟之、张世南和岳珂都主要以干练的地方官闻名。③ 何薳的父亲曾经是苏轼的门生,苏轼的影响明显地反映在何薳对音乐、诗赋和砚石的种种研究上,更不必说对志怪故事的研究了④。洪迈享有很高的官位,并且以他那时代的大学问家之一闻名。即使是他,也很少写到哲学,并且和他的同时代人朱熹很少交往。⑤

---

① 现代人类学者对于鬼神和祖先在中国人日常生活中所起的极重要作用特别富有洞察力。参见 Arthur P. Wolf(武雅士), "Gods, Ghosts, and Ancestors"(《神鬼和祖先》), in Arthur P. Wolf, ed., *Religion and Ritual in Chinese Society*(《中国社会的宗教和仪式》), Stanford: Stanford University Press, 1974, pp. 131 – 182; Emily Ahern(芮马丁), *Chinese Ritual and Politics*(《中国的仪式与政治活动》), Cambridge: Cambridge University Press, 1982.
② D. R. Jonker(容凯尔), "Biography of Lü Pen-Chung"(《吕本中传》), in *Sung Biographies*(《宋代传记》), pp. 735 – 741.关于吕本中的社会和知识背景见《童蒙训》1:7.
③ Yves Hervouet(吴德明), *A Sung Bibliography*(《宋代书目提要》), Hong Kong: The Hong Kong University Press, 1978, p. 102,338,339.
④ *A Sung Bibliography*, p. 336.
⑤ Chang Fu-jui(张馥蕊), "Biography of Hung Mai"(《洪迈传》), in *Sung Biographies*, pp. 469 – 478.

这些作家可能代表了不同于新儒学家们的另一种传统,这种传统注重的是文化的多样性,而不是统一的原则要求和"道"。① 但不管其重要性如何,他们对于积极参与他们生活于其中的地方文化的士人的记载,对我们所形成的士人生活的印象提供了一个极重要的方面。

在这些故事中,有两类主题很突出。一类是关于考生们的正当行为和不正当行为的。由于大量的往往是中年以上的士人生活在极其明显的困境中,他们扮演的角色往往不符合传统的以年龄为基础的角色。第二类主题中,神灵、鬼魅、奇迹和预言占有很突出的地位。我们现在要转而讨论的正是科举生活中的这两个方面。

青年的问题

宋代科举故事的一个共同的特征是存在着某种缺陷感。如果我们把它们作为典型,我们几乎不得不得出这样的结论,即在考生的队伍中,放荡的青年、共谋为非作歹和造谣诽谤的流氓、骗子以及可怜的笨老头和诚恳正直的士人同样地普遍。当然我们不能这样做,但是故事中这些典型人物的存在,使人想到士人中间有着很大的行为的多样性,而且也反映出对一个士人会经历的生活阶段的关注。

杜维明教授在他的《儒家的成人观念》一文中很有说服力地论证说,儒家的传统并不把成人设想为通过某种正式加入的仪式

---

① 关于这一意见,我受惠于包弼德(Peter K. Bol)教授。

而突然达到的状态,而是成人终身努力所望达到的完美典型。①按照《礼经》所载,二十岁时行"冠礼",标志着少年与成人的分界,但这只是通向"成人"的道德历程的开端。这个历程可以用道德上的进步来表示,就像孔子的著名表述那样②:

  吾十有五而志于学。

  三十而立。

  四十而不惑。

  五十而知天命。

  六十而耳顺。

  七十而从心所欲,不逾矩。

但我们也可以按所担任的角色的顺序来说。例如,按照《礼记》所述,在冠礼之后是三十岁左右结婚和做父亲,四十岁时开始仕宦生涯,五十岁以后是担任公职的高峰时期,七十岁以后退休。③

汉代对生活历程的这种规定,对于宋代的读者们来说显然是很恰当的,因为它十分符合宋代士人取得成功的典型模式。结婚和考试是士人们在二十几岁时非常关心的两件事,但是尽管大多数人都在那时结婚④,取得进士学衔的平均年龄却是三十六岁⑤,而从行政机关退休的标准年龄是七十岁⑥。这样的生活历程从

---

① Tu Weiming(杜维明), "The Confucian Perception of Adulthood", *Daedalus*, V. 105 (1976), pp. 109 – 123.

② 《论语》2.4。(按:此处原文见《论语》卷一·《为政第二》。)

③ 《礼记》(1815 年版)228/20a—21b。

④ Lee, "The Schools of Sung China", pp. 45 – 60.

⑤ 这至少是 1148 及 1256 两年考试中进士的平均年龄,只有对这两次考试我们拥有广泛的传记资料。这个平均年龄在北宋是稍低的。见《宋元科举三录》。

⑥ Kracke, *Civil Service in Sung China*, p. 82.

来不是普遍的(在南宋士人中,任何仕宦生涯都是例外),并且没有人会论证这对实现一个人的人性是必要的,孔子不是一个政治上的失败者吗?事实上,《论语》中的许多话都是专门用来表明圣人怎样能克服逆境而坚持他对"道"的信仰的。

然而有理由认为,宋代士人是非常遵守上述生活和年龄历程的。考试的成功会带来由平民成为官员的重要变化,在个人的发展水平上,可以看作是由成年早期过渡到成年中期,由"少"过渡到"壮"的标志。由此推论,科举生活被看作是青年时期(或成年早期)的活动。相反地,到时候不能如预期那样上升,则往往被看作不能发展为成人。当然还有其他可供选择的途径;大多数未能取得成功的士人在某一时间放弃了科举,转而从事其他的需要学问或不怎么需要学问的职业。① 但是那些失败而仍然坚持走科举道路的人则几乎像生活在青春期或成人早期的延迟状态中。

使考生们与社会上其他的人有明显区别的,莫过于他们的流动性了。他们经常在流动中,或是彼此访问,或是求教于著名学者,或是入学校和书院读书,以及参加考试。其他几类人如商人、运输工人和官员的流动性也很大。但士人们和前二类人不同的是,他们有闲,是优秀分子,往往有有钱有势的亲戚朋友。和后一类人不同的是,他们比较年轻,没有责任,并且往往会集合成大群。

这并不是说考生们的生活是轻松而无忧无虑的。在当时的世界里不可能打电报给父母亲要求汇寄应急费用,远途旅行可能是冒险的事。这尤其符合举人的情况,因为他们必须离开他们和他们的家庭知名的州府而旅行到京师去应试,冒着遭遇盗贼和收

---

① 参见第一章中关于他们的可选择途径的讨论。

过境税的政府小吏的风险。何蘧曾经讲到一个南剑州（在福建）举人吴味道的情况。吴味道在1090年曾被带到当时任杭州知州的苏轼跟前。他因在两个大衣箱里私带二百匹绢，箱上又写有苏轼的官衔和开封的地址而被逮捕了。吴味道坦白交代了全部情况，他说明怎样用同乡人送给他的钱买了绢，用来支付旅费。由于他怕因交过境税而失去大半的绢，所以决定借用"当今负天下重名而爱奖士类"的好官苏内翰（苏轼）的大名。他的错误在于选择了新近来到杭州的苏轼，因为杭州正好位于从南剑州到开封的途中。苏轼的反应是粲然一笑，并打发吴味道带着受到苏轼真正的证件保护的箱子继续往京师去。第二年，吴味道得中进士，回到杭州向苏轼致谢，苏轼和他相处了几天以示祝贺。①

洪迈讲述了一个类似的故事。一个姓黎的来自广南琼州的举人（黎秀才）在去参加省试途中，把一个内装有银四十四两、金五两及金钗一双作盘缠的袋子忘在曾经投宿的一家江南小旅店里。幸亏善良诚实的旅店主人把袋子原封不动地收藏了起来，所以这个举人能够领回原件继续上路。但他一时间曾以为袋子被窃，因而"面色如墨，目瞪口哆"。他回答旅店主人的询问时说：

> 家在海外，相去五千里。仅有少物，以给道费。一夕失之，必死于道路，不归骨矣。②

并不是一切记载都是这样抱有同情心的。有些人看作是合法贩卖货物以付路费的事，另一些人把它看作是走私，但无疑地也有兼做走私贩子的士人。请看梅尧臣（1002—1060年）在《闻进士贩茶》一诗中的诅咒：

---

① 《春渚纪闻》6:73—74。（按：原文见卷六《赝换真书》条。）
② 《夷坚志》3.7:53—54。（按：原文见丁志卷七《荆山客邸》条。）

第七章 通过棘闱——科举文化

> 山园茶盛四五月,江南窃贩如豺狼。顽凶少壮冒岭险,夜行作队如刀枪。浮浪书生亦贪利,史笥经箱为盗囊。津头吏卒虽捕获,官司直惜儒衣裳。却来城中谈孔孟,言语便欲非尧汤。三日夏雨刺昏垫,五日炎热议旱伤。百端得钱事酒肉,屋里饿妇无糇粮。一身沟壑乃自取,将相贤科何尔当。①

梅尧臣显然不只是担心走私。他担心的对象是许多宋代作家所称的"游士",即诡称离家求学,实际上兴风作浪、搬弄是非的人。② 我们已在第三章中看到,这些人怎样被指控为到州试解额比他们本州为宽的州去,并伪造家庭出身,以便到那里居住。

一种更普遍的说法是他们曾进行恶意诽谤和诉讼。刘宰(1166—1239年)曾经专为"游士之聚于都城,散于四方"的问题写过一份冗长的奏章。③ 他们是怀着通过回避考试或通过在州学或太学入学而上升的打算来到京师的。"积而久之,来者日众,其徒实繁而又迫于饥寒,诱于声色。(始有并缘亲故,以求狱讼之关节者。)"刘宰所列举他们的过失包括:互相勾结、非法涉讼;在市场上或通过歌谣及文字公开进行诽谤;以及写作文章以求得到官员的注意。但最引人兴趣的是刘宰在叙述政府的信息来源时对士人不因这些行动而受惩罚的说明:

> 朝廷耳目之寄,外则付之监司、郡守,内则付之给舍台谏。而监司、郡守不能尽知一路一州之事,给舍台谏不能(尽)知天下之事也,则有采访焉,有风闻焉。游士知其然也,

---

① 梅尧臣:《宛陵先生集》六十卷(按:《四部丛刊》本)34/15a。(原文见卷三十四《闻进士贩茶》。)
② 闻于游士是恶棍的生动描写见《夷坚志》3.6:44—45。(按:见丙志卷六《李秀才》。)
③ 刘宰:《漫塘文集》3/8a—11b。(按:此处原文见卷十三《上钱丞相论罢漕试太学补试劄子》。)

243

于是择其厚己者则多延誉;违己者则公肆诋訾,或形之书疏,或形之歌咏,或述之短卷。①

刘宰提出的解决办法包括实行科举改革以减少对士人来京的吸引力;关于常常涉及官员纵容的这类行动②,他没有提出解决的建议。

刘宰所述的游士们为声色所引诱的情况提出了科举故事中的另一个问题,即行为放荡的问题。正如我们在以上提到的那样,大多数士人都是结过婚或订过婚的。但是即使结了婚,他们的流动生活方式也往往使他们与妻子及家庭分离。正是在这种时候,他们最易受诱惑,因为在性题材的科举故事中,士人差不多总是离家生活,没有社会约束帮助他抑制激情。

这些故事大多数都用说教的方式以不幸的结局告终。我们在这些故事中看到的青年士人有受假装成妓女的鬼魂诱惑的③,有受由淹死的母羊的灵魂化成、自称为寡妇的女人诱惑的④。还有个士人遇到自己前三世妻子的鬼魂前来"寻盟",这士人曾经为了一个妓女而遗弃过她。⑤ 在每种情况下,最后的结果都是男人死亡。有个太学生在开封的宿舍里失踪了,结果被发现已在一个妓院中遭到谋杀,而这妓院在江南东路士人中是颇受欢迎的。⑥

---

① 刘宰:《漫塘文集》3/8b—9a。(按:出处同上按语。)
② 大概为了防范这种纵容和防范士人利用官员的关系来达到自己的目的,李元弼在他1117年所作的《作邑自箴》中提出了一张新知县的布告,说明他的随员中既不容纳秀才,也不容纳亲属、门客、医生、和尚、仆役等。见 Peter K. Bol, The Tso-i tzu-Chen: A Twelfth Century Guide for Subprefects (《作邑自箴:十二世纪的县官指南》), unpublished manuscript(未刊稿), pp. 9 - 10, 37 - 38.
③《夷坚志》1.8:62。(按:即甲志卷八《京师异妇人》。)又见同书 4.15:115。
④《夷坚志》3.11:84。(按:即丙志卷十一《白衣妇人》。)
⑤《夷坚志》1.13:99。(按:即甲志卷十三《杨大同》。)
⑥《夷坚志》4.11:85。(按:即丁志卷十一《蔡河秀才》。)

有个叫刘尧举的士人因恶行而受到的惩罚,来临的时间较为久远。他曾买了一只船在1147年秋季乘船从秀州到临安应考。①船工的女儿受到了他的爱慕,但她的父母亲对她管得很严。考试的第二天,刘尧举很早完成了答题,匆匆奔回他所住的船上,诱奸了这个姑娘。那天夜里,刘尧举的父母亲梦见有人告诉他们:"……郎君所为事不义,天勅殿一举矣。"②但是,虽然他在三年后通过了考试,却在担任官职前就死亡了。③

少数有幸运结局的故事同样带有教育意义。有个太学生沉溺于肉体享乐,以致患了肺病而几乎死亡,但被一位道士所救。道士给他药物并使他转到完全禁欲的生活。④ 在另一个故事里,一位在准备应试时住在成都某家的四川士人拒绝了主人之妾的求爱。住在他村里的妻子立刻在梦中接到通知:

> 汝夫独处他乡,能自操持,不欺暗室,神明举知之,当令魁多士以为报。⑤

第二年,他在四川考试中名列第一。

这些故事值得注意的地方主要不在于它们的说教腔调,而在于它们把士人看作是自己好色和易受诱惑的牺牲品。为什么这个主题如此突出?我们可从士人离家漂泊无定找到一部分原因,但另一部分原因也在于士人可能很年轻。孔子曾说:"君子有三

---

① 这是为流寓士人举行的解试,因为刘尧举是开封人。(按:见《夷坚志》丁志卷十七《刘尧举》。)
② 按:"殿举"的意思是罚停考,"殿一举"就是罚停一届考试。
③《夷坚志》4.17:134。(按:即丁志卷十七《刘尧举》。)人们还知道,如果他没有诱奸的丑行,将以第一名录取。
④《夷坚志》1.2:15—16。(按:即《夷坚志》甲志卷二《崔祖武》。)
⑤《夷坚志》3.3:19。(按:即《夷坚志》丙志卷三《杨希仲》。)

戒:少之时,血气未定,戒之在色……"①显然许多士人并不是"圣人",但正是他们对色情的敏感性使人联想到科举生活确实被看作是青年时期的活动。

老年的问题

那么老年的情况又怎样呢？那些没有考中的人是不是像我们前面提到的那样,被看作由于某种原因而发展迟缓,继续处在不合时宜的青年状态中呢？

根据对往往成为怜悯和嘲弄对象的年长考生的记载来看,我们必须肯定的回答。例如有个叫刘实的人曾"老于场屋",终于在1142年获得了方便进士学衔。② 他的族人们对这事没有留下深刻印象,当他在候补一个小职位时,族人有的说"刘无食禄相"。第二年,官期到。在职位空缺的消息传到时,他对族人说："平生言我不做官,今迂卒至矣。"族人向他表示了歉意。他在离家赴任时说："若虚苟得禄,吾不复谈命。"但是命运仍然对他很冷酷,他竟在赴任途中死去了。③

更加值得注意的是关于年长考生一无所"成"的抱怨。这个"成"字是和"成人"的"成"字同义的。我们在前面已看到,它对儒家的成人观念极为重要,"一无所成"实际上包含着发展受阻碍的

---

① 《论语》16.7。（按:此处原文见《论语》卷八《季氏第十六》。）
② 这是授予过去参加过省试的年长举人的学衔,我曾在第二章中对此作了详细的论述。蔡絛在其关于方便学衔的论述中说到这种学衔的接受者必须是以前曾经落第的年长而境遇堪怜的人。见《铁围山丛谈》,六卷(《知不足斋丛书》本)2/9a。（按:刘实,字若虚。其事见《夷坚志》乙志卷三《刘若虚》。《铁围山丛谈》中无此记载。）
③ 《夷坚志》2.3:21—22。关于年老士人受嘲弄的其他例子参见同书 1.4:29 及《春渚纪闻》2:14。（按:见《春渚纪闻》卷二《霍端友明年状元》条。）

意思。有个以五十岁高龄入太学读书的人,不久因自己的年龄而感到沮丧,他自以为"年至五十无所成,欲罢举归"。但他在祈梦于二相公庙时受到两个吉利的梦的鼓励,终于留下来了,结果不仅中了进士,而且还有相当成功的经历。① 更有启示性的是十二世纪初一个名叫沈纬甫(温州瑞安人)者的故事。这人曾长期在太学读书而"不成名"。回家以后,依靠为他人向官员说情而接受人们给他的礼物维持生计。他继续参加州试,但始终没有成功,有一天他绝望地说:

纬甫潦倒无成,为乡曲笑,五内分裂,天亦知我乎?②

不管这些话怎样自怜,这种对身心痛苦的申诉显示了深切的不谐和感;缺乏成就已导致他所声称的个人的精神崩溃,不仅是引起发展受阻碍而已。

科举生活的特征的另一标志是它和性阴的联系。洪迈曾经讲到一个穷书生许叔微的故事。这人在一天夜里见有人告诉他说:"汝欲登科,须积阴德。"许叔微自度力不从心,唯恐努力不成功,但当一名医生或许还可以,从此就"留意方书",久而久之,行医救活不少人。以后在第二个梦中见前人持一诗赠他,其中说到"药有阴功",后来他果然登科。③ 按照前面一节中强调士人的成年来看,这种联系可能是出人意料的,但是我们必须把士人的生活方式和他们在职业上担任的角色区别开来。书生的任

---

① 《夷坚志》3.12:95—96。但他接着于无意中实现了在第三个梦中所听到的死亡预言的条件后就死去了。(按:本条见丙志卷十二《吴德充》。)
② 《夷坚志》4.11:87。(按:见丁志卷十一《沈纬甫》。)
③ 《夷坚志》1.5:34—35。(按:即甲志卷五《许叔微》。)他的努力终于成功了,但只是在经过很多磨炼后才成功的。关于一个士人积阴德的类似故事,参见同书 1.12:89。(按:即甲志卷十二《林积阴德》。)

务与获取知识和准备参加官员的积极的、阳性的生活有关,本质上是消极的,并且我们确实可以论证,他的生活的消极性造成了阴与阳的不平衡,这促成了他有名的放荡。既然阴是阴性的,这可能有助于说明一个叫张献图的人所说的一句含义隐晦的话。这人在多年试图应考以后,终于通过荫补得了官,于是他寄给妻子一首诗,其中说:"吾今为奉职,子莫怨孤鸾。"①因为鸾是中国神话中的巨大雌鸟,与雄鸟鹏配对,所以张献图看来是在说,他的长期的(从而这"孤单的")阴性生活已结束了。

福建建阳县陈秀公的故事也是出人意料的。陈秀公是个穷书生,他正在考虑要不要去参加考试。一天,他走进建阳县的威怀庙去祈求庙神的指点,投了3个杯筊都是阴筊,于是沮丧地回到城里去了。那天夜里他梦见那庙神来说:"公惠顾时,吾适赴庵山宴集,夫人不契勘,误发三阴筊。公此举即登科,官至宰相矣。"就是说,3个阴筊实际上都弄错了,因为陈秀公不但能考取,甚至还将成为宰相。不用说,庙神是说对了的。②

虽然不合时宜的问题在年长的考生中极为明显,但异常早熟也被认为是问题。新儒学哲学家程颐(1033—1107年)曾经说过,在很年轻时登高科是人的3种不幸事之一。③ 王辟之以类似的口吻讲述了一个青年人的情况,这人在19岁时考取了进士,有个观相家对他说:

---

① 《渑水燕谈录》10:87。(按:即卷十《张献图》条。)
② 《夷坚志》4.5:37。(按:此处原文见丁志卷五《威怀庙神》条。本书英文原版此段所述情况与《夷坚志》有出入,译文中已作更正。)
③ 《童蒙训》1:9。(按:此处原文为卷上引伊川先生言。)其他两种不幸事是:"席父兄之势为美官二不幸;有高才能文章三不幸。"

君相甚贵。但及第太早,恐不善终。若功成早退,庶免深祸。①

这种观点并不普遍,而且事实上宋朝继续采用唐朝为年轻的天才举办特殊考试(童子科)的做法。② 但这些考试是引起争论的。在宋代,这些考试由于某些原因而被禁止,并于1266年永远废除。③

记住这一点是很重要的:这里提出的文化的特有型式只是产生宋代文化的若干系统之一。军事势力、财富、地区以及比这一切更重要的家庭和世族,都有它们自己的方式来组织社会,创造前程并操纵其实现与否。因此,科举中的失败决不一定会使某人终身失败,或使他自己看作是一生的失败。但是,考虑到官位对财富和亲戚关系的影响,以及科举的不断提高的声望,在科举中的失败是会促使一个人一生失败的。的确,科举生活的报偿和不确定性就是这样,以致要求神的帮助已成为科举生活的又一特征。

神鬼的帮助

从科举故事来判断,宋代的士人是生活在充满着神、鬼、预兆、预言、算命人、龙等的世界里。的确,关于这些题目的材料是如此丰富多样,以致有时除了把它们的使用进行分类编目以外,很难做更多的事情了。然而这些材料是有启发性的,事实上它们的启发

---

① 《渑水燕谈录》6:53。(按:原文见卷六《先兆》寇莱公条。)
② 见《文献通考》35:329—330。(按:即《选举》八,第330页。)
③ 《宋史》46/6a。〔按:《宋史》卷四十六《度宗本纪》载:咸淳二年七月壬寅,礼部侍郎李伯玉"请罢童子科,息奔竞",诏自咸淳三年(1266年)为始罢之。〕

249

性很大,以致忽视它们(就像一些研究科举问题的作家们差不多一直在做的那样)就是遗漏了文士文化的一个重要方面。

在这方面,我们所涉及的一些现象大致都属于预兆、预言、梦幻这几类。在这三类中,预兆或许是攻读中国史的学生们最为熟悉的,因为自从董仲舒在西汉时提出儒家的宇宙观及其"天人感应"学说以来,也可能在这以前很久,预兆在正统的宇宙观中就已有了公认的位置。的确,朱熹曾经写过:"凡事有朕兆,入梦者却无害。"13世纪时一位对此作注释的人详细阐述说:"此心之有所着而梦,则非无一系恋者矣。惟事未至,心未尝动,而吉凶为之朕兆,先发之梦,此却无害。所以然者,人心常操则存,存则天理自然明。天地之气复于子,人心之气息于夜。夜梦之所梦,气方静而忽动,在虚灵不昧之本体,先事而呈者,固不为害。"①宋代大多数科举方面的预兆都涉及预示着某人将在考试中取得成功的一些异常的自然现象:树干爆裂,产生的裂缝状如文字;②老虎突破围墙,拖去一只猪;③巨石坠落、奇花出现;④等等。甚至还有一些无关紧要的事情,如发现一张纸,纸上的文字含有某种隐藏的意义。⑤ 更吉祥的是学校的池塘中出现龙,预示着当地所有士人考试顺利。⑥ 我们应该指出,在传说的预兆主要涉及皇帝的行为或国家的状况时,这些预兆就加有详细得多的注释。

这里我们还可以把风水(即建筑物或坟墓相对于风和水的位

---

① 朱熹:《近思录》,第149页。(按:即卷四《存养》,见《丛书集成》本第157页。)
② 《春渚纪闻》5:59提供了两个这样的例子。(按:即卷五《木中有字》条。)
③ 《夷坚志》1.9:72。(按:即甲志卷九《许氏诗谶》条。其中有"昨夜虎入我园,明年我作状元"的谶语。)
④ 这两个事例都描述在《游宦纪闻》4/5a—6a中。
⑤ 《夷坚志》2.4:29。(按:即乙志卷四《乐清二十》。)
⑥ 《夷坚志》4.11:84—85(按:即丁志卷十一《南安黄龙溪》),及《大明一统志》九十卷(1461年版)54/8a。

置)对科举的影响包括进去。这最普遍地可在当地官学的建造或迁移中看出①,但也涉及其他的建筑物②。最引人兴趣的是我所发现的关于北方的郑州一个官僚家族的情况。有个士人认为他们的坟地风水很好,这个家族有朝一日会出皇帝,这在宋朝人听来是个谋反的预言,因此使这个家族非常恐慌,以致他们有意地把坟场夷平来破坏风水。结果这个家族就不再出进士了。但以后在一场巨大的洪水泛滥之后,坟旁出现了一道溪流,在七年之内他们又出了两名进士,不过都只有不大显赫的经历。③

像预兆一样,活人所作的科举预言通常不涉及对鬼神世界的求助。它们最常见的是未经解释的并且往往是未经请求而主动提供的关于某人前途的看法,但也可能以观相术④或八卦占卜为依据⑤。从事预言的有性质各不相同的一批人,他们来自社会的一切阶层。其中包括官吏及其亲属⑥、隐士(山人)⑦、术士⑧、职业算命者⑨、巫师⑩、和尚(人数最多的一类)⑪,以及疯汉⑫,他们都具有洞察未来的天赋。甚至还有关于一个丑陋无知的农人的记载。这人在吃了神仙给他的半个苦桃以后,就充满了神授的疯

---

① 例如可参见曾国荃《湖南通志》64/35a—b,65/13b,而最主要的是 63/18a—b。
② 参见韩明士关于福州笔塔的倒坍与重建的描述,"Prominence and Power in Sung China", pp. 285-295。
③ 《夷坚志》3.19:143。(按:即丙志卷十九《宋氏葬地》。)
④ 《夷坚志》1.9:67—68(按:即甲志卷九《俞翁相人》);《滇水燕谈录》6:52(按:即卷六《先兆》条)。
⑤ 《夷坚志》1.10:74(按:《红象卦影》条),1.19:151—152(按:《沈持要登科》条)。
⑥ 《滇水燕谈录》8:65;《夷坚志》1.15:120(按:即甲志卷十五《方典薄命》条)。
⑦ 《滇水燕谈录》6:54。(按:即卷六《先兆》中两条:"高古若术士"及"山人"。)
⑧ 《夷坚志》2.14:104,4.6:45—46。
⑨ 《夷坚志》1.9:67—68,1.10:74。
⑩ 《夷坚志》1.18:139,3.5:34。
⑪ 《夷坚志》1.5:34,4.10:76;《春渚纪闻》2:14;《滇水燕谈录》3:19。
⑫ 《夷坚志》3.3:23—24。

狂性,使他成为能洞察未来的人,还精于绘画,善唱颂歌。他成了和尚,颇受当地文士喜爱,并以他的科举预言知名。①

这种社会成分的多样性有助于说明我们在讨论科举故事时所注意到的,思想、信仰和习惯在优秀分子与非优秀分子之间的交流运动。更中肯的是,科举牵涉到许多非优秀分子加强了我们认为科举成功的前途是构成宋代社会制度基础的巨大奇迹之一的论点,因为如果非优秀分子不知道这种前途,那么这种前途是无足轻重的。

把梦与鬼结合起来似乎是不可思议的,但实际上这二者都涉及与鬼神世界的交往,主要的差别在于这种交往是在睡眠中完成的还是在觉醒状态中完成的。但是与为数甚多的梦的故事相反,我只发现了少数关于鬼的故事。有3个故事描写士人遇到了鬼,其中两个故事中,士人受惊回家而病死。② 而第三个故事中,鬼是士人已故的姻兄弟,他预告士人将在科举中获得成功,预言应验了,但只是在一场厉害的使人衰弱不堪的疾病之后才考中。③ 显然鬼是危险的东西。另外3个例子涉及试院,其中一个例子中,鬼神假扮监考人,帮助一个善良的考生通过了考试。④ 人们会怀疑,平时空寂的试院,考试时很紧张,是否以至于特别有助于遇见鬼神。

然而,对鬼神世界的大部分交往是通过梦境的。而且,像预兆和预言一样,梦有各种形式。最常见的是只涉及"梦人"说出预言而消失的那些梦。死去的亲属也很可能出现在梦中,不仅有祖

---

① 《游宦纪闻》4/1a—3b。张世南引用的资料来自"乡里长老"。
② 《夷坚志》1.16:124;2.15:115。
③ 《夷坚志》1.1:1。
④ 《夷坚志》1.19:152—153。其他二例在同书1.18:144及3.1:5—6。

先回来帮助途中的子孙并告诫他们要遵守祖先的礼仪①（这种情况是人们料想得到的），而且有死去的孩子回来安慰悲痛的父母，并预告他们，自己来世将在科举上取得成功②。我们还在这些故事中看到皇帝（包括魏文帝）③和历史上的著名人物。例如有一个故事是关于湖州州学的年度考试的。那里有这样的习惯：奖给第一名学生酒五瓶，奖给第二名和第三名学生每人酒三瓶，第四名和第五名学生每人酒二瓶。1151年，有个名叫陈炎的学生梦见被召到大堂前由孔子授酒五瓶，但孔子的门徒子夏愤怒地踢开了其中两瓶。考试成绩发表以后，陈炎居第二名。教授告诉他说，他本来可列第一名，但发现他在论述一件涉及子夏的事时有错误，所以降为第二名。④

应该特别提到梓潼神。蔡绦（卒于1147年后）曾经讲到位于从长安到四川的路上的梓潼神庙，这个庙是为奖励曾经担任宰相而渡过惊涛骇浪的险境的官员们，同样地也为奖励在科举中名列第一（魁首）的进士考生们建立的。⑤ 洪迈也讲到一个成都的官员曾在1134年成功地祈祷梓潼神，从而知道谁将在那年省试中录取。⑥ 最初的梓潼神似乎是一个起源于很古老时代的当地的雷神。在某一时间，人们把他和一位四川的将军张亚子联系在一

---

① 《夷坚志》1.6:47—48；1.18:138；2.1:3—4。
② 《夷坚志》1.9:67（按：即甲志卷九《黄司业梦》），3.5:37—38（按：即丙志卷五《徐秉钧女》）。又见同书1.3:21（按：即甲志卷三《郑氏得子》），其中描写一个妇人梦见在山顶上有个穿绿衣的小孩。他是她未来的儿子。他在绍兴十五年通过了考试。后五年，在担任建州建阳尉时被强盗所杀。
③ 《渑水燕谈录》6:53。又同书6:55，其中写到一个士人梦见他将于此后约三十年与宋朝皇帝英宗的一次邂逅。（按：此处为卷六《先兆》中之两条。）
④ 《夷坚志》3.7:53。（按：即丙志卷七《子夏蹴酒》。）
⑤ 蔡絛：《铁围山丛谈》六卷（《知不足斋丛书》本）4/4b—5a。
⑥ 《夷坚志》2.8:56。（按：即乙志卷八《歌汉宫春》。）

起。张亚子死于晋代(265—420年)的战争中,根据神话,玉帝命他掌管男人的称号和高等官位的登记簿,并甄别善良的士人和邪恶的士人,对前者给予奖赏和提拔,对后者予以惩罚。① 然而,最引人兴趣的是,元朝时梓潼神被认为就是文昌帝君。在明清时期,文昌帝君和与其有关的诸神受到全国期望科举成功的士人们的崇拜。② 因此,这些12世纪的参考文献表明,以科举为中心的对文昌帝君的崇拜起源于宋代。

最后,还有涉及神的梦,不过这些神通常都是低层的神;像那个其夫人胡乱处理了祈祷者的投笺的庙神之类或许是慈善的但是无名的神。③ 尊严高贵的神没有出现,而且我们可以推测,由于士人们的希望的狭隘性,他们也不应该出现,但偶尔也报道了他们的表态,像以上所述对那个奸夫的惩罚那样。然而,阴间的官吏却大批地出现,这是有充分的理由的。这些阴间的官吏往往是士人的已故友人或亲戚,他们自然在阴间占有官位,因为对于从事这种工作,他们是在世间训练有素的。而且,他们作为官员,有机会看到不仅记载着生死时间而且还记录有考试结果的详情

---

① Henri Maspero(马伯乐),"The Mythology of Modern China"(《近代中国的神话》),in *Asiatic Mythology*(《亚洲神话》), intro. Paul-Louis Chochoud, London, 1932; reprint, New York: Crescent books, pp. 310 - 312. 马伯乐特别提到张亚子是文昌帝君的化身,但 Morahashi(诸桥辙次)则认为张亚子就是梓潼神。见《大汉和辞典》第六卷,第368页。
② Maspero, "The Mythology of Modern China", p. 312; R. H. Van Gulik(高罗佩), "On the Seal Representing the God of Literature on the Title Page of Old Chinese and Japanese Popular Editions"(《论古代中国和日本普及版图书扉页上代表文昌帝君的标志》), *Monumenta Nipponia* 4(1941), pp. 34 - 37; Henri Doré, S. J.(禄是遒), *Researches into Chinese Superstitions*(《中国民间崇拜》), trans. M. Donnelly S. J.(M. 唐纳利),上海:土山湾印书馆1921年版,卷六,第 viii - xi 页,第4—57页。
③ 《夷坚志》4.12:89 及《春渚纪闻》1:5。

第七章 通过棘闱——科举文化

细节的生死簿,从而他们能把这种信息偷偷地透露给活着的人。①

尽管这些关于预兆、预言和梦的故事多种多样,但其用途有显著的一致性:它们绝大多数都是有关预示科举成绩的。例如,有个死去的士人不幸地在为城隍爷辛勤服务,当他有机会在一个老朋友的梦中出现时,他泪流满面地询问家中的情况。他的朋友回答说:

> 公既为城隍客,当知吾乡今岁秋举与来春登科人姓名。②

因此,在许多故事中,引人兴趣的主要是:科举本身;取得成功所需要的条件;以及人们对预言的错误解释。有些故事对怎样准备考试提出建议:要专攻哪些经书,写哪些题材的诗,或读哪些传记。③ 另一些故事叫人改名易姓。④ 还有一个可怜的人听别人告诉他说,他只有在遇到"三韩"后才能做官。在寻找姓韩的人多年以后,他跟随一个使节到高丽去了。只在那时,他才知道高丽是"古三韩之地"。随后他通过了考试。⑤ 不幸得多的是宣和时期(1119—1125年)的太学生徐国华,他曾梦见一个穿金甲的人在撞金钟并讲了一句含义隐晦的话,徐国华把它解释为他将在考试中名列第一。不过,这句话似乎是指出了1126年开封受女真

---

① 《夷坚志》1.18:138;2.19:151;2.20:157—158;3.7:54;3.11:83—84。有个人实际上很喜欢他的新官位,因为他一生从未通过考试,但死后立刻成了城隍的判官。见同书2.20:158(按:乙志卷二十《城隍门客》条)。
② 《夷坚志》2.20:157—158。(按:此处原文见乙志卷二十《城隍门客》条。)
③ 关于经书,见《夷坚志》4.16:122;关于诗,见同书1.13:98,《春渚纪闻》2:13,《渑水燕谈录》6:52;关于传记,见前书6:53。
④ 见《夷坚志》4.6:42,而主要是4.2:11—12。
⑤ 《渑水燕谈录》6:55。(按:即卷六《先兆》进士李某条。)

255

人统治时他死于脚气病后的葬身之地。①

徐国华的命运证明了在解梦时有隐伏的危险在等待着人们。但是,我们会问,为什么对有关科举的梦和预言有这么大的兴趣,以致产生了这种文学吧?归根到底,不管人们会接受什么预言,他们仍然必须通过考试。首先,大多数故事都属于北宋晚期或更晚时期,正在那一时期,科举竞争极其激烈,而且科举制度越来越专横了,才能和德行并没有获得报偿的保证。对科举所引起的不安全感和无依靠感,预兆和预言能提供某些可靠感,使人消除疑虑。

但更为重要的是,祈梦和预言之所以流行,是由于士人们相信它们有助益。虽然他们常常说到"命"定②,但并不意味着命运注定不变,因为他们希望从神灵那里得到知识或某些帮助会改善命运。因此,同神灵交往还被认为是有抱负而遭受挫折的士人所使用的又一种成功的策略。没有什么比一般士人实行祈梦更能清楚地说明这一点了。随着试期迫近,考生们常常到佛寺或道院中去祈梦,即向神灵提一个问题,然后这个问题会在梦中得到回答。③

我认为,这是另一种科举仪式,一种与早先讨论过的公共仪式形成对照的私人仪式。二者对科举制度所产生的结果都起着

---

① 《夷坚志》1/17:133—134(按:即甲志卷十七《徐国华》条)及《春渚纪闻》2:17。预言是:"二十七行。甲,系第七科。"因为"甲"与"科"都是科举中的常用术语,徐国华认为那就是预言所指的意义。不过,预言似乎是指第二十七行第七个空位。也许是巧合,金甲是与清代崇拜的文昌帝君有关的另一个神的名字。见 Doré, *Researches into Chinese Superstition*, p.59.
② 例如可见《夷坚志》1.2:11—12;1.15:120;2.9:66—67。
③ 《夷坚志》1.4:29—30;1.7:51;1.9:65;1.11:84;3.15:113;4.15:113。稍有变化的是,有个人在通过州试以前,曾在一个庙中见到一条蛇,所以当他再次准备考试的时候,他祈求再看到蛇。结果他看到一条大蛇而名列第一。

一定的作用,而且是可以相互结合的:在一种情况下是使士人受到皇帝和官僚贵族的制度的约束,在另一种情况下是使士人受到鬼神世界的约束。然而公共仪式主要是庆祝性的,祈梦是祈祷性的,是祈求出现实际上能通过棘闱的征兆。

第八章 结 论

能人统治的企图

本书中吸引着我们注意的儒士、儒官、科举及学校,在中国的传统中都占有重要地位。如果认为宋代对于它们起着特殊的作用,似乎是武断的。其中没有一项是宋代的创造,并且都在帝制时代的晚期才发达起来。然而宋代所起的作用确实是特殊的,因为正是在那时,以科举为中心的一套社会准则、制度和社会结构呈现出在整个帝制时代晚期所具有的许多形态。

对于这种情况的许多赞扬或责备,都是对准着宋朝皇帝本身的。正如一位 13 世纪的官员所说:"我国朝垂统以道,立国以儒。"①通过扩大学衔名额、增设正式的州试、采用糊名考试和誊录试卷的办法,并在仁宗时提倡教育,初期诸帝显然在努力建立一个能人统治的国家。唐朝时,李家皇室在许多大家族中仅仅是同辈中的首位,五代时则是军人统治。赵宋皇朝反对这种情况,决心建立一个文臣统治的国家。在这个国家里,要以最公正的办

---

① 徐硕:《嘉禾志》16/16a。〔按:此处原文见卷十六,开庆改元(1259 年)6 月张镇所撰《增建府学记》(手抄善本)。〕

法选用官员,要由皇帝以拔擢来奖酬学业成就。其结果是大大提高了皇帝的权力,不过是否应该像有些人所论证的那样把这看作是中国专制制度的发展中必不可少的一步,则还有待探讨。①

这个政策在许多方面取得了很大成功。即使在军情危急的时期也由文臣控制着政府;这说明了岳飞为什么会有这样的遭遇。② 尽管有不少的北宋家族或世族能连续几代产生高级官员,但在任职时间的长久、威望甚至权力方面根本不能和六朝及唐代的大家族相比。最重要的是,科举的前途把学习从优秀分子所关心的事变成了当务之急。教育已不只是构成优秀分子社会之一部分的好学家族的活动领域,而成为鼓励整个优秀分子社会在学术上有前途的儿童和青年的一种活动。

然而,随着教育的推广,出现了对英才教育原则的破坏。这项原则一向是受到限制的,因为甚至在宋朝初期,也是仿照过去的先例,国子监限收"国子",即官员的子孙。但我们只在南宋发现有回避考试,这种考试原为提倡公正而设,却成了有特权者的发迹手段。我们从这种特殊考试的激增中,从荫补的使用日益增多中,既可以看出官僚家庭和皇族这两个主要的特权享有者具有很大的势力,也可以看出它们对正规考试竞争的艰难所作的反应。也像英国初期的情况一样,那里17世纪的教育改革导致了18世纪更加贵族式的社会③,宋代教育的推广造成了上升机会的

---

① 参见对这一点提出论证的 Miyakawa Hisayuki(宫川尚志),"An Outline of the Naito Hypothesis and Its Effects on Japanese Studies of China"(《Naito 假说概要及其对日本的中国研究之影响》),*Far Eastern Quarterly* 14(1954-5),p. 533-2;Miyazaki,*China's Examination Hell*,p. 115-116. 其缺点在于内容不是叙述确实提高了皇帝权力的宋代科举改革,而是对宋代专制统治的特征描述。
② 参见第五章第一节《中途的考试》。
③ Lawrence Stone,"The Educational Revolution in England,1560-1640"(《英格兰的教育改革,1560—1640年》),*Past and Present*,28(1964)。

减少和特权的发展。

科举也使某些地区和地方的政治势力的发展达到了无与伦比的程度,因为宋代没有地区配额,允许各地之间形成比较无约束的竞争。1064年司马光与欧阳修之间关于地区配额的论争,明确表现了公平这一概念所固有的模棱两可性①,因为对个人的公平必然带来对某些地区的不公平,反过来也是一样。一个世纪以后,这种意义的不明确性甚至更增加了。在宋帝国科举成绩最好的地区东南沿海,与任何其他地区相比,州试考生数较多而解额较少(按政策)。然而,它的特权集团的规模和权力这样大,以致有很大的利用特殊考试的自由。因此,尽管没有特权的士人面临着竞争极为激烈的考试,对一般优秀分子来说,却是成功引起成功。与此形成对照的是,过去没有科举成功的历史的一些地方,只有通过正规考试和太学入学考试才能取得成功。

一千年前,儒学原则曾被用作"九品中正制"的理论根据。按照九品中正制,把士人按其德行分等,但这种制度很快就成了世袭等级制度。科举制度的选拔英才的原则要比九品中正制坚强得多。即使在南宋时盛行特殊考试,人们普遍认为科举制在充满着弊端的情况下,正规考试还是按计划举行,其复杂的程序一般都能遵守。而且在以后各朝,科举制度选拔英才的特征实际上是增强了。荫补的使用事实上已在明朝初期废除;②回避考试也是这样,因为对于有担任考官的亲戚的考生已绝对禁止参加考试③。这在很大程度上是晚期各朝实行专制政治的结果,因为科举是获得有才能而无独立性因而无威胁性的官员的一种极好办

---

① 参见第六章第一节《南方的兴起》。
② Ping-ti Ho, *The Ladder of Success in Imperial China*, pp. 149–153.
③ 这至少是清朝的情况。参见 Chang Chung-li, *The Chinese Gentry*, p. 170.

法。但是科举之能长期保持也应归功于对科举所形成的文化价值观,以及科举对地方优秀分子逐渐表现出的社会价值和社会效用,而这些主要是宋代的遗产。

知识与权能

在悠久的科举史上,宋朝与其他各朝最大的区别是宋朝特别喜爱改革。科举制度在任何其他时代都没有像在北宋那样从根本上受到挑战或进行过如此果断的试验。

挑战者中最重要的是北宋的改革家们。对于他们来说,问题不在于选拔英才——这是他们所赞成的,而在于训练与选拔之间的关系,即教育与人才录用之间的关系。他们关于选拔应植根于官学的要求,当然意味着应将选择官员的标准扩大到包括道德品质和学业成绩。它也意味着官学的宗旨应是在道德上和实际能力上把学生训练成官员。其结果正如12世纪初的"三舍法"(这种制度具有录用人才的职能并有法律、数学、书法、绘画和军事的专业化学校①)所表明的,是早期的专业化,与支配着中国教育史上大部分时期的通才教育的理想形成鲜明的对照。②

这也是制度形成的时期。教学人员的标准化、学校的财政来源、入学考试以及学生的升级等都是改革的产物。拿欧洲的情况来说,菲力浦·阿利埃斯正是把这样的一些新事物论证为构成欧

---

① 见 Chaffee, "Education and Examinations in Sung Society", pp. 90 - 92. 关于这些学校的主要资料是《宋会要·崇儒三》及《宋史》157/17a—20a,24a—34b。
② 这个论点最初是马克斯·韦伯提出的,他描述中国教育的特征是"修养教学法",而承认北宋晚期是这一概括的主要例外。见 Max Weber, *The Religion of China: Confucianism and Taoism*(《儒教和道教》), trans. Hans H. Gerth, New York: Macmillan Co. , 1964, pp. 119 - 121.

洲在14、15世纪时从教会学校转变为学院的基础,他把这一变化看作是出现现代教育的关键性因素。① 但是,在欧洲,这些变化导致了将在正规教育方面长期保持着实际垄断地位的一些制度的建立,而三舍法的寿命却不比它的创立者长。由于弊端丛生,费用浩大,以及改革家的一些过分行为,这种制度在建立后仅二十年就被放弃,人们又把接着而来的北方领土的丧失归咎于改革家们,遂使三舍法的恢复已绝无可能。尽管三舍法有它予人深刻印象的关于形成制度和发展教育方面的传统,但是科举与官学的分离,剥夺了官学对教育的暂时的垄断权。自此以后,真正有重大关系的是怎样能答好试卷,而不在于曾在哪里学习;准备考试成了教育的主要任务,不管人们是跟家庭教师学习,还是在村塾或世族学校、官学中学习。因此三舍法的改革决没有起到像以后欧洲的类似改革所起的那种催化作用。

在中国思想史和文化史上,宋朝主要是作为儒学复兴时代而使人牢记不忘的。由于宋帝国大部分地区的持久和平、经济繁荣、印刷业的普及,以及科举的刺激,北宋的思想和文学有显著的、丰富多样的繁荣发展,而其词汇和事例主要是从儒家经典中汲取来的。改革运动是这种复兴的一项成果。另一成果是苏轼所作的努力,最显著的是使"文"的文明和文学价值成为文明生活的指导原则。② 第三项成果是新儒学思想——即宋代所称的道

---

① PhilippeAriès, Centuries of Childhood: A Social History of Family Life(《儿童的世纪:旧制度下的儿童和家庭生活》), trans. Robert Baldick, New York: Vintage Books, 1962, chapter 2.
② Peter K. Bol, "Culture and the Way in Eleventh Century China". 关于在绘画艺术的文学理论中所见的对苏轼观点的分析,参见 Susan Bush(卜寿珊), *The Chinese Literati on Painting: Su Shih* (1037 – 1100) *to Tung Chi-Ch'ang* (1555 – 1636) (《中国文士论绘画:苏轼到董其昌》), Cambridge, Mass.: Harvard University Press, 1971.

学或理学的发展。而新儒学最著名的哲学成果,即其对教育的影响,是巨大的并与科举有密切的关系。

新儒学家所发展的认识论和形而上学,有许多(也许是大部分)都是北宋的大师们特别是程颐、程颢兄弟俩所做的工作,但是新儒学在士人中的普及则是12世纪晚期的现象。这主要应归功于朱熹等人的教学工作和著作,以及作为士人们进行自我修养和哲学探讨的聚集之处的书院的普及。这种现象发生于南宋前半期并不出人意料,因为北方文化中心地带的丧失,以及佛教特别是在思想上富有吸引力的禅宗的劝导性影响,在12世纪的思想家中引起了一种危机感,即觉得某种根本性的东西有缺陷的感觉。正如湖南的新儒学家胡宏(1105—1155年)①所说,"中原无中原之道,然后夷狄入中原也;中原复行中原之道,则夷狄归其地矣"②。新儒学家们认为真理揭示于经典著作中;认为学习和自我修养能使人成为圣贤;认为先王之道已从孔、孟留传给他们这些新儒学大师们;并认为道德教育对于恢复帝国是必不可少的。这些主张有着那么广大而具有接受力的听众和读者。这些主张既是保守的,又是激进的。保守之处在于其对传统的依赖;激进之处在于其认为真正的学者有其自主的权威。这些主张也是引起争论的,从而导致了12世纪末对"伪学"的短暂禁止。

在犹太人的教育中可以发现某种有启发性的与新儒学相类似之处,因为两者都信仰经典的权威性,都尊重知识,尊敬学者。正像犹太人的老师既是教师又是教士一样,宋代的新儒学家们在

---

① 按:关于胡宏的生卒年份有三种说法,即1105—1155年;1106—1162年;1102—1161年。这里取第一种说法。
② 引自 Tillman, *Utilitarian Confucianism*, p. 53.〔按:此处原文直接引自胡宏论学之哲学著作《知言·中原》篇(北京:中华书局《胡宏集》点校本,第44页。〕

某种意义上也是如此,因为他们对礼仪、道德修养和超然存在的关心,至少使他们起着"半教士"的作用。① 我们甚至可以在新儒学的书院与近代欧洲初期的犹太学校之间发现类似之处,因为不管两者有着怎样显著的差别(书院与犹太学校的决疑法训练毫无类似之处),它们都以一个学者教师为中心,都从远方招收学生,并且都以培养成熟的学者为目标。②

然而,在有一个方面,犹太人和新儒学家们的教育又有莫大的差别。前者安全地集聚在犹太文化的中心,而后者是在艰难地对抗以科举为中心的教育的情况下产生和繁荣起来的。一种人为了一生的发迹而参加考试;另一种人为追求哲理的理解和道德上的自我完善而进书院学习。科举是受皇帝及其官员控制的皇帝的制度。相反地,新儒学教育则直接求助于经书和当代大师们对经义的阐释,从而完全越过了皇帝。

的确,新儒学们的教育和以科举为中心的教育之间的对抗是有限制的。不但这两种教育都用同样的儒学课本,而且在元朝采用了朱熹对四书五经的注解作为科举课本以后,它们甚至都用新儒学课本了。并且,正如国家依靠儒学的政治理论来维护它的正统性一样,士人如果要发迹,就不得不参加考试。然而对抗又是不能解决的,因为学者要求自主的主张依然存在,科举制度也依然存在。尽管在批评家们看来,科举制度已降低价值并更加恶化了,但仍然必不可少。那么,结果是继续存在着紧张感,构成文化和政治生活的基础的辩证关系依然起着作用,直到清朝末年国家

---

① 关于新儒学书院的宗教性的讨论见第四章"书院的广布"一节。
② 关于犹太学校,见 Jacob Katz, *Tradition and Crisis: Jewish Society at the End of the Middle Ages*(《传统与危机:中世纪末的犹太社会》), New York: Schocken Books, 1961, pp. 192-198.

与文化都开始瓦解为止。

科举与社会

洪迈写了北宋晚期一个富有家庭的故事。这一家姓戴,住在长江三角洲的无锡县(属常州府)。戴家有两个儿子,并拥有巨大的房地产。一天夜里,父亲梦见了一个名叫李谟的秀才,几年后有个同乡的进士名字就叫李谟的娶了他的女儿。父亲临死之前,把两个儿子招来,对他们说:"汝曹素不立,必不能善守遗绪。此屋当货于汝乎。与其归他人,不若归李郎也。"儿子们就照他的话去做。在南宋初(按:即建炎、绍兴年间)的动乱时期中,"李宅岿然独存",是这一地区唯一不受盗匪破坏的产业。①

这不是一个具有典型意义的故事,因为对于一个有两个儿子的兴旺家庭来说,把房地产给予女婿是极不寻常的,它必定是反映了当时极其危险的形势。但这个故事是有启发性的,它既清楚地显示了围绕优秀分子生活的事物——家庭、房地产、婚姻和科举,也表达了父亲认为没有官位、财富就没有保障的信念。人们可能会设想,那是拥有自己的武装力量的李家真正保护了房地产,但如果是这样的话,那么本身是生活在比较安全时代的官僚洪迈,却宁愿忽视这一事实而强调科举在"立"家中的作用。

本书的论点是:在优秀分子社会在宋代所经历的变化中,科举是一个极为重要的因素。其他的因素显然也起着作用。正如郝若贝曾经颇有说服力地论证的那样,中国南部的人口增长和经济发展产生了一个拥有土地的优秀分子阶层,它在北宋晚期逐渐

---

① 《夷坚志》1.16:125。(按:原文见甲志卷十六《戴氏宅》条。)

在政治上占有重要地位,在那时以后显著地表现出担任官职的长期性。① 家族组织,婚姻关系,职业的多样化,以及有时统率军队的能力,在了解这个地方优秀分子阶层时都是必须考虑的因素。撇开其他因素而单独来考虑科举,不仅是由于随科举而来的报酬,而且也由于它对优秀分子生活的每一方面所产生的影响。

报酬是很明显的。担任官职能获得显赫的声势和财富(特别是在做官者对于接受礼物和贿赂毫不在乎的情况下),以及财政上和法律上的特权;而很高的职位还能为亲属们提供权势和得到录用的特权。而且,尽管也有优秀分子家族从来不出官员的例子②,但担任官职仍然是建立一个家族必要的一步,大多数宋代的优秀分子家族在其历史的某一时刻都是达到了这一步的③。

科举的影响虽然稍不显著,却仍然是引人注意的。在10世纪科举扩大和11世纪学校普及以后,参加科举的人数不断增长是具有重大影响的社会事实。这意味着当11世纪的职业官僚贵族——它本身是科举扩大的早期产物——由于党争而解体时,一个激烈竞争官位的庞大得多的地方优秀分子集团将接替它的位置。这意味着单个优秀分子家庭获得官位的机会减少了,从而提高了世族的重要性,促进了世族组织的发展。这意味着知识与婚姻之间的联系比以前更加牢固了。从一方面说,学术前途和科举中取得成功使一个男人成为非常合意的婚姻对象;从另一方面说,一个有居高官的亲属的妻子也能对丈夫参加考试非常有利。

似非而是的是,士人的增多也促成了优秀分子阶层内部职业

---

① Hartwell, "Transformation of China".
② 参见《春渚纪闻》2:11—12 及《渑水燕谈录》4:28 中的两个著名的例子。
③ 因为在韩明士定为福州本地优秀分子的 72 个家族中只有 10 个没有担任官职的记载。见"Prominence and Power in Sung China", pp. 108-109.

的多样化。随着科举竞争的增剧,正当处在优秀分子阶层边缘的、富有的地主家庭和商人家庭较可能培养教育它们最聪明的子孙,期望通过婚姻关系或科举达到社会地位上升的时候,素有好学传统的家庭却不大可能鼓励它们所有的子孙都去准备考试了。这种职业多样化的情况又可用洪迈所写的一个故事来证明。这是关于大观时期(1107—1110年)在太学读书的一个福建学生(南剑州沙县人)的故事。这人在梦中受到一个神灵的责备,说他没有埋葬死去的父母,命他回家去办好这件事。这人抗辩说他有兄弟在家,为什么应由他一人负此罪责。神灵回答说:"以子习礼义为儒者,故任其咎。诸子碌碌,不足责也。"①

在这个故事中,我们可以看出一种认为唯独士人具有道德权威的蛮横专断的主张,因为神灵不考虑兄弟们有孝顺的义务而几乎把他们描绘成野蛮的人。这有助于说明职业的多样化为什么不伴随着文化的多样化,而伴随着士人的道德价值观日益在优秀分子社会中占统治地位。如果说,新儒学和书院的普及表明了士人自主权力的不断增长,那么科举文化的出现可以看作是派生的皇帝权威的体现。以科举为中心的机构、仪式、象征和故事使官员与平民相区别,士人与非士人相区别,而对于参加科举生活的士人则提供了一种无从捉摸的、有时是虚无缥缈的成功的希望。

---

① 《夷坚志》1.7:51。(按:原文见甲志卷七《罗巩阴谴》条。)这个学生遵照神灵的劝告动身回家,但死于途中。关于一个被遣送回家葬父而活着的太学生的故事见同书1.7:52(按:见甲志卷七《不葬父落第》条)。

附录一 进入行政机构的途径

科　举

科举授予两种学衔:进士和诸科。取得这两种学衔通常需要通过初级考试(解试)、礼部考试(省试)和殿试(御试),以及对少数被推荐的人举行的特殊考试。

——进士科:从宋朝开始到1071年,对考生测验论(论述经义)、策(政策问题)和诗赋。从1071年到1089年,1094年到北宋末年,要求考生写经义的说明,而不是写诗赋。从1089年到1094年和南宋时期,考生可以选写一经的经义或诗赋。解试和省试各需三天,殿试主要是定职位的考试,需一天。

——诸科:包括若干专题考试,着重考经书节段的记忆(帖经)和书面解释经书节段的意义(墨义)。诸科于1071年废除而代之以新科明法,但在1089年取消。宋朝初年提供以下各类诸科考试:

明法:测验法律。

三传:测验《春秋》的《左氏传》《公羊传》和《谷梁传》。

三史:测验包括从有史之初到公元221年的中国历史的三部标准史书(《史记》《前汉书》和《后汉书》)。

三礼:测验关于礼仪的三部经典著作(《周礼》《礼记》和《仪

礼》)。

开元礼:测验732年的礼仪。

九经:测验《易经》《书经》《诗经》《周礼》《礼记》《仪礼》及《春秋》三传。

五经:测验《易经》《书经》《诗经》《礼记》及《春秋》的《公羊传》。

学究毛诗:测验毛亨所传《诗经》。

——特奏名进士;特奏名诸科:是方便进士学衔及方便诸科学衔。授予通过特殊的、比较容易的省试的,曾经多次参加京师级考试而未录取的年长考生。及格者获得品级很低或无品的职位。

——童子科:为各州推荐的早慧少年而设,由皇帝或秘书监主试。北宋时考生应在虚龄十五岁以下,南宋时考生应在虚龄十岁以下。

——制科:为授予通过极难的政令考试者的颇有声望的学衔。考生可以是官员或非官员,但必须经过推荐方可应试。

荫补(恩荫)

这是授予中级和高级官员的特权,允许他们把官位授予他们的亲属,偶尔也可授予他们的门客。受荫补者仍然必须通过定职位的考试(铨试),他们最初的职位很低。

——致仕补官(在保护人退休时允许补官):这是最高级的荫补形式,只限于最高级的文官和武官。

——遗表补官(在保护人死亡时允许补官)。

——大礼荐奏补官(在举行大典时允许补官):"大礼"是皇帝通常在京师郊外举行的典礼,这种典礼每三年举行一次,在京师考试之后这年举行。在人数上,这是最重要的一种荫补形式。

进纳补官

有时对在战争或饥荒时献出巨额粮食或现金的人授予低级官位。得到授官的人数很少,他们提升的机会受到严格限制。

摄官补官

摄官(非正式身份的官员)是允许在广南担任低级官职的广南举人。他们在一定的服务期限后可以取得正式身份。

流外补官

服务满二十年的吏员通过特殊考试可以从流外进入行政机构而获得官位。但在998年限定其人数为每年二十人。

附录二

表 25 历年省试及格者和授予的学衔

考试年份	省试及格进士	进士	诸科	方便进士	方便诸科
960	19	(19)*			
961	11	(11)			
962	15	(15)			
963	8	(8)			
964	8	(8)			
965	7	(7)			
966	6	(6)			
967	10	(10)			
968	11	(11)			
969	7	(7)			
970	8	(8)			
971	10	(10)			
972	11	(11)			
973	11	26**	96		
975	290	31	24		
977		109	207		
978		74	82		
980		121	534		

(续表)

考试年份	省试及格进士	进士	诸科	方便进士	方便诸科
983		239	285		
985	485	259	699		
988	120	59	700		
989	363	186	478		
992		353	774		
998	50	50	150		
990	71	71	180		
1000	547	409	1 129		
1002	78	38	180		
1005	492	247	570		
1008	891	207	320		
1009		31	54***		
1011		31	50***		
1012	190	126	377		
1014		21	21***		
1015	89	280	65	78	72
1019	264	140	154		
1024	200	200	354	43	77
1027	498	377***	894	109	234
1030	401	249	573		
1034	661	499	481	合共 857	
1038	499	310	617	26	587
1042	577	435		332	
1046	715	538	415	223	1 655
1049	637	498	550		
1053	683	520	522	166	430

(续表)

考试年份	省试及格进士	进士	诸科	方便进士	方便诸科
1057	373	388	389	122	102
1059	200	165	184	29	16
1061	200	183	102	44	41
1063	200	193	147***	72	28
1065	213	200	18		
1067	306	250	36		
1070	300	295	355	合共 474	
1073	408	400	40	475	217
1076	426	422	194	447	197
1079	348	348		合共 778	
1082	485	445		合共 836	
1085	485	485			
1088	523	523		合共 533	
1091	519	519		合共 323	
1094	513	512		合共 346	
1097	569	564			
1100	558	561			
1103	538	538			
1104		16†			
1105		35†			
1106	671	671			
1107		40†			
1108		51†			
1109	685	685			
1110		15†			
1112	713	713			

273

(续表)

考试年份	省试及格进士	进士	诸科	方便进士	方便诸科
1113		19†			
1114		17†			
1115	670	670			
1116		11†			
1117		12†			
1118	783	783			
1119		54†			
1120		66†			
1121	630	630			
1124	805	805			
1128		451	87		
1132		259	120	158	
1135	201	220	137	272	
1138	212	293			
1142	254	254		514	
1145	230	300	73	247	
1148	232	330	23	457	
1151	237	404	18	531	
1154	206	348	63	434	
1157	243	426		392	
1160	254	412	16	513	
1163	560	541		277	
1166	492	492		295	
1169	390	592		418	
1172	389	389			
1175	244	426			

(续表)

考试年份	省试及格进士	进士	诸科	方便进士	方便诸科
1178	226	417			
1181	300	379			
1184	246	395			
1187	279	435			
1190	557	557			
1193	396	396			
1196	288	506		778	
1199	254	412		789	
1202	325	435		497	
1205	259	433***		611	
1208	273	426		411	
1211	255	465		679	
1214	270	502		669	
1217	269	523		663	
1220	270	475		647	
1223	361	550		679	
1226		987			
1229		557			
1232		493			
1235		466			
1238		422			
1241		367		637	
1244		424			
1247		527		750	
1250		513		615	
1256		569		660	

275

(续表)

考试年份	省试及格进士	进士	诸科	方便进士	方便诸科
1259		442		309	
1262		637		743	
1268		664			
1271		502			

资料来源:除非另有附注,960—1223 年的全部进士及诸科数均据《文献通考》32:304—307;省试及格进士数据《宋会要·选举》1;方便进士数及方便诸科数,1027、1104、1105、1107、1108、1110、1113、1114、1116、1117、1119、1120、1205 各年进士数,1009、1011、1014、1063 各年诸科数均据《宋会要·选举》7—8;1241—1271 年的数字据青山定雄:《宋代史年表》2:217—260。青山定雄的这些数字的主要来源是《宋史全文续资治通鉴》33—36,不过他的 1256 年的数字系根据《宋元科举三录》中的 1256 年科名录。《文献通考》32 中的科举数字与《宋会要·选举》7—8 中的列数,以及北宋时期与《长编》和陈均《皇朝编年纲目备要》中的列数相仿,而并不完全相同。

* 殿试开始于 973 年。在此以前,省试(即礼部考试)的及格者全部获得进士学衔。

** 973 年起初授了 11 名进士学衔,但接着在复试后又加授了 15 名进士。

*** 在《文献通考》无某年的数字或其列数可疑的情况下系利用《宋会要·选举》中的进士及诸科总数。例如,1205 年,《文献通考》列进士 38 名,而《宋会要·选举》8 列数为 433 名,此数与相邻年份考试中的录取人数很接近,所以利用了后者。

† 从 1104 年到 1120 年,在无考试的年份授予了一些进士学衔给从上舍提拔的太学生。

附录三

表26 根据方志名录编列的宋代各州进士总数

序号	州名	北宋	南宋	未注明时期	宋代总数
	两浙东路：				
1	处州	193	506		699
2	衢州	250	359		609
3	明州(庆元府)	127	746		873
4	台州	38	377		415
5	温州(瑞安府)	83	1 125		1 208
6	婺州	67	466	47	580
7	越州(绍兴府)	153	321		474
	路总计	911	3 900	47	4 858
	两浙西路：				
8	常州	498	394		892
9	秀州(嘉兴府)	75	352		427
10	湖州(安吉州)	242	298		540
11	润州(镇江府)	137	126		253
12	临安(杭州)	165	493		658
13	苏州(平江府)	213	317		530
14	严州(睦州)	124	222		346

(续表)

序号	州名	北宋	南宋	未注明时期	宋代总数
	路总计	1 444	2 202		3 646
	江南东路:				
15	江宁府(建康府)	28	88		116
16	池州	17	50	5	72
17	信州	120	217		337
18	宣州(宁国府)	90	155	40	285
19	徽州(歙州)	155	278		433
20	饶州	329	621		950
21	广德军	22	53	2	77
22	南康军	60	223		283
23	太平州	37	53	2	92
	路总计	858	1 738	49	2 645
	江南西路:				
24	吉州	266	643		909
25	江州	54	38		92
26	建昌军	195	452		647
27	虔州(赣州)	76	87		163
28	抚州	179	445		624
29	兴国军	22	52		74
30	洪州(隆兴府)	174	375		549
31	临江军	156	234		390
32	南安军	13	50		63
33	袁州	57	66		123
34	筠州	33	114		147
	江西皇族*		80		80

(续表)

序号	州名	北宋	南宋	未注明时期	宋代总数
	路总计	1 225	2 636		3 861
	福建路：				
35	漳州	83	185		268
36	建州(建宁府)	809	509		1 318
37	泉州	344	582		926
38	福州	550	2 249		2 799
39	兴化军	468	558		1 026
40	南剑州	216	315	1	532
41	邵武军	107	88		195
42	汀州	23	39	18	80
	路总计	2 600	4 525	19	7 144
	淮南东路：				
43	招新军		1		1
44	真州	57	35		92
45	楚州(1)	17		2	19
46	楚州(2)	3	1	1	5
47	高邮军	19	10		29
48	亳州			9	9
49	泗州			2	2
50	宿州		2		2
51	泰州	72	38		110
52	通州	6	13		19
53	扬州	14	6		20
	路总计	188	106	14	308
	淮南西路：				

(续表)

序号	州名	北宋	南宋	未注明时期	宋代总数
54	蕲州	1	11	26	38
55	濠州		2		2
56	和州	47	45		92
57	黄州	1		6	7
58	光州	3			3
59	庐州	14	17		31
60	寿州(寿春府)	5	4	9	18
61	舒州(安庆府)	13	1	2	16
62	无为军	40	24		64
	路总计	124	104	43	271
	荆湖南路:				
63	茶陵军		49	4	53
64	郴州	25	53	11	89
65	全州	9	22		31
66	衡州	19	24	24	67
67	桂阳军		17		17
68	邵州	6	20		26
69	潭州	46	98		144
70	道州	59	75	9	143
71	武冈军		6		6
72	永州	36	52		88
	路总计	200	416	48	664
	荆湖北路:				
73	安州(德安府)	18	6	4	28
74	江陵府	5	1	3	9

(续表)

序号	州名	北宋	南宋	未注明时期	宋代总数
75	靖州(诚州)		1	2	3
76	荆门军	7		1	8
77	鄂州	5	23	12	40
78	汉阳军		1	1	2
79	峡州		1	1	2
80	归州	1			1
81	澧州	6	2	2	10
82	鼎州(常德府)	8	18	2	28
83	沅州	6	7		13
84	岳州	25	20	4	49
	路总计	81	80	32	193
	广南东路:				
85	肇庆府(端州)	7	16		23
86	潮州	37	51		88
87	惠州	15	43		58
88	广州	29	105		134
89	廉州	4	3		7
90	南雄州	7	19		26
91	韶州	25	22		47
	路总计	124	259		383
	广南西路:				
92	昭州	22	22		44
93	钦州	1	1		2
94	琼州		5		5
95	横州		7		7

(续表)

序号	州名	北宋	南宋	未注明时期	宋代总数
96	容州	2	5		7
97	化州	1	2		3
98	宜州(庆远府)	5	16		21
99	高州	1	3		4
100	桂州(静江府)	17	83		100
101	柳州	18	19		37
102	梧州	3	4		7
103	邕州	1	8		9
	路总计	71	175		246
	成都府路:				
104	成都府	330	251	78	659
105	嘉州(嘉定府)	11	59		70
106	简州	5	8		13
107	邛州	8	20	6	34
108	汉州	11	22		33
109	隆州(仙井监、陵州、陵井监)	66	146		212
110	眉州	328	567	3	898
111	绵州	23	31		54
112	彭州	1	2		3
113	石泉军		14		14
114	蜀州(崇庆府)	2	6	3	11
115	威州		2		2
116	雅州	2	4		6
117	永康军	1	1	1	3

(续表)

序号	州名	北宋	南宋	未注明时期	宋代总数
	路总计	788	1 133	91	2 012
	梓州路(即潼川府路):				
118	昌州	12	44		56
119	长宁军	4		1	5
120	渠州	38	34		72
121	富顺监	7	58		65
122	合州	21	66		87
123	敍州	3	15		18
124	怀安军	35	43		78
125	荣州	21	81	18	120
126	广安军(宁西军)	31	41		72
127	果州	65	152		217
128	泸州	2	36		38
129	普州	86	195		281
130	遂州(遂宁府)	46	255		301
131	潼川府(梓州)	28	61		89
132	资州	48	147		195
	路总计	447	1 228	19	1 694
	利州路:				
133	剑州	7	32		39
134	兴元府	1	2		3
135	阆州	47	26	14	87
136	利州	2	2		4
137	龙州(政州)	5	3		8
138	巴州	1	13		14

(续表)

序号	州名	北宋	南宋	未注明时期	宋代总数
139	蓬州	10	13		23
140	洋州		4		4
	路总数	73	95	14	182
	夔州路：				
141	黔州（绍庆府）		4		4
142	忠州（咸淳府）		3		3
143	重庆府（恭州）	9	27		36
144	涪州	1	5		6
145	夔州	4			4
146	梁山军		3		3
147	南平军		8		8
148	施州	1			1
149	达州	10	20		30
150	大宁监	2			2
151	云安军	3	3		6
	路总计	30	73		103
	京畿路：				
152	开封府	73			73
	路总计	73			73
	京东东路：				
153	青州	5		18	23
154	莱州			5	5
155	密州			2	2
156	潍州			2	2
	路总计	5		27	32

(续表)

序号	州名	北宋	南宋	未注明时期	宋代总数
	京东西路：				
157	濮州	7		7	14
158	曹州(兴仁府)	1			1
159	应天府(宋州)	24		9	33
160	郓州(东平府)	3			3
	路总计	35		16	51
	京西南路：				
161	随州	6	2		8
162	邓州	1		7	8
	路总计	7	2	7	16
	京西北路：				
163	陈州(淮宁府)	4			4
164	郑州	9			9
165	河南府	42	1		43
166	许州(颖昌府)	3			3
167	汝州	2			2
168	孟州	6			6
169	蔡州	6			6
170	颖州(顺昌府)	1		2	3
	路总计	73	1	2	76
	河北东路：				
171	冀州	2		4	6
172	清州(乾宁军)			1	1
173	恩州	2			2
174	滨州			1	1

(续表)

序号	州名	北宋	南宋	未注明时期	宋代总数
175	博州	2		1	3
176	澶州(开德府)	8		4	12
177	大名府	11		14	25
178	沧州	4		3	7
179	瀛州(河间府)	3		2	5
180	永静军	3	1		4
	辽国领土	10	1	13	24
	路总计	45	2	43	90
	河北西路：				
181	安肃军			1	1
182	赵州(庆源府)	6		6	12
183	真定府	2		15	17
184	祁州	7	1		8
185	相州	2			2
186	邢州(信德府)	1		6	7
187	怀州	4			4
188	洺州	3			3
189	保州			7	7
190	深州			5	5
191	顺安军			3	3
192	定州(中山府)			2	2
193	磁州	1			1
194	衞州	4			4
195	永宁军	2		2	4
	路总计	32	1	47	80

(续表)

序号	州名	北宋	南宋	未注明时期	宋代总数
	河东路：				
196	绛州	6		7	13
197	晋州（平阳府）	6		2	8
198	汾州	6		5	11
199	忻州	1		1	2
200	岚州	1		3	4
201	潞州（隆德府）	4		5	9
202	平定军			2	2
203	石州			1	1
204	代州			1	1
205	太原府	22		27	49
206	泽州	24		8	32
	路总计	70		62	132
	永兴军路：				
207	解州	3		1	4
208	京兆府	19		4	23
209	河中府	4		4	8
210	华州	4			4
211	陕州	2		7	9
212	同州	13	8	6	27
213	耀州	81			81
	路总计	126	8	22	156
	秦凤路：				
214	成州			1	1
215	秦州			2	2

287

(续表)

序号	州名	北宋	南宋	未注明时期	宋代总数
216	泾州			1	1
217	凤州			1	1
218	凤翔府	3	1		4
219	渭州			1	1
220	原州			1	1
	路总计	3	1	7	11
	所有各路总计	9 658	18 685	609	28 927

资料来源:见本书所附地方史志目录;为更明确起见,可参见 Chaffee,"Education and Examiantions in Sung Society",附录二。

* 这些皇族列在陶成所编的《江西通志》中,但未分州列明。

附录四　地方史志作为宋代进士数资料来源的估价

要根据从南宋直到清代的各种各样地方史志来重编宋代进士的人数表,涉及方法论和准确性的问题。在利用时代上和质量上有着很大差异的各种资料时,我们怎样能区别某一名录的不同版本呢?更重要的是,一旦我们作出了选择,又怎样能判定结果的准确性呢?在这个附录中,我将尽力试图回答这些问题,首先叙述所用的方法,其次考虑与结果的真实性有关的证据。

调查研究中所用的是下列方法:

1. 所查阅的地方史志是芝加哥大学收藏的省志和州志。我没有利用县志,这既有实际可行性方面的原因(因为县志的数量是那么多),又是为了把重复计算的可能性减少到最低限度。①

2. 地方史志的进士名录所用的编年次序具有不同的特征。只要有可能,我把每次考试的各州录取总人数都记下来。有些资料只按年号时期、年号或朝代列出进士姓名。除了按朝代编列的以外,这些资料与进士人数的总计表差别较小,因为后者在年代次序上是按年号划分的。

3. 在同一个州有两部或更多部地方志,每部的名录又略有

---

① 在所调查的第一个州(福建福州)中,我按县把进士记录下来,发现他们的县籍有相当大的不符情况,特别是在13世纪。

差异的情况下,我一般选用最早的方志。然而有若干例外:

——在某些场合,如果较晚的方志比较早的方志更为详细,或看来更为完备、准确,则采用较晚的方志。对以下这些地方就是这么办的:两浙东路的处州;淮南西路的蕲州、黄州;江南东路的宣州、广德军和太平州;以及四川的大部分地方——因为清代杨芳灿所编的《四川通志》远比明代杜应芳所编的《四川总志》详备。

——两浙东路的衢州,有所属时间在1662年与1736年之间的三种资料。它们的名录很相似,但并不完全相同,所以三种资料都予采用。①

——中国北部各州、府方志中所列的宋代进士数是残缺不全的。最明显的是开封的情况,在其他的资料中都把它描述为北宋时期出进士最多的地方,而方志中却列了显著地少的数字。北部其余各地这种情况也颇明显。因此,对华北的每一州,都采用所列姓名最多的资料,不管其日期如何。

4. 主要资料脱漏的地方,如有可能,都以其他可以代替的资料中的数据补入。

能提供关于宋代科举的广泛数据的资料比较稀少,因此对进士名录进行核对和评价有困难。然而,如果能适当利用我们拥有的资料,是足以支持关于这些名录的准确性的留有适当余地的结论的。

在方志名录中极可能发现的错误有三类。第一类错误是遗漏,常常表现在名录的总数小于应有的数字。第二类错误是包括了非进士,就是包括了其他学衔——诸科,更有可能的是方便学

---

① 这三种资料是(清)傅王露:《浙江通志》,(明)林应翔:《衢州府志》,(清)杨廷望等:《衢州府志》。在某一年份,如一种资料与其他两种列数不符,就采用其他两种资料的数字。如三种资料列数均不同,则采用中间数。

衔——的获得者。罗濬在1227年编撰的《宝庆四明志》中明确提到张津1169年编撰的《乾道四明志》有把非进士列为进士的情况。① 第三类错误是重复列入的问题,就是把同一个人列在不同的州中,这往往是由于其家庭住处和实际住处不同所造成。还应该提到可能发生的其他两类错误,不过我认为这两类错误并不重要。一类是名录上可能有伪造的名字,这类错误似乎是不大可能发生的,因为后来的历史学家们没有理由去编造名字。另一类是所注的年代不正确。这类错误肯定发生过;我在调查过程中曾发现许多不明确的日期如错误的年号时期等。然而,由于这项研究采用了相当大的时间区组,并利用各路、各地区和各州间的总数比较,这些年代上的错误不致有很大的影响。

表21下端的两行把方志所列的宋代进士总数与《文献通考》及其他资料所列的宋代进士总数作了对比②,从中可以获得关于整个方志数据的完整性的概念。方志名录中确实存在着遗漏的问题,因为方志所列总数没有一个超过《文献通考》及其他资料所列的总数。这个问题似乎在南宋时期比较小,而北宋时期则很严重。我们怎样来说明这种差别呢？是不是由于北宋的数据一般是不可靠的,还是由于缺少的进士数都在华北,他们的档案大部分已遗失或毁坏了呢？我倾向于后一种解释。中国南部有少数地方直到北宋中期才有进士的记载③,但一般地说,南方的名录看起来像是完整的,有时甚至还列出资料来源,如州学中的石刻。相反地,北宋时的华北名录虽然多少有一点,却是很贫乏的。它

---

① 《宝庆四明志》10/1a。
② 参见附录二及其关于全国科举录取人数资料的说明。
③ 例如谈钥《吴兴志》中直到1042年才开始有湖州进士名录,但傅王露编纂的《浙江通志》从宋朝初年就列出各州进士。

们往往缺少考试的日期,并且似乎包括了过多的著名的登科者例如状元(殿试第一名),这使人想到,它们可能是根据传记文学作品再创造的。这同一些方志中的有关教育部分也同样充满着遗漏的情况,因此,明清两代华北的方志家们似乎很少有关于宋代的资料可以利用。

开封及其附近地区尤其有这种情况;的确,单是开封名录的遗失就占了北宋进士遗漏数的大部分。在 1059、1061 和 1063 诸年考试中,开封分别占进士 44 名、69 名和 66 名,即占所授进士学衔总数的 27%、38% 和 34%。如果我们把国子监的进士数加上去,则开封这几年的进士总数分别为 66 名、97 名和 96 名,即各占全国进士数的 40%、53% 和 50%。① 这些京师的进士中,有些无疑也列入了其他地方的名录中。② 例如,998 年有人抱怨那年的 50 名进士中开封占了 38 名之多。③ 然而各州方志中同一年列入了约 40 名非开封的进士,这使人想到,许多开封的进士都与其他各州有关系,或许在各州有祖宗的家或亲属的家。但是即使我们把这种重复计算作了调整,开封的进士数在方志名录中显然是一个最大的遗漏。

尽管《文献通考》和其他资料为我们提供了可据以核对全部方志名录的最好证据,另一些资料却使我们能核对特定年份或地区的名录。最重要的是《宋元科举三录》中最早的两份名录——1148 年和 1256 年的科名录。④ 这两个名录使我们能按姓名核对

---

① 司马光:《温国文正司马公文集》30/1a—5b。并参见以上表 9。
② 参见第三章中关于开封的讨论。
③ 《宋会要·选举》1/6b。
④ 关于这些名录及其文献史的讨论,参见 Kracke, "Family vs. Merit in Chinese Civil Service Examinations under the Empire", pp. 108 – 109.

方志中这两年的进士名录,并核实其居住地。表 27 列示了进行这种核对的结果。

表 27 《宋元科举三录》与方志中所列 1148 年及 1256 年考试录取进士数的比较

	A	B	C	D	E	F	G
	方志	宋元科举三录	A/B	A与B中州籍相同者	A中有而B中无者	A与B中州籍不同者	B中有而A中无者
1148 年							
两浙东路	52	52	1.00	48	2	2	4
两浙西路	43	38	1.13	35	3	5	3
江南东路	41	30	1.37	29	8	4	1
江南西路	37	23	1.61	22	13	2	1
福建路	77	66	1.17	65	4	8	1
淮南东路	3	4	0.75	2	—	1	2
淮南西路	—	—	—	—	—	—	—
荆湖南路	1	1	1.00	1			
荆湖北路	1	1	1.00	1			
广南东路	5	5	1.00	5			
广南西路	—	—	—	—			
成都府路	34	35	0.97	31	1	2	4
梓州路	24	27	0.89	21	1	2	6
利州路	3	2	1.50	2	—	1	—
夔州路	4	4	1.00	4			
小计:	325	288	1.13	266	32	27	22
华北		26					26
皇族（未列明居住地）		16					16

(续表)

	A	B	C	D	E	F	G
	方志	宋元科举三录	A/B	A与B中州籍相同者	A中有而B中无者	A与B中州籍不同者	B中有而A中无者
1148年总计	325	330	0.98	266	32	27	64
1256年							
两浙东路	127	99	1.28	86	31	10	13
两浙西路	36	29	1.24	25	3	8	4
江南东路	53	39	1.36	29	21	3	10
江南西路	81	58	1.40	55	20	6	3
福建路	121	124	0.98	100	14	7	24
淮南东路	6	8	0.75	4	2	—	4
淮南西路	8	7	1.14	2	5	1	5
荆湖南路	15	9	1.67	7	6	2	2
荆湖北路	12	16	0.75	9	2	1	7
广南东路	14	17	0.82	8	3	3	9
广南西路	15	22	0.71	12	—	3	10
成都府路	37	36	1.02	34	—	3	2
梓州路	44	50	0.88	43	—	1	7
利州路	9	15	0.60	5	1	3	10
夔州路	3	5	0.60	3	—	—	2
京西南路	—	3	0.00	—	—	—	3
小计	581	537	1.08	422	108	51	115
皇族		29					29
居住地不明者		35					35
1256年总计	581	601	0.97	422	108	51	179

附录四　地方史志作为宋代进士数资料来源的估价

纯粹从数字上看（我们在这里所关切的主要是数字），既然所编列的是表格而不是名录，不论采用《宋元科举三录》的进士总数或是只采用列出居住地的那些资料，这两年两类资料的数字显然是接近的。

若着眼于姓名或居住地的实际符合程度（D—G栏），那么结果就不大令人满意，尤其是1256年。D栏表明方志与《宋元科举三录》中姓名与居住地都相符的进士数。F栏是这两种资料中姓名相符而居住地不符的进士数。这种情况在表28中再加细分。

表28的最后三行实际上提供了《宋元科举三录》中所缺的资料，填补了遗漏。此外，列在第二行的数字只是居住地不同而并非重列，在表27的G栏中也已列入。这样，如果我们所关心的只是这两年方志中所包括的姓名正确的进士数，那么它们分别是282人和459人（即将表27中D栏的数字加到表28中第二至五行的数字上，但1256年的数字应减去两人，因为第四、五两行中重列了此数）。

关于E栏那些姓名的由来，我们只能加以推测。据我推测，那是方便进士学衔的获得者（1148年曾授予方便进士学衔459名，1256年授予660名），但不可能加以断定。幸而，这两年E栏和G栏的数字都可大致抵销，因此两种名录在数字上是很接近的。事实上，与表21列数的符合程度相比，C栏所示98%和97%的符合率这样高，是会令人怀疑的；也许是方志的作者们在编制他们的名录时也利用了《宋元科举三录》所列的1148年和1256年这两份名录。就四川（表27中的成都府路、梓州路、利州路和夔州路）来说，很可能是这种情况，因为《四川通志》以这两年的名录作为主要资料，在这两年比其他各年列了较多的进士，把它们归到较多的州，并且归得很准确，如我们可从表27中看到的

295

那样。但四川在这方面看来是特殊的。从 D 栏所列江南东、西路和 1256 年两浙东、西路的数字来看,这几路的方志作者肯定地未能很多地利用这两份名录。事实上,表 27 表明江南及两浙诸路在方志中所列进士数多于《宋元科举三录》的列数,而四川诸路方志中的列数则低于《宋元科举三录》的列数。

表 28 表 27F 栏的细分

	1148 年	1256 年
方志中重复列入	11	12
方志所列居住地与《宋元科举三录》不同*	5	23
《宋元科举三录》中列华北居住地者	8	—
皇族——《宋元科举三录》中未列居住地	3	10**
《宋元科举三录》中未列居住地	—	6**
	27	51

*《宋元科举三录》中,在某些情况下同一个人列有两个居住地:一个是正式居住地(本贯),另一个是他现在居住的地方(寓寄)。在大多数这种情况下,该进士的居住地都被方志列为后者,而不列为前者。在这几份表中,我采取后者作为进士的居住地。

** 有一个在《宋元科举三录》中未列居住地的皇族进士被两个州列入州志中。一个非皇族的进士也有同样的情况。

虽然《宋元科举三录》使我们对南宋名录的准确性有相当好的了解,但北宋的情况如何却是问题。如果不进行同样的核对,我们怎能完全相信这些数据呢?对这个问题还没有令人满意的答案。然而,对北宋早期至少可进行两项部分的核对。

为了确定方志中所列姓名的重复程度,我任意选择了北宋的三次考试,并把所查阅的方志中那几年所列的姓名都记下来。表 29 列出了那几年以及 1148 年与 1256 年重复的发生率。除了

992年的考试以外，发生的重复极少。

第二项可能进行的核对是根据司马光在与欧阳修辩论科举配额政策时所提出的统计数。司马光认为西北考生在京师考试中受到歧视。为了支持这一论点，他提出了西北各路一系列进士数以及开封与国子监在1059、1061和1063诸年的进士数。表30列出了那些数字及方志中的可比数。由于有些嘉祐时期（1056—1063年）的进士在方志中未注明所属年份，所以把嘉祐时期四次考试的进士数合并列入。

表29 方志中所列进士数的重复情况

年份	进士总数	重复列入*	百分比
992	97	10	10.3%
1061	110	3	2.7%
1109	435	5	1.1%
1148	325	11	3.4%
1256	578	12	2.1%

* 这是已重复列入的姓名数。凡同一姓名列入二次的算作重复一次，同一姓名列入三次的（仅在992年发生一次），算作重复二次。

从这个表中得出的主要印象是司马光的数据与方志的数据不符。然而，未知数是这么多，即使是否定的结论也难以得出。司马光的数据有遗漏，嘉祐时期的进士数未注明年份，更不必说实际上有发生少数错误的可能性了，在此情况下，没有一个路的对照数是可靠的。此外，尽管方志所列的进士很少重复，但我们无法知道司马光提出的开封和国子监的进士数中有多少已列入方志。的确，这个数字可能不少，因为司马光提出的各路数据明确地属于通过州试而上升的进士，而不是在开封读书并在那里参加解试的外地学生——这些人在考取进士后仍然会被他们的原籍列入当地名录。表 31 支持了这一结论,表中列出了方志中所载的 1059、1061 和 1063 年这三次考试的进士总数及司马光提出的开封与国子监的进士数,将其合计数与《文献通考》的列数进行对比。

表30　司马光和各方志所提供的11世纪进士数的比较

路别	1057方志	1059 司马光	1059 方志	1061 司马光	1061 方志	1063 司马光	1063 方志	1056—1063（未分年份）	司马光总数	方志1059—1063	方志1056—1063
广南东路	6	3	0	2	0	0	0	0	5	0	6
广南西路	1	1	3	0	0	0	0	0	1	3	4
荆湖南路	0	3	2	2	0	2	0	1	7	2	3
荆湖北路	0	—	1	0	0	1	0	2	1	1	3
梓州路	7	2	5	—	2	—	3	5	2	10	22
夔州路	1	1	0	0	0	—	0	1	1	0	2
利州路	0	1	0	—	0	0	0	7	1	0	7
河北	2	5	3	—	0	1	0	0	6	4	6
河东路	1	0	0	1	0	1	0	3	2	1	5
京东	0	5	0	5	0	—	0	7	10	0	7
开封	—	44	—	69	—	66	—	—	179	—	—
国子监	—	22	—	28	—	30	—	—	80	—	—

资料来源：司马光:《司马公文集》30/1a—5b;方志传记或 Chaffee, "Education and Examinations in Sung Society",附录二。

表 31　1059—1063 年进士数：司马光提出的开封与国子监
进士数加方志所列总数和《文献通考》列数对比

	1059	1061	1063	嘉祐时期（未分列年份）
方志所列总数	87	110	106	49
开封	44	69	66	
国子监	22	28	30	
	153	207	202	49
《文献通考》所列总数	165	183	193	

考虑到方志名录中可能有很多遗漏，而表列三次考试中有两次是方志列数与司马光列数的合计超过《文献通考》所列总数，这使人想到京师与全国其他地方之间有相当多的重复列名情况。同时，这两组总数的接近至少在表明方志名录近似实际记录方面为我们提供了一些保证。

虽然这些核对方法也许是粗疏而无系统的，但它们毕竟证明了方志名录大体上是正确的。姓名重列的发生率很低以及方志名录与 1148 年、1256 年的名录基本相符，证明方志名录的编纂是很谨慎的。但是，如果说这些方志名录有一些价值的话，我们也必须了解它们的缺陷。这里我提出以下四点。

第一，北宋的数据很不完整，如果当真要利用的话，必须十分谨慎。即使我们所拥有的资料都是准确的，那也只代表了北宋全部进士数的一半，从 10 世纪晚期开始，所代表的还不到全部进士数的四分之一。最为大家所熟知的遗漏是开封和国子监的进士数，也许单是这些遗漏数就占所缺进士数的大部分。1059、1061 和 1063 这三年看来就是这种情况。然而，我们发现的 1061 年和 1109 年的很低的重复率却令人鼓舞，因为这有助于排除一个明显而重要的错误来源。因此，我们没有理由排除北宋的数据本身,尽管它们有以下所述的缺陷。

第二,华北和南宋边远地区的记载往往质量差而不够详细;它们差不多肯定地少列了科举成绩。幸而,这些都是全国科举成绩最差的地区,因此,即使在少列科举成绩方面有巨大的误差,绝对数也是小的,对于整个地区分布模式没有很大的影响。

第三,比较落后的地区似乎所列的进士人数不足,与此同时,一些比较先进的地区所列的进士人数似乎是夸大的。主要的例子是江南,那里在1148和1256这两年,方志所列进士数超过《宋元科举三录》的列数达三分之一以上。同样显著的是两浙在1256年的情况。这种误差是重大的,因为涉及的数字很大,可能必须把对照数做某些形式的调整。但是大部分地区差别仍然十分巨大,所以调整不会改变基本分布情况。

第四,方志名录的质量看来在南宋晚期是相当差的。这在表27中表现得极明显,其中1256年的多列数(E栏)和遗漏数(G栏)都远比1148年的可比数为高。在表21中,方志所列进士数在进士总数中所占的百分比也从12世纪的90%下降到13世纪中叶的76%。根据这两种测度来看,1190年以前的南宋数据似乎在所包括的范围和准确性两方面都是最佳的。

最后,我要补充说明的是,这项进士数调查的主要价值来自其规模之大和范围之广。只要我们了解它的主要偏差并加以说明,就能有益地利用它来研究宋代中国在学术上、政治上和社会经济上的变迁。但必须记住,不准确性是存在的,所利用的资料质量也优劣不等。因此,对它加以任何详细的利用都必须谨慎小心,并考虑到所用的特定资料。

参考文献

地方史志

张津:《乾道四明图经》12卷,1169年《宋元四明六志》本。
张铉:《金陵新志》15卷,1344年。
张一英:《同州府志》18卷,1625年。
张良知:《汉中志》10卷,1588年。
张沐:《开封府志》40卷,1695年。
赵本:《大名府志》10卷,1445年。
陈耆卿:《赤城志》40卷,1223年。明万历本。
陈艮山:《淮安府志》16卷,1518年。
蒋湘南:《同州府志》34卷,1852年。
乔世宁:《耀州志》11卷,1557年。
钱振伦:《扬州府志》24卷,1810年。
潜说友:《咸淳临安志》100卷,1268年。
周方炯:《凤翔府志》12卷,1766年。
周学濬:《湖州府志》96卷,1874年。
周荣椿:《处州府志》30卷,1877年。
周应合:《景定建康志》50卷,1261年。1801年版。
朱昱:《咸淳毗陵志》30卷,1268年。
朱沉:《和州志》7卷,1441年。
锺汪:《通州志》34卷,1530年。
范成大:《吴郡志》50卷,1229年。《丛书集成》本。
方仁荣:《景定严州续志》10卷,1262年。《丛书集成》本。
方瑜:《南宁府志》,1564年。
傅叔训:《平阳府志》,1615年。《泽州志》18卷,1615年。

傅王露:《浙江通志》280卷,1736年。

何乔远:《闽书》154卷,1629年。

何绍基:《安徽通志》350卷,1877年。

徐颢:《临江府志》9卷,1538年。

许峪:《甘肃通志》50卷,1736年。

徐硕:《至元嘉禾志》32卷,1288年。

黄其勤:《直隶南雄州志》34卷,1818年。

黄仲昭:《八闽通志》87卷,1490年版。

黄彭年:《畿辅通志》300卷,1872年。1885年版。

任德:《随志》1539年。1539年版。

康孔高:《南阳府志》,现存8卷,1437年。

高似孙:《剡录》10卷,1214年。1870年版。

顾清:《松江府志》32卷,1512年。

郭忠:《处州府志》30卷,1486年。

李梦熊:《沧州志》,现存6卷,1603年。

李思恭:《池州志》10卷,1612年。

李嵩:《归德府志》,现存6卷,1568年。

李元芳:《岳州府志》,现存7卷,1567年。

梁克家:《三山志》42卷,加朱谨补遗(卷31—32),1174—1189年。明木刻版。

姚广孝编:《临汀志》7卷,约1265年。《永乐大典》1960年影印本。

林应翔:《衢州府志》16卷,1622年。

凌万顷:《玉峯志》3卷,1251年,1251年手抄本。

刘芳声:《合州志》8卷,1579年。

刘绎:《吉安府志》53卷,1876年。

刘国光:《德安府志》20卷,1888年。

刘万春:《台州志》10卷,1633年。

刘文富:《严州图经》3卷,1186年。《丛书集成》本。

罗青霄:《漳州府志》33卷,1573年。

罗濬:《宝庆四明志》21卷,1227年。《宋元四明六志》本。

罗许:《景州志》现存3卷,1572年。

罗愿:《新安志》10卷,1175年。1888年版。

陆凤仪:《金华府志》30卷,1598年。

卢宪:《嘉定镇江志》22卷,1213年。《静嘉堂文库》本。

卢熊:《苏州府志》50卷,1379年。1379年版。

陆钺:《嘉靖山东通志》40卷,1533年。

龙文明:《莱州府志》8卷,1604年。

梅应发:《开庆四明续志》12卷,1259年。《宋元四明六志》本。

鲍廉:《琴志》15卷,1141年。元版清复印本。

彭泽:《徽州府志》12卷,1502年。

边像:《蒲州志》3卷,1559年。

施谔:《淳祐临安志》,现存5—10卷,1241—1253年。《武林掌故丛编》本。

施宿:《会稽志》20卷,1225年。明正德版。

《寿昌乘》,南宋末年版。

苏佳嗣:《长沙府志》20卷,1665年。1665年版。

孙灏:《河南通志》80卷,1735年。

孙世昌:《广信府志》20卷,1683年。1683年版。

孙存:《荆州府志》现存6卷,1532年。

戴璟:《广东通志》40卷,1535年。

谈钥:《吴兴志》20卷,1201年。

唐臣:《真定府志》33卷,1547年。

唐日照:《温州府志》,现存16卷,1605年。

唐宁:《兴国州志》,现存6卷,1554年。

陶成:《江西通志》162卷,1732年。1732年版。

陶履中:《瑞州府志》24卷,1628年。1628年版。

邓璨:《黄州府志》40卷,1884年。

邓抡斌:《惠州府志》45卷,1881年。

曾国荃:《湖南通志》288卷,1885年。1885版。

杜思:《青州府志》14卷,1565年。

杜应芳:《四川总志》27卷,1619年。

王新命:《江南通志》76卷,1684年。

王轩:《山西通志》184卷,1892年。

王一化:《应天府志》33卷,1577年。

王国桢:《保定府志》37卷,1607年。

王命爵:《东昌府志》,现存6卷,1600年。

王道一:《汾州府志》16卷,1609年。

王元恭:《至正四明续志》12卷,1342年。《宋元四明六志》本。

《卫辉府志》16卷,1603年。

吴臻:《无为州志》9卷,1506—1521年。

吴道明:《庐州府志》13 卷,1575 年。
杨承禧:《湖北通志》172 卷,1911 年。
杨恩:《巩昌府志》8 卷,1621 年。
杨芳:《广西通志》40 卷,1599 年。
杨芳灿:《四川通志》204 卷,1816 年。
杨譔:《昆山郡志》6 卷,清手抄本。
杨思震:《保宁府志》14 卷,1543 年。
杨廷望:《衢州府志》40 卷,1711 年。
姚之琅:《邓州志》24 卷,1711 年。
姚文田:《扬州府志》72 卷,1664 年。
姚应龙:《徐州志》6 卷,1574 年。
严长明:《西安府志》80 卷,1779 年。
余之桢:《吉安府志》36 卷,1585 年。1585 年版。
俞希鲁:《至顺镇江志》21 卷,1332 年。台北:文化书局 1958 年版。
虞自明:《永州府志》12 卷,1383 年。
袁桷:《延祐四明志》20 卷,1320 年。《宋元四明六志》本。

其他中文著作

张其昀:《宋代四明之学风》,载《宋史研究集》第 3 辑,台北:"中华丛书"委员会,1966 年,第 33—71 页。

张家驹:《两宋经济中心的南移》,武汉:湖北人民出版社 1957 年版。

张秀民:《南宋刻书地域考》,《图书馆》1961 年 3 期,第 52—56 页。

张栻:《南轩先生文集》7 卷,《丛书集成》本。

张世南:《游宦纪闻》10 卷,《丛书集成》本。

昌彼得、王德毅、程元敏、侯俊德:《宋人传记资料索引》6 卷,台北:鼎文书局 1974—1976 年版。

赵惠人:《宋史地理志户口表》,《禹贡》1934 年第 2 期,第 59—67 页。

赵翼:《廿二史札记》2 卷,台北:世界书局 1972 年版。

赵升:《朝野类要》5 卷,《丛书集成》本。

赵铁寒:《宋代的州学》,《大陆杂志》1953 年第 7 卷第 10 期,第 15—20 页;第 11 期,第 15—18 页。

陈均:《皇朝编年纲目备要》30 卷,《静嘉堂丛书》本。台北:经文出版社 1966 年版。

陈继新:《从教育观点析论宋代书院制度》,《学记》1971 年第 3 期,第 75—124 页。

岑仲勉:《进士科抬头之原因及其流弊》,载《隋唐史》,北京:高等教育出版社1957年版,第181—190页。

陈东原:《中国教育史》,上海:商务印书馆1936年版。

陈东原:《中国科举时代之教育》,上海:商务印书馆1933年版。

陈东原:《庐山白鹿洞书院沿革考》,《民铎杂志》1937年第1期,第1—32页,及第2期,第1—25页;《隋唐的科举》,《学风》1932年2卷第8期,第8—25页;《宋代的科举与教育》,《学风》1932年第2卷第9期,第5—39页。

陈元靓:《事林广记》日文版,1699年。

程端礼:《程氏家塾读书分年日程》3卷,《百部丛刊》本。

程端蒙、董铢:《程董二先生学则》,《百部丛书集成》本。

程运:《宋代教育宗旨阐释》,《中正学报》1967年第2卷,第90—93页。

《江苏金石志》24卷,1927年版。

金中枢:《北宋科举制度研究》,《新亚学报》1964年第6卷第1期,第205—281页,及第6卷第4期,第163—242页;《宋代古文运动之发展研究》,《新亚学报》1963年第5卷第2期,第105—109页。

金毓黻:《宋代官制与行政制度》,《文史杂志》1942年第2卷第4期,第3—26页。

秦湘业:《续资治通鉴长编拾补》60卷,台北:世界书局1964年版。

周必大:《周文忠公集》200卷,文渊阁《四库全书》本。

《益公题跋》,《丛书集成》本。

朱熹:《朱文公文集》100卷,《四部丛刊》本。

朱熹:《小学集注》6卷,《四部备要》本。

朱熹:《仪礼经传通解》37卷,《西京清麓丛书》本。

朱彧:《萍洲可谈》3卷,《丛书集成》本。

全汉昇:《北宋物价的变动》,《历史语言研究所集刊》1944年第11期,第337—394页;《宋末的通货膨胀及其对于物价的影响》,《历史语言研究所集刊》1943年第10期,第193—222页。

钟文烝:《谷梁补注》24卷,《四部备要》本。

范仲淹:《范文正公集》20卷,加附录,台北:商务印书馆1965年版。

何薳:《春渚纪闻》10卷,《宋人百家小说》本。

何佑森:《两宋学风的地理分布》,《新亚学报》1955年第1期,第331—379页。

侯绍文:《唐宋考试制度史》,台北:商务印书馆1973年版。

徐乃昌:《宋元科举三录》,1923年版。

黄现璠:《宋代太学生救国运动》,上海:商务印书馆1936年版。

黄宗羲：《宋元学案》100卷，《四部备要》本。
洪迈：《夷坚志》50卷，《丛书集成》本。
洪迈：《容斋随笔》74卷，清同治洪氏刊本，1875年。
高明士：《唐代的官学行政》，《大陆杂志》1968年第37卷第11期，第39—53页。
高斯得：《耻堂存稿》8卷，《丛书集成》本。
葛胜仲：《丹阳集》24卷，《常州先哲遗书》本。
《管子》24卷，《四部备要》本。
龚明之：《中吴纪闻》1卷，《丛书集成》本。
郭沫若：《卜天寿论语抄本后的诗词杂录》，《考古》1972年第1期，第5—7页。
《国语》21卷，《四部备要》本。
《礼记》，1815年版。
李心传：《建炎以来朝野杂记》40卷，《丛书集成》本。
李心传：《建炎以来系年要录》200卷，台北：文海出版社1968年版。
李心传：《道命录》，《丛书集成》本。
李弘祺：《宋朝教育及科举散论兼评三本有关宋代教育与科举的书》，《思与言》1975年第13期，第15—27页。
李弘祺：《宋代教育散论》，台北：东升出版事业公司1980年版。
李焘：《续资治通鉴长编》520卷，台北：世界书局1967年版。
李攸：《宋朝事实》20卷，台北：商务印书馆1975年版。
李幼杰：《莆阳比事》7卷，宛委别藏影宋钞本。
李元弼：《作邑自箴》10卷，上海：商务印书馆1934年版。
林天蔚：《南宋时四川特殊化之分析》，《东方文化》1980年第18期，第225—246页。
刘真：《宋代的学规和乡约》，载《宋史研究集》第1辑，台北："中华丛书"委员会，1958年，第367—392页。
留正：《皇宋中兴两朝圣政》，宛委别藏影宋钞本。
刘伯骥：《广东书院制度》广州：商务印书馆1938年版。
刘宰：《漫塘文集》36卷，1604年版。
刘才邵：《檆溪居士集》12卷，《四库全书》本。
刘子健：《略论宋代地方官学和私学的消长》，《中央研究院历史语言研究所集刊》1965年第36期，第237—248页；《宋代考场弊端——兼论士风问题》，载《庆祝李先生七十岁论文集》，台北：1965年印，第189—202页。
陆九渊：《象山全集》36卷，《国学基本丛书》本。

陆游:《渭南文集》41卷,《四部丛刊》本。
吕本中:《童蒙训》3卷,《万有文库》本。
吕思勉:《燕石续扎》,上海:商务印书馆1958年版。
吕祖谦:《历代制度详说》12卷,《四库全书》本。
马端临:《文献通考》348卷,台北:新兴书局1964年版。
梅尧臣:《宛陵先生集》60卷,《四部丛刊》本。
孟元老:《东京梦华录》20卷,《百部丛刊》本。
《闽中金石志》14卷,《嘉业堂金石丛书》本。
欧阳修:《欧阳文忠公文集》158卷,《四部丛刊》本。
欧阳守道:《巽斋文集》27卷,《四库全书》本。
《白鹿书院志》17卷,1622年第一篇序,清版。
《沙洲图经》,载罗振玉编:《鸣沙石室佚书》,1913年版。
司马光:《温国文正司马公文集》80卷,《四部丛刊》本。
苏辙:《栾城集》50卷,台北:商务印书馆1968年版。
苏颂:《苏魏公文集》72卷,《四库全书》本。
孙国栋:《唐宋之际社会门第之消融》,《新亚学报》1959年4期,第211—304页。
孙彦民:《宋代书院制度之研究》,台北:台湾政治大学1963年版。
《宋会要辑稿》之职官、崇儒、选举、食货部分,台北:世界书局1964年版。
宋晞:《宋史》2卷,台北:华冈书局1968年版。
宋晞:《宋代富商的由商而士》,载《宋史研究论丛》第1辑,台北:华冈图书出版公司1962年版,第1—14页。
《宋史新编》,上海:商务印书馆,1974年。
《宋大诏令集》240卷,北京:中华书局,1962年。
《大明一统志》90卷,1461年版。
唐长孺:《南北朝后期科举制度的萌芽》,载《魏晋南北朝史论丛》,北京:三联书店1959年版,第124—131页。
脱脱等:《宋史》495卷,台北:益文印书馆1962年版。
蔡绦:《铁围山丛谈》6卷,《知不足斋丛书》本。
曾丰:《缘督集》20卷,《四库全书》本。
曾巩:《曾文定公全集》,1693年版。
王昶:《金石萃编》160卷,1805年版。
王建秋:《宋代太学与太学生》,台北:商务印书馆1965年版。
王辟之:《渑水燕谈录》10卷,《丛书集成》本。

王德毅：《宋代贤良方正及词科考》，台北：中文书店1971年版。
王定保：《唐摭言》15卷，上海：古典文学出版社1957年版。
王庭珪：《卢溪文集》50卷，《四库全书》本。
王炎午：《吾汶稿》10卷，《四部丛刊》本。
王应麟：《玉海》200卷，台北：华文书局1967年版。
王云五：《宋元教学思想》，台北：商务印书馆1971年版。
王栐：《燕翼诒谋录》5卷，《丛书集成》本。
魏了翁：《仪礼要义》50卷，《四库全书》本。
文天祥：《文山先生全集》21卷，台北：商务印书馆1965年版。
吴曾：《能改斋漫录》18卷，《笔记小说大观续编》本。
吴自牧：《梦粱录》20卷，《百部丛书集成》本。
杨联陞：《科举时代的赴考旅费问题》，《清华学报》1961年2期，第116—130页。
杨万里：《诚斋集》132卷，《四部丛刊》本。
严耕望：《中国地方行政制度史》2卷，台北："中央研究院"历史语言研究所1961年版。
严耕望：《唐人多读书山寺》，《大陆杂志》1951年第2卷第4期，第5页。
余瑛：《宋代儒者地理分布的统计》，《禹贡》1933年第1期，第170—176页。
袁采：《袁氏世范》，《知不足斋丛书》本。
岳珂：《桯史》15卷，《丛书集成》本。

日文著作

周藤吉之：《宋代官僚制と大土地所有》，东京：日本评论社1950年版。
周藤吉之：《中国土地制度史研究》，东京：东京大学出版社1954年版。
青山定雄：《唐宋时代の交通と地志の研究》，东京：吉川弘文馆1963年版；《隋唐宋三代に于ける户类の地域的考察》，《历史学研究》1936年第6期，第411—446页；《宋代史年表》2卷，东京：《东洋文库》1964—1974年。
寺田刚：《宋代教育史概说》，东京：博文社1965年版。
斯波义信：《宋代商业史研究》，东京：风间书房1968年版。
荒木敏一：《宋代科举制度研究》，东京大学东洋史研究会1969年版。
魏美月：《宋代进纳制度についての一考察：特にその敕令の沿革表を中心に》，《待兼山论丛》1974年7期，第23—41页。
梅原郁：《宋初の寄禄官とその周边：宋代官制の理解のために》，《东方学报》1975年第48期，第135—182页。

英文著作

Ahern, Emily. *Chinese Ritual and Politics*. Cambridge: Cambridge University Press, 1982.

Aoyama Sadao. The Newly-risen Bureaucrats in Fukien at the Five Dynasty-Sung Period with Special Reference to their Genealogies. *Memoirs of the Research Department of the Toyo Bunko* 21 (1962): 1-48.

Ariès, Philippe. *Centuries of Childhood: A Social History of Family Life*. Translator, Robert Baldick. New York: Vintage Books, 1962.

Beattie, Hilary Jane. *Land and Lineage in China: A Study of T'ung-Ch'eng County, Anhwei, in the Ming and Ch'ing Dynasties*. Cambridge and New York: Cambridge University Press, 1979.

Bielenstein, Hans. "The Chinese Colonization of Fukien until the End of T'ang." In *Studia Serica Bernhard Karlgren Dedicata: Sinological Studies Dedicated to Bernhard Karlgren on his Seventieth Birthday, October Fifth*, 1959. Edited by Soren Egerod and Else Glahn. Copenhagen: Ejnar Munksgaard, 1959. pp. 98-122.

Bol, Peter Kees. "Culture and the Way in Eleventh Century China." Ph. D. Dissertation, Princeton University, 1982.

——. "The *Tso-i tzu-chen*: A Twelfth Century Guide for Subprefects." Unpublished manuscript.

Bush, Susan. *The Chinese Literati on Painting: Su Shih (1037-1101) to Tung Ch'i-ch'ang (1555-1636)*. Cambridge, Mass.: Harvard University Press, 1971.

Carter, Thomas F. *The Invention of Printing in China and Its Spread Westward*. Revised by L. C. Goodrich. New York: Ronald Press Company, 1955.

Chaffee, John W. "Education and Examinations in Sung Society (960-1279)." Ph. D. Dissertation, University of Chicago, 1979.

——. "To Spread One's Wings: Examinations and the Social Order in Southeastern China During the Southern Sung." *Historical Reflections/Réflexions Historiques* 9 (1982): 305-22.

——. "Chu Hsi and the Revival of the White Deer Grotto Academy." Paper presented for the International Conference on Chu Hsi, University of Hawaii, July 1982.

Chang, Carson. *The Development of Neo-Confucian Thought*. New Haven. Conn.: College and University Press, 1963.

Chang Chung-li. *The Chinese Gentry: Studies on Their Role in Nineteenth Century Chinese Society*. Seattle: University of Washington Press, 1955.

Chang Fu-jui. Biography of Hung Mai in *Sung Biographies*. Edited by Herbert Franke. Wiesbaden: Franz Steiner Verlag GMBH, 1976. pp. 469 – 78.

Ch'en, Kenneth. *Buddhism in China: A Historical Survey*. Princeton, N. J.: Princeton University Press, 1964.

Chi Ch'ao-ting. *Key Economic Areas in Chinese History, as Revealed in the Development of Public Works for Water Control*. London: Allen & Unwin, 1936.

Chu Hsi. *Reflections on Things at Hand: The Neo-Confucian Anthology*. Translated by Wing-tsit Chan. New York: Columbia University Press, 1967.

Ch'u T'ung-tsu. *Han Social Structure*. Edited by Jack L. Dull. Seattle: University of Washington Press, 1972.

Clark, Hugh R. "Quanzhou (Fujian) During the Tang-Song Interregnum." *T'oung-Pao* 68 (1982): 132 – 49.

Cole, James. "Shaohsing: Studies in Ch'ing Social History." Ph. D. Dissertation, Stanford University, 1975.

Doré, Henri, S. J. *Researches Into Chinese Superstitions*, 13 vols. Translated by M. Donnelly, S. J. Shanghai: T'usewei Press, 1921.

Ebrey, Patricia Buckley. *Chinese Civilization and Bureaucracy: A Sourcebook*. New York: Macmillan Publishing Company, 1981.

——. *The Aristocratic Families of Early Imperial China*. Cambridge: Cambridge University Press, 1978.

Elvin, Mark. *The Pattern of the Chinese Past*. Stanford, Calif.: Stanford University Press, 1973.

Fei Hsiao-tung. "Peasantry and Gentry: An Introduction to Chinese Social Structure and its Changes" In *An American Journal of Sociology* 52 (1946): 1 – 17.

——. *China's Gentry*. Chicago: University of Chicago Press, 1953.

Fosdick, Sidney O. "Chinese Book Publishing during the Sung

Dynasty: a Partial Translation of *Isotoriia Kitaiskoi Pechatnoi Knigi Sunskoi Epokhi* by Konstantinovich Flug with Added Notes and an Introduction." M. A. Thesis, University of Chicago, 1968.

Geertz, Clifford. *Nagara: The Theater State in Nineteenth Century Bali*, Princeton, N. J. : Princeton University Press, 1980.

Gernet, Jacques. *Daily Life in China on the Eve of the Mongol Invasion*. Translated by H. M. Wright. Stanford, Calif. : Stanford University Press, 1962.

Graham, A. C. *Two Chinese Philosophers: Ch'eng Ming-tao and Ch'eng Yi-ch'uan*. London: Lund Humphries, 1958.

Grimm, Tilemann. "Academies and Urban Systems in Kuangtung." In *The City in Late Imperial China*. Edited by G. William Skinner. Stanford, Calif. : Stanford University Press, 1977. pp. 475 - 498.

———. "The Inauguration of *T'i-chü hsüeh-shih ssu* (Education Intendents) During the Northern Sung Dynasty." In *Études Song/ Institutions*. Paris: Mouton &. Co. , 1976. pp. 259 - 74.

Haeger, John W. "1126 - 27: Political Crisis and the Integrity of Culture." In *Crisis and Prosperity in Sung China*, pp. 155 - 60.

Hanan, Patrick. *The Chinese Vernacular Short Story*. Cambridge, Mass. : Harvard University Press, 1981.

Hartwell, Robert M. "Community Elites, Economic Policy-making and Material Progress in Sung China (960 - 1279)." Paper presented for the CISS-CSNA Workshop on the Sources of Asian History and the Generation of Quantifiable Historical Indicators. Toronto, February 1976.

———. "Demographic, Political and Social Transformations of China, 750 - 1550." *Harvard Journal of Asiatic Studies* 42 (1982): 365 - 442.

———. "Financial Expertise, Examinations, and the Formulation of Economic Policy in Northern Sung China." In *Enduring Scholarship Selected from the Far Eastern Quarterly-the Journal of Asian Studies, 1941 - 1971*. Volume I : *China*. Edited by John A. Harrison. Tucson: University of Arizona Press, 1972. pp. 31 - 64. Originally published in *the Journal of Asian Studies* 30 (1971): 281 - 314.

———. "Historical Analogism, Public Policy, and Social Science in Eleventh and Twelfth Century China." *American Historical Review* 76 (1971): 690 - 727.

——. "Kinship, Status and Region in the Formal and Informal Organization of the Chinese Fiscal Bureaucracy, 960 – 1165 A. D." Paper presented at the Annual Meeting of the Social Science History Association, Ann Arbor, October 1977.

Hatch, George. Biography of Su Shih in *Sung Biographies*. Edited by Herbert Franke. Wiesbaden: Franz Steiner Verlag GMBH, 1976: 900 – 68.

Hervouet, Yves. *A Sung Bibliography* (*Bibliographie des Sung*). Hong Kong: The Hong Kong University Press, 1978.

Ho Ping-ti. "An Estimate of the Total Population of Sung-Chin China." In *Études Song/Démographie*. Paris: Mouton & Co., 1970. pp. 33 – 53.

——. *The Ladder of Success in Imperial China : Aspects of Social Mobility*, 1368 – 1911. New York: Columbia University Press, 1962.

——. "Reply to 'The Comparative Study of Social Mobility,' by Vernon Dibble." *Comparative Studies in Societies and History* 3 (1960 – 1): 321.

Houn, Franklin W. "The Civil Service Recruitment System of the Han Dynasty." *Ch'ing-hua hsüeh-pao* n. s. 1 (1956 – 69): 138 – 64.

Hsu Cho-yun. *Ancient China in Transition : An Analysis of Social Mobility*, 722 – 222 B. C. Stanford Calif.: Stanford University Press, 1965.

Hymes, Robert, "Doctors in Sung and Yuan China: A Local Case Study." Paper presented to the Columbia University Seminar on Traditional China, March 1981.

——. "Prominence and Power in Sung China." Ph. D. Dissertation, University of Pennsylvania, 1979.

Johnson, David. "The Last Years of a Great Clan: the Li Family of Chao-chün in the Late T'ang and Early Sung." *Harvard Journal of Asiatic Studies* 37 (1977): 51 – 9.

——. *The Medieval Chinese Oligarchy*. Boulder, Co.: Westview Press, 1977.

Johnson, Wallace. "The T'ang Code: An Analysis and Translation of the Oldest Extant Penal Code." Ph. D. Dissertation, University of Pennsylvania, 1968.

Jonker, D. R. Biography of Lü Pen-chung in *Sung Biographies*.

Edited by Herbert Franke. Wiesbaden: Franz Steiner Verlag GMBH, 1976: 735-41.

Katz, Jacob. *Tradition and Crisis: Jewish Society at the End of the Middle Ages*. New York: Schocken Books, 1961.

Kracke, Edward A., Jr. *Civil Service in Sung China: 960-1067*. Cambridge, Mass.: Harvard University Press, 1953.

——. "Family versus Merit in Chinese Civil Service Examinations under the Empire." *Harvard Journal of Asiatic Studies* 10 (1947): 103-23.

——. "Region, Family and Individual in the Chinese Examination System." In *Chinese Thought and Institutions*. Edited by John K. Fairbank. Chicago: University of Chicago Press, 1967. pp. 251-68.

——. "Sung K'ai-feng: Pragmatic Metropolis and Formalistic Capital." In *Crisis and Prosperity in Sung China*. Edited by John W. Haeger. Tucson: University of Arizona Press, 1975.

——. "Sung Society: Change Within Tradition." In *Enduring Scholarship Selected from the Far Eastern Quarterly-the Journal of Asian Studies, 1941-1971*. Volume Ⅰ: *China*. Edited by John A. Harrison. Tucson: University of Arizona Press, 1972. pp. 65-9. Originally published in the *Far Eastern Quarterly* 11 (1952).

——. "The Expansion of Educational Opportunity in the Reign of Hui-tsung of the Sung and Its Implications." *Sung Studies Newsletter* 13 (1977): 6-30.

Lee, Thomas H. C. [Li Hung-ch'i]. "Education in Sung China." Ph. D. Dissertation, Yale University, 1974.

——. "The Schools of Sung China." *The Journal of Asian Studies* 37 (1977): 45-60.

Legge, James, trans. *The Confucian Analects*. In *The Four Books*. Shanghai: Chinese Book Company, 1933; reprinted. Taipei: I-shih Book Company, 1971.

——. *The Li Chi*, 2 vols. Edited by Ch'u Chai and Winberg Chai. New York: University Books, Inc., 1967.

——. *The Works of Mencius*. In *The Four Books*. Shanghai: Chinese Book Company, 1933; reprinted. Taipei: I-shih Book Company, 1971.

Levenson, Joseph. *Confucian China and Its Modern Fate: A*

Trilogy. Berkeley: University of California Press, 1968. (pb. ed.).

Li, Dun J. *The Essence of Chinese Civilization*, New York: D. Van Nostrand Company, 1967.

Lin Yu-tang. *A History of the Press and Public Opinion in China*. Chicago: University of Chicago Press, 1936.

Liu, James T. C. [Liu Tzu-chien]. "An Early Sung Reformer: Fan Chung-yen." In *Chinese Thought and Institutions*. Edited by John K. Fairbank. Chicago: University of Chicago Press, 1967. pp. 105 – 31.

——. "China's Imperial Power in Mid-Dynastic Crises: The Case in 1127 – 1130." Paper presented to the Conference on the Exercise of Imperial Power, 10th – 14th Centuries, Germany, September 1982.

——. "How Did a Neo-Confucian School Become the State Orthodoxy?" *Philosophy East and West* 23 (1973): 483 – 505.

——. *Ou-yang Hsiu: An Eleventh Century Confucianist*. Stanford, Calif.: Stanford University Press, 1967.

——. *Reform in Sung China: Wang An-shih (1021 – 1086) and his New Policies*. Cambridge, Mass.: Harvard University Press, 1959.

——. "The Sung Views on the Control of Government Clerks." *Journal of the Economic and Social History of the Orient* 10 (1967): 317 – 44.

Lo Jung-pang. "The Emergence of China as a Seapower During the Late Sung and Early Yuan Periods." In *Enduring Scholarship Selected from the Far Eastern Quarterly-the Journal of Asian Studies, 1941 –1971 Volume Ⅰ: China*. Edited by John A. Harrison. Tucson: University of Arizona Press, 1972: 91 – 105. Originally published in the *Far Eastern Quarterly* 11 (1952).

Ma. Laurence J. C. *Commercial Development and Urban Change in Sung China (960 – 1279)*. Ann Arbor: Department of Geography, University of Michigan, 1971.

McKnight, Brian. "Chu Hsi and the World He Lived In." Paper presented to the International Conference on Chu Hsi (1130 – 1200), Honolulu, Hawaii, July 1982.

——. "Fiscal Privileges and the Social Order." In *Crisis and Prosperity in Sung China*. Edited by John W. Haeger. Tucson: University of Arizona Press, 1975. pp. 79 – 100.

―――. *Village Bureaucracy in Southern Sung China*. Chicago: University of Chicago Press, 1971.

Maspero, Henri. "The Mythology of Modern China." In *Asiatic Mythology*. Introduction by Paul-Louis Couchoud. London, 1932; reprint New York: Crescent books.

Miyakawa Hisayuki, "An Outline of the Naito Hypothesis and Its Effects on Japanese Studies of China." *Far Eastern Quarterly* 14 (1954-5): 533-52.

Miyazaki Ichisada. *China's Examination Hell*. Translated by Conrad Shirokauer. New York: John Weatherhill, Inc., 1976.

Munro, Donald. *The Concept of Man in Early China*. Stanford, Calif.: Stanford University Press, 1969.

Needham, Joseph. "Science and China's Influence in the World." *The Legacy of China*. Edited by Raymond Dawson. Oxford: Oxford University Press, 1964. pp. 234-308.

Nivison, David S. "Protests Against Convention and Conventions of Protest." In *The Confucian Persuasion*. Editor, Arthur F. Wright, Stanford, Calif.: Stanford University Press, 1960: 177-201.

Overmyer, Daniel L. *Folk Buddhist Religion: Dissenting Sects in Late Traditional China*. Cambridge, Mass.: Harvard University Press, 1976.

Rawski, Evelyn Sakakida. *Agricultural Change and the Peasant Economy of South China*. Cambridge, Mass.: Harvard University Press, 1972.

―――. *Education and Popular Literacy in Ch'ing China*. Ann Arbor: University of Michigan Press, 1979.

Shiba Yoshinobu. *Commerce and Society in Sung China*. Translated by Mark Elvin. Ann Arbor: Center for Chinese Studies, University of Michigan, 1970.

―――. "Ningpo and Its Hinterland." In *The City in Late Imperial China*. Edited by G. William Skinner. Stanford, Calif.: Stanford University Press, 1977. pp. 391-439.

―――. "Urbanization and the Development of Markets in the Lower Yangtze valley." In *Crisis and Prosperity in Sung China*. Edited by John W. Haeger. Tuscon: University of Arizona Press, 1975: 13-48.

Schirokauer, Conrad. "Neo-Confucianism Under Attack: The

Condemnation of *Wei hsüeh*." In *Crisis and Prosperity in Sung China*. Edited by John W. Haeger. Tucson: University of Arizona Press, 1975. pp. 163-98.

Skinner, G. William. "Cities and the Hierarchy of Local Systems." In *The City in Late Imperial China*. Edited by G. William Skinner. Stanford, Calif.: Stanford University Press, 1977. pp. 275-351.

——. "Introduction: Urban Development in Imperial China." In *The City in Late Imperial China*. Edited by G. William Skinner. Stanford, Calif.: Stanford University Press, 1977. pp. 3-31.

——. "Mobility Strategies in Late Imperial China: a Regional Systems Analysis." In *Regional Systems*, 2 vols. Edited by Carol A. Smith. New York: Academic Press, Inc., 1976. 1: 327-64.

——. "Regional Urbanization in Nineteenth Century China." In *The City in Late Imperial China*. Edited by G. William Skinner. Stanford. Calif.: Stanford University Press, 1977. pp. 211-49.

Steele, John., trans. *The I-li or Book of Etiquette and Ceremonial*. 2 vols. London: Probsthain & Co., 1917.

Stone, Lawrence. "The Educational Revolution in England, 1560-1640." *Past and Present* 28 (July 1964): 41-80.

Tillman, Hoyt. *Utilitarian Confucianism: Ch'en Liang's Challenge to Chu Hsi*. Cambridge, Mass.: Harvard University Press, 1982.

Trexler, Richard C. *Public Life in Renaissance Florence*. New York: Academic Press, 1980.

Tu Wei-ming. "The Confucian Perception of Adulthood." Daedalus v. 105 (Spring 1976). pp. 109-23. Reprinted in Adulthood. Editor Erik H. Erikson. New York: W. W. Norton & Co., 1976. pp. 113-20.

Twitchett, Denis. "A Critique of Some Recent Studies of Modern Chinese Social-Economic History." *Transactions of the International Conference of Orientalists in Japan*. 10 (1965): 28-41.

——. "The Composition of the T'ang Ruling Class: New Evidence from Tunhuang." In *Perspectives on the T'ang*. Edited by Arthur F. Wright and Denis Twitchett, New Haven, Conn.: Yale University Press, 1973: 47-85.

——. "Documents on Clan Administration: I. The Rules of Administration of the Charitable Estate of the Fan Clan." *Asia Major*, n. s.

8 (1960): 1-35.

―――. "The Fan Clan's Charitable Estate, 1050-1760." In *Confucianism in Action*. Edited by David Nivison and Arthur Wright. Stanford, Calif.: Stanford University Press, 1959: 97-133.

―――. "T'ang Government Institutions: the Bureaucracy." In *Cambridge History of China*, forthcoming.

Übelhör, Monica. "Mr. Lu's Community Pact, With Additions and Deletions by Chu Hsi." Paper presented to the International Conference on Chu Hsi, University of Hawaii, July 1982.

Van Gulik, R. H. "On the Seal Representing the God of Literature on the Title Page of Old Chinese and Japanese Popular Editions." *Monumenta Nipponica* 4 (January 1941): 33-52.

Wakeman, Frederic. "The Price of Autonomy: Intellectuals in Ming and Ch'ing Politics." *Daedalus* 101, no. 2 (1972): 35-70.

Waley, Arthur, *The Life and Times of Po Chü-i (772-846 A. D.)*, London: George Allen & Unwin, Ltd., 1949.

Walton-Vargo, Linda. "Education, Social Change, and Neo-Confucianism in Sung Yuan China." Ph. D. Dissertation, University of Pennsylvania, 1978.

Ward, Barbara. "Readers and Audiences: An Exploration of the Spread of Traditional Chinese Culture." In *Text and Context: the Social Anthropology of Tradition*. Edited by Ravindra K. Jain. Philadelphia: Institute for the Study of Human Issues, Inc., 1977: 181-203.

Weber, Max. "Bureaucracy." *From Max Weber: Essays in Sociology*. Translated and edited by H. H. Girth and C. Wright Mills. New York: Oxford University Press 1958: 196-244.

―――. *The Religion of China: Confucianism and Taoism*. Translated by Hans H. Gerth. New York: Macmillan Co., 1964.

Weng T'ung-wen. *Réportoire des dates des hommes célèbres des Song*. Paris: Mouton & Co., 1962.

Wilhelm, Hellmut. "From Myth to Myth: The Case of Yüeh Fei's Biography." In *Confucianism and Chinese Civilization*. Edited by Arthur F. Wright. Stanford, Calif.: Stanford University Press, 1975.

Williamson, H. R. *Wang An-shih: a Chinese Statesman and Educationalist of the Sung Dynasty*, 2 vols. London: Arthur

Probsthain, 1935.

Winkleman, John H. "The Imperial Library in Southern Sung China, 1127 – 1279: A Study of the Organization and Operation of the Scholarly Agencies of the Central Government." *Transactions of the American Philosophical Society* n. s. 64, pt. 8 (1974).

Wittfogel, Karl. "Public Office in the Liao and the Chinese Examination System." *Harvard Journal of Asiatic Studies* 10 (1947): 13 – 40.

Wolf, Arthur P. "Gods, Ghosts, and Ancestors." In *Religion and Ritual in Chinese Society*, Editor, Arthur P. Wolf. Stanford, Calif.: Stanford University Press, 1974. pp. 131 – 82.

Wright, Arthur F. "The Formation of Sui Ideology, 581 – 604." In *Chinese Thought and Institutions*. Edited by John K. Fairbank. Chicago: University of Chicago Press, 1967. pp. 71 – 104.

——. "Symbolism and Function, Reflections on Chan-gan and other Great Cities." In *Journal of Asian Studies* 24 (1965): 667 – 79.

Yang C. K. "Some Characteristics of Chinese Bureaucratic Behavior." In *Confucianism in Action*. Edited by David S. Nivison and Arthur F. Wright. Stanford, Calif.: Stanford University Press, 1959. pp. 134 – 64.

Yang Lien-sheng, "Buddhist Monasteries and Four Money-raising Institutions in Chinese History." *Harvard Journal of Asiatic Studies* 13 (1950): 174 – 91.

"海外中国研究丛书"书目

1. 中国的现代化 [美]吉尔伯特·罗兹曼 主编 国家社会科学基金"比较现代化"课题组 译 沈宗美 校
2. 寻求富强:严复与西方 [美]本杰明·史华兹 著 叶凤美 译
3. 中国现代思想中的唯科学主义(1900—1950) [美]郭颖颐 著 雷颐 译
4. 台湾:走向工业化社会 [美]吴元黎 著
5. 中国思想传统的现代诠释 余英时 著
6. 胡适与中国的文艺复兴:中国革命中的自由主义,1917—1937 [美]格里德 著 鲁奇 译
7. 德国思想家论中国 [德]夏瑞春 编 陈爱政 等译
8. 摆脱困境:新儒学与中国政治文化的演进 [美]墨子刻 著 颜世安 高华 黄东兰 译
9. 儒家思想新论:创造性转换的自我 [美]杜维明 著 曹幼华 单丁 译 周文彰 等校
10. 洪业:清朝开国史 [美]魏斐德 著 陈苏镇 薄小莹 包伟民 陈晓燕 牛朴 谭天星 译 阎步克 等校
11. 走向21世纪:中国经济的现状、问题和前景 [美]D. H. 帕金斯 著 陈志标 编译
12. 中国:传统与变革 [美]费正清 赖肖尔 主编 陈仲丹 潘兴明 庞朝阳 译 吴世民 张子清 洪邮生 校
13. 中华帝国的法律 [美]D. 布朗 C. 莫里斯 著 朱勇 译 梁治平 校
14. 梁启超与中国思想的过渡(1890—1907) [美]张灏 著 崔志海 葛夫平 译
15. 儒教与道教 [德]马克斯·韦伯 著 洪天富 译
16. 中国政治 [美]詹姆斯·R. 汤森 布兰特利·沃马克 著 顾速 董方 译
17. 文化、权力与国家:1900—1942年的华北农村 [美]杜赞奇 著 王福明 译
18. 义和团运动的起源 [美]周锡瑞 著 张俊义 王栋 译
19. 在传统与现代性之间:王韬与晚清革命 [美]柯文 著 雷颐 罗检秋 译
20. 最后的儒家:梁漱溟与中国现代化的两难 [美]艾恺 著 王宗昱 冀建中 译
21. 蒙元入侵前夜的中国日常生活 [法]谢和耐 著 刘东 译
22. 东亚之锋 [美]小R. 霍夫亨兹 K. E. 柯德尔 著 黎鸣 译
23. 中国社会史 [法]谢和耐 著 黄建华 黄迅余 译
24. 从理学到朴学:中华帝国晚期思想与社会变化面面观 [美]艾尔曼 著 赵刚 译
25. 孔子哲学思微 [美]郝大维 安乐哲 著 蒋弋为 李志林 译
26. 北美中国古典文学研究名家十年文选 乐黛云 陈珏 编选
27. 东亚文明:五个阶段的对话 [美]狄百瑞 著 何兆武 何冰 译
28. 五四运动:现代中国的思想革命 [美]周策纵 著 周子平 等译
29. 近代中国与新世界:康有为变法与大同思想研究 [美]萧公权 著 汪荣祖 译
30. 功利主义儒家:陈亮对朱熹的挑战 [美]田浩 著 姜长苏 译
31. 莱布尼兹和儒学 [美]孟德卫 著 张学智 译
32. 佛教征服中国:佛教在中国中古早期的传播与适应 [荷兰]许理和 著 李四龙 裴勇 等译
33. 新政革命与日本:中国,1898—1912 [美]任达 著 李仲贤 译
34. 经学、政治和宗族:中华帝国晚期常州今文学派研究 [美]艾尔曼 著 赵刚 译
35. 中国制度史研究 [美]杨联陞 著 彭刚 程钢 译

36. 汉代农业:早期中国农业经济的形成 [美]许倬云 著 程农 张鸣 译 邓正来 校
37. 转变的中国:历史变迁与欧洲经验的局限 [美]王国斌 著 李伯重 连玲玲 译
38. 欧洲中国古典文学研究名家十年文选 乐黛云 陈珏 龚刚 编选
39. 中国农民经济:河北和山东的农民发展,1890—1949 [美]马若孟 著 史建云 译
40. 汉哲学思维的文化探源 [美]郝大维 安乐哲 著 施忠连 译
41. 近代中国之种族观念 [英]冯客 著 杨立华 译
42. 血路:革命中国中的沈定一(玄庐)传奇 [美]萧邦奇 著 周武彪 译
43. 历史三调:作为事件、经历和神话的义和团 [美]柯文 著 杜继东 译
44. 斯文:唐宋思想的转型 [美]包弼德 著 刘宁 译
45. 宋代江南经济史研究 [日]斯波义信 著 方健 何忠礼 译
46. 一个中国村庄:山东台头 杨懋春 著 张雄 沈炜 秦美珠 译
47. 现实主义的限制:革命时代的中国小说 [美]安敏成 著 姜涛 译
48. 上海罢工:中国工人政治研究 [美]裴宜理 著 刘平 译
49. 中国转向内在:两宋之际的文化转向 [美]刘子健 著 赵冬梅 译
50. 孔子:即凡而圣 [美]赫伯特·芬格莱特 著 彭国翔 张华 译
51. 18世纪中国的官僚制度与荒政 [法]魏丕信 著 徐建青 译
52. 他山的石头记:宇文所安自选集 [美]宇文所安 著 田晓菲 编译
53. 危险的愉悦:20世纪上海的娼妓问题与现代性 [美]贺萧 著 韩敏中 盛宁 译
54. 中国食物 [美]尤金·N.安德森 著 马孆 刘东 译 刘东 审校
55. 大分流:欧洲、中国及现代世界经济的发展 [美]彭慕兰 著 史建云 译
56. 古代中国的思想世界 [美]本杰明·史华兹 著 程钢 译 刘东 校
57. 内闱:宋代的婚姻和妇女生活 [美]伊沛霞 著 胡志宏 译
58. 中国北方村落的社会性别与权力 [加]朱爱岚 著 胡玉坤 译
59. 先贤的民主:杜威、孔子与中国民主之希望 [美]郝大维 安乐哲 著 何刚强 译
60. 向往心灵转化的庄子:内篇分析 [美]爱莲心 著 周炽成 译
61. 中国人的幸福观 [德]鲍吾刚 著 严蓓雯 韩雪临 吴德祖 译
62. 闺塾师:明末清初江南的才女文化 [美]高彦颐 著 李志生 译
63. 缀珍录:十八世纪及其前后的中国妇女 [美]曼素恩 著 定宜庄 颜宜葳 译
64. 革命与历史:中国马克思主义历史学的起源,1919—1937 [美]德里克 著 翁贺凯 译
65. 竞争的话语:明清小说中的正统性、本真性及所生成之意义 [美]艾梅兰 著 罗琳 译
66. 中国妇女与农村发展:云南禄村六十年的变迁 [加]宝森 著 胡玉坤 译
67. 中国近代思维的挫折 [日]岛田虔次 著 甘万萍 译
68. 中国的亚洲内陆边疆 [美]拉铁摩尔 著 唐晓峰 译
69. 为权力祈祷:佛教与晚明中国士绅社会的形成 [加]卜正民 著 张华 译
70. 天潢贵胄:宋代宗室史 [美]贾志扬 著 赵冬梅 译
71. 儒家之道:中国哲学之探讨 [美]倪德卫 著 [美]万白安 编 周炽成 译
72. 都市里的农家女:性别、流动与社会变迁 [澳]杰华 著 吴小英 译
73. 另类的现代性:改革开放时代中国性别化的渴望 [美]罗丽莎 著 黄新 译
74. 近代中国的知识分子与文明 [日]佐藤慎一 著 刘岳兵 译
75. 繁盛之阴:中国医学史中的性(960—1665) [美]费侠莉 著 甄橙 主译 吴朝霞 主校
76. 中国大众宗教 [美]韦思谛 编 陈仲丹 译
77. 中国诗画语言研究 [法]程抱一 著 涂卫群 译
78. 中国的思维世界 [日]沟口雄三 小岛毅 著 孙歌 等译

79. 德国与中华民国 [美]柯伟林 著 陈谦平 陈红民 武菁 申晓云 译 钱乘旦 校
80. 中国近代经济史研究:清末海关财政与通商口岸市场圈 [日]滨下武志 著 高淑娟 孙彬 译
81. 回应革命与改革:皖北李村的社会变迁与延续 韩敏 著 陆益龙 徐新玉 译
82. 中国现代文学与电影中的城市:空间、时间与性别构形 [美]张英进 著 秦立彦 译
83. 现代的诱惑:书写半殖民地中国的现代主义(1917—1937) [美]史书美 著 何恬 译
84. 开放的帝国:1600年前的中国历史 [美]芮乐伟·韩森 著 梁侃 邹劲风 译
85. 改良与革命:辛亥革命在两湖 [美]周锡瑞 著 杨慎之 译
86. 章学诚的生平与思想 [美]倪德卫 著 杨立华 译
87. 卫生的现代性:中国通商口岸健康与疾病的意义 [美]罗芙芸 著 向磊 译
88. 道与庶道:宋代以来的道教、民间信仰和神灵模式 [美]韩明士 著 皮庆生 译
89. 间谍王:戴笠与中国特工 [美]魏斐德 著 梁禾 译
90. 中国的女性与性相:1949年以来的性别话语 [英]艾华 著 施施 译
91. 近代中国的犯罪、惩罚与监狱 [荷]冯客 著 徐有威 等译 潘兴明 校
92. 帝国的隐喻:中国民间宗教 [英]王斯福 著 赵旭东 译
93. 王弼《老子注》研究 [德]瓦格纳 著 杨立华 译
94. 寻求正义:1905—1906年的抵制美货运动 [美]王冠华 著 刘甜甜 译
95. 传统中国日常生活中的协商:中古契约研究 [美]韩森 著 鲁西奇 译
96. 从民族国家拯救历史:民族主义话语与中国现代史研究 [美]杜赞奇 著 王宪明 高继美 李海燕 李点 译
97. 欧几里得在中国:汉译《几何原本》的源流与影响 [荷]安国风 著 纪志刚 郑诚 郑方磊 译
98. 十八世纪中国社会 [美]韩书瑞 罗友枝 著 陈仲丹 译
99. 中国与达尔文 [美]浦嘉珉 著 钟永强 译
100. 私人领域的变形:唐宋诗词中的园林与玩好 [美]杨晓山 著 文韬 译
101. 理解农民中国:社会科学哲学的案例研究 [美]李丹 著 张天虹 张洪云 张胜波 译
102. 山东叛乱:1774年的王伦起义 [美]韩书瑞 著 刘平 唐雁超 译
103. 毁灭的种子:战争与革命中的国民党中国(1937—1949) [美]易劳逸 著 王建朗 王贤知 贾维 译
104. 缠足:"金莲崇拜"盛极而衰的演变 [美]高彦颐 著 苗延威 译
105. 饕餮之欲:当代中国的食与色 [美]冯珠娣 著 郭乙瑶 马磊 江素侠 译
106. 翻译的传说:中国新女性的形成(1898—1918) 胡缨 著 龙瑜宬 彭珊珊 译
107. 中国的经济革命:20世纪的乡村工业 [日]顾琳 著 王玉茹 张玮 李进霞 译
108. 礼物、关系学与国家:中国人际关系与主体性建构 杨美惠 著 赵旭东 孙珉 译 张跃宏 译校
109. 朱熹的思维世界 [美]田浩 著
110. 皇帝和祖宗:华南的国家与宗族 [英]科大卫 著 卜永坚 译
111. 明清时代东亚海域的文化交流 [日]松浦章 著 郑洁西 等译
112. 中国美学问题 [美]苏源熙 著 卞东波 译 张强强 朱霞欢 校
113. 清代内河水运史研究 [日]松浦章 著 董科 译
114. 大萧条时期的中国:市场、国家与世界经济 [日]城山智子 著 孟凡礼 尚国敏 译 唐磊 校
115. 美国的中国形象(1931—1949) [美]T.克里斯托弗·杰斯普森 著 姜智芹 译
116. 技术与性别:晚期帝制中国的权力经纬 [英]白馥兰 著 江湄 邓京力 译

117. 中国善书研究　[日]酒井忠夫 著　刘岳兵 何英莺 孙雪梅 译
118. 千年末世之乱:1813年八卦教起义　[美]韩书瑞 著　陈仲丹 译
119. 西学东渐与中国事情　[日]增田涉 著　由其民 周启乾 译
120. 六朝精神史研究　[日]吉川忠夫 著　王启发 译
121. 矢志不渝:明清时期的贞女现象　[美]卢苇菁 著　秦立彦 译
122. 明代乡村纠纷与秩序:以徽州文书为中心　[日]中岛乐章 著　郭万平 高飞 译
123. 中华帝国晚期的欲望与小说叙述　[美]黄卫总 著　张蕴爽 译
124. 虎、米、丝、泥:帝制晚期华南的环境与经济　[美]马立博 著　王玉茹 关永强 译
125. 一江黑水:中国未来的环境挑战　[美]易明 著　姜智芹 译
126. 《诗经》原意研究　[日]家井真 著　陆越 译
127. 施剑翘复仇案:民国时期公众同情的兴起与影响　[美]林郁沁 著　陈湘静 译
128. 华北的暴力和恐慌:义和团运动前夕基督教传播和社会冲突　[德]狄德满 著　崔华杰 译
129. 铁泪图:19世纪中国对于饥馑的文化反应　[美]艾志端 著　曹曦 译
130. 饶家驹安全区:战时上海的难民　[美]阮玛霞 著　白华山 译
131. 危险的边疆:游牧帝国与中国　[美]巴菲尔德 著　袁剑 译
132. 工程国家:民国时期(1927—1937)的淮河治理及国家建设　[美]戴维·艾伦·佩兹 著　姜智芹 译
133. 历史宝筏:过去、西方与中国妇女问题　[美]季家珍 著　杨可 译
134. 姐妹们与陌生人:上海棉纱厂女工,1919—1949　[美]韩起澜 著　韩慈 译
135. 银线:19世纪的世界与中国　林满红 著　詹庆华 林满红 译
136. 寻求中国民主　[澳]冯兆基 著　刘悦斌 徐硙 译
137. 墨梅　[美]毕嘉珍 著　陆敏珍 译
138. 清代上海沙船航运业史研究　[日]松浦章 著　杨蕾 王亦铮 董科 译
139. 男性特质论:中国的社会与性别　[澳]雷金庆 著　[澳]刘婷 译
140. 重读中国女性生命故事　游鉴明 胡缨 季家珍 主编
141. 跨太平洋位移:20世纪美国文学中的民族志、翻译和文本间旅行　黄运特 著　陈倩 译
142. 认知诸形式:反思人类精神的统一性与多样性　[英]G.E.R.劳埃德 著　池志培 译
143. 中国乡村的基督教:1860—1900江西省的冲突与适应　[美]史维东 著　吴薇 译
144. 假想的"满大人":同情、现代性与中国疼痛　[美]韩瑞 著　袁剑 译
145. 中国的捐纳制度与社会　伍跃 著
146. 文书行政的汉帝国　[日]富谷至 著　刘恒武 孔李波 译
147. 城市里的陌生人:中国流动人口的空间、权力与社会网络的重构　[美]张骊 著　袁长庚 译
148. 性别、政治与民主:近代中国的妇女参政　[澳]李木兰 著　方小平 译
149. 近代日本的中国认识　[日]野村浩一 著　张学锋 译
150. 狮龙共舞:一个英国人笔下的威海卫与中国传统文化　[英]庄士敦 著　刘本森 译　威海市博物馆 郭大松 校
151. 人物、角色与心灵:《牡丹亭》与《桃花扇》中的身份认同　[美]吕立亭 著　白华山 译
152. 中国社会中的宗教与仪式　[美]武雅士 著　彭泽安 邵铁峰 译　郭潇威 校
153. 自贡商人:近代早期中国的企业家　[美]曾小萍 著　董建中 译
154. 大象的退却:一部中国环境史　[英]伊懋可 著　梅雪芹 毛利霞 王玉山 译
155. 明代江南土地制度研究　[日]森正夫 著　伍跃 张学锋 等译　范金民 夏维中 审校
156. 儒学与女性　[美]罗莎莉 著　丁佳伟 曹秀娟 译

157. 行善的艺术:晚明中国的慈善事业(新译本)　[美]韩德玲 著　曹晔 译
158. 近代中国的渔业战争和环境变化　[美]穆盛博 著　胡文亮 译
159. 权力关系:宋代中国的家族、地位与国家　[美]柏文莉 著　刘云军 译
160. 权力源自地位:北京大学、知识分子与中国政治文化,1898—1929　[美]魏定熙 著　张蒙 译
161. 工开万物:17世纪中国的知识与技术　[德]薛凤 著　吴秀杰 白岚玲 译
162. 忠贞不贰:辽代的越境之举　[英]史怀梅 著　曹流 译
163. 内藤湖南:政治与汉学(1866—1934)　[美]傅佛果 著　陶德民 何英莺 译
164. 他者中的华人:中国近现代移民史　[美]孔飞力 著　李明欢 译　黄鸣奋 校
165. 古代中国的动物与灵异　[英]胡司德 著　蓝旭 译
166. 两访中国茶乡　[英]罗伯特·福琼 著　敖雪岗 译
167. 缔造选本:《花间集》的文化语境与诗学实践　[美]田安 著　马强才 译
168. 扬州评话探讨　[丹麦]易德波 著　米锋 易德波 译　李今芸 校译
169. 《左传》的书写与解读　李惠仪 著　文韬 许明德 译
170. 以竹为生:一个四川手工造纸村的20世纪社会史　[德]艾约博 著　韩巍 译　吴秀杰 校
171. 东方之旅:1579—1724耶稣会传教团在中国　[美]柏理安 著　毛瑞方 译
172. "地域社会"视野下的明清史研究:以江南和福建为中心　[日]森正夫 著　于志嘉 马一虹 黄东兰 阿风 等译
173. 技术、性别、历史:重新审视帝制中国的大转型　[英]白馥兰 著　吴秀杰 白岚玲 译
174. 中国小说戏曲史　[日]狩野直喜 张真 译
175. 历史上的黑暗一页:英国外交文件与英美海军档案中的南京大屠杀　[美]陆束屏 编著/翻译
176. 罗马与中国:比较视野下的古代世界帝国　[奥]沃尔特·施德尔 主编　李平 译
177. 矛与盾的共存:明清时期江西社会研究　[韩]吴金成 著　崔荣根 译　薛戈 校译
178. 唯一的希望:在中国独生子女政策下成年　[美]冯文 著　常姝 译
179. 国之枭雄:曹操传　[澳]张磊夫 著　方笑天 译
180. 汉帝国的日常生活　[英]鲁惟一 著　刘洁 余霄 译
181. 大分流之外:中国和欧洲经济变迁的政治　[美]王国斌 罗森塔尔 著　周琳 译　王国斌 张萌 审校
182. 中正之笔:颜真卿书法与宋代文人政治　[美]倪雅梅 著　杨简茹 译　祝帅 校译
183. 江南三角洲市镇研究　[日]森正夫 编　丁韵 胡婧 等译　范金民 审校
184. 忍辱负重的使命:美国外交官记载的南京大屠杀与劫后的社会状况　[美]陆束屏 编著/翻译
185. 修仙:古代中国的修行与社会记忆　[美]康儒博 著　顾漩 译
186. 烧钱:中国人生活世界中的物质精神　[美]柏桦 著　袁剑 刘玺鸿 译
187. 话语的长城:文化中国历险记　[美]苏源熙 著　盛珂 译
188. 诸葛武侯　[日]内藤湖南 著　张真 译
189. 盟友背信:一战中的中国　[英]吴芳思 克里斯托弗·阿南德尔 著　张宇扬 译
190. 亚里士多德在中国:语言、范畴与翻译　[英]罗伯特·沃迪 著　韩小强 译
191. 马背上的朝廷:巡幸与清朝统治的建构,1680—1785　[美]张勉治 著　董建中 译
192. 申不害:公元前四世纪中国的政治哲学家　[美]顾立雅 著　马腾 译
193. 晋武帝司马炎　[日]福原启郎 著　陆帅 译
194. 唐人如何吟诗:带你走进汉语音韵学　[日]大岛正二 著　柳悦 译

195. 古代中国的宇宙论　[日]浅野裕一 著　吴昊阳 译
196. 中国思想的道家之论:一种哲学解释　[美]陈汉生 著　周景松 谢尔逊 等译　张丰乾 校译
197. 诗歌之力:袁枚女弟子屈秉筠(1767—1810)　[加]孟留喜 著　吴夏平 译
198. 中国逻辑的发现　[德]顾有信 著　陈志伟 译
199. 高丽时代宋商往来研究　[韩]李镇汉 著　李廷青 戴琳剑 译　楼正豪 校
200. 中国近世财政史研究　[日]岩井茂树 著　付勇 译　范金民 审校
201. 魏晋政治社会史研究　[日]福原启郎 著　陆帅 刘萃峰 张紫毫 译
202. 宋帝国的危机与维系:信息、领土与人际网络　[比利时]魏希德 著　刘云军 译
203. 中国精英与政治变迁:20世纪初的浙江　[美]萧邦奇 著　徐立望 杨涛羽 译　李齐 校
204. 北京的人力车夫:1920年代的市民与政治　[美]史谦德 著　周书垚 袁剑 译　周育民 校
205. 1901—1909年的门户开放政策:西奥多·罗斯福与中国　[美]格雷戈里·摩尔 著　赵嘉玉 译
206. 清帝国之乱:义和团运动与八国联军之役　[美]明恩溥 著　郭大松 刘本森 译
207. 宋代文人的精神生活(960—1279)　[美]何复平 著　叶树勋 单虹泽 译
208. 梅兰芳与20世纪国际舞台:中国戏剧的定位与置换　[美]田民 著　何恬 译
209. 郭店楚简《老子》新研究　[日]池田知久 著　曹峰 孙佩霞 译
210. 德与礼——亚洲人对领导能力与公众利益的理想　[美]狄培理 著　闵锐武 闵月 译
211. 棘闱:宋代科举与社会　[美]贾志扬 著
212. 通过儒家现代性而思　[法]毕游塞 著　白欲晓 译
213. 阳明学的位相　[日]荒木见悟 著　焦堃 陈晓杰 廖明飞 申绪璐 译
214. 明清的戏曲——江南宗族社会的表象　[日]田仲一成 著　云贵彬 王文勋 译